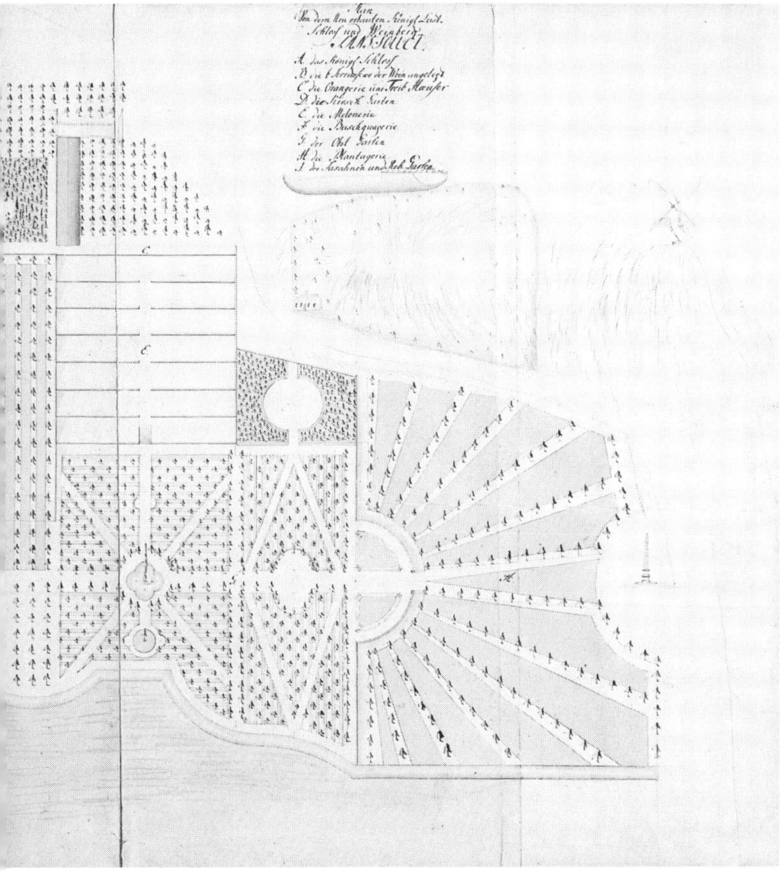
Von dem Neu erbauten Königl. Lust.
Schloss und Weinberg
SANS SOUCI
A. das Königl. Schloss
C. die Orangerie und Treib Häuser
E. die Meloneria
G. der Obst Garten
H. die Plantagerie
I. der Fasahnen und Reh Garten

JOHANNES KUNISCH

Friedrich der Große in seiner Zeit

JOHANNES KUNISCH

Friedrich der Große in seiner Zeit ESSAYS

VERLAG C. H. BECK

Mit 9 Abbildungen

Satz: Kösel, Krugzell
Druck und Bindung: Pustet, Regensburg
Gedruckt auf säurefreiem, alterungsbeständigem Papier
(hergestellt aus chlorfrei gebleichtem Zellstoff)
Printed in Germany
ISBN 978 3 406 56282 2

www.beck.de

Inhalt

Vorwort

Die in diesem Band zusammengefaßten Texte sind entweder als Vorstudien oder als Ergänzungen zu meiner 2004 erschienenen Biographie des Preußenkönigs zu betrachten. Sie sind eher monographisch angelegt, also abweichend vom Erzählduktus einer Biographie jeweils auf konkrete Fragestellungen zugespitzt. Sie bedurften deshalb detaillierterer Hinweise auf kontroverse Auffassungen in der Forschungsliteratur. Insofern sind sie auch im konkreteren Sinne als Beiträge zur Erforschung eines so vielschichtigen Themas aufzufassen.

Am Beginn des Bandes stehen zwei Studien, die sich mit dem Verhältnis Thomas Manns zu Friedrich dem Großen und mit dem Historikerstreit des ausgehenden 19. Jahrhunderts beschäftigen – Themen also, die beide dem Gesamtkomplex der Rezeptionsgeschichte zuzurechnen sind. Thomas Mann hat sich bekanntlich zu Beginn des Ersten Weltkriegs auf den Preußenkönig berufen und in einem beschwörenden Appell angemahnt, daß man einer großen Koalition von hochgerüsteten Gegnern nur in seinem Geiste entgegentreten könne. Im Historikerstreit wurde über die sicherlich nicht eindeutig zu entscheidende Frage debattiert, ob Friedrich im Jahre 1756 erneut einen Offensivkrieg – dieses Mal mit dem Ziel der Annektierung Sachsens – führte, oder lediglich der Einkreisung Preußens durch eine sich unaufhaltsam formierende Allianz zuvorzukommen hoffte. Im Grunde ist diese Kontroverse bis heute nicht beigelegt und verdient vor dem Hintergrund einer beträchtlich angewachsenen Forschungsliteratur eine gründliche Abwägung der Argumente.

Die übrigen Untersuchungen gehen von der Frage aus, ob und wie auf einige der höchst widersprüchlichen Aspekte im Denken und Handeln des Königs eine Antwort gefunden werden kann. So kommt die gerade neuerdings wieder thematisierte Frage zur Sprache, wie der überaus eigenwillige Begräbniswunsch des Königs einzuschätzen ist. Denn Friedrich überschritt mit seinen eindeutig erscheinenden Anweisungen dezidiert die Konventionen, wie sie in allen Fürstenhäusern Alteuropas bisher üblich waren und darüber hinaus – auch in Preußen – gültig geblieben sind. Bekanntlich hat sich der Thronfolger, Friedrich Wilhelm II., über die testamentarischen Verfügungen Friedrichs hinweggesetzt und die Exequien nach den Gepflogenheiten eines standesgemäßen Bestattungszeremoniells, also mit Hofstaat, Geistlichkeit und entsprechendem Dekorum, durchführen lassen. Die Umbettung des Königs im Jahre 1991 gab dann die Veranlassung, das Beisetzungskonzept erneut zu revidieren und den König in dem bereits zu seinen Lebzeiten fertiggestellten Gruftgewölbe auf der oberen Terrasse von Schloß Sanssouci beizusetzen. In diesem Zusammenhang steht auch die für die Staats- und Herrschaftsauffassung des Königs überaus wichtige Frage, wie es Friedrich mit der Thronfolge im allgemeinen und mit dem Kronprinzen im konkreten gehalten hat. Denn infolge seiner Kinderlosigkeit und nach dem frühen Tod seines Bruders August Wilhelm stand für die Thronfolge nur ein Neffe zur Verfügung, dem er weder als Politiker noch als Feldherr eine Sicherung Preußens in der Mächterivalität des *ancien régime* zutraute.

Ein weiteres Kapitel der Rätsel, die Friedrich der Nachwelt hinterlassen hat, stellt auch seine harsche Kritik an der Rangerhöhungspolitik und der Verschwendungssucht des ersten Königs, seines Großvaters, dar. Immerhin war es eben dieser Friedrich I., der die Königswürde mit großem diplomatischen Geschick und gegen den Widerstand der meisten Rivalen für Preußen zu erlangen vermocht hat. Sie bedeutete in der alten, erbeingesessenen Staatengesellschaft einen beträchtlichen Prestigegewinn, von dessen auch nach außen sichtbar gemachtem Glanz er selbst zu profitieren sich nicht scheute. In diesem Verdikt manifestiert sich einmal mehr eine eigentümlich dogmatische Fixierung, die eine grundsätzliche Nachfrage in bezug auf die Argumentationskategorien des «Philosophen von Sanssouci» erfordert.

Es wird sich demnach zeigen, daß viele hier erörterte Themen eine innere Kohärenz aufweisen und zur Vertiefung und Erweiterung dessen beitragen, was im Gesamtrahmen einer Lebensgeschichte nicht in dieser Ausführlichkeit zur Sprache kommen kann. So möge dieser Sammelband als Weiterarbeit am Mythos Friedrich betrachtet werden.

Johannes Kunisch – Walberberg, im Frühjahr 2008

*Thomas Mann und Friedrich der Große**

Kaum eine andere Gestalt der deutschen Geschichte dürfte bis in die jüngste Zeit so umstritten sein wie Friedrich II. von Preußen, den manche auch den Großen nennen. Er ist bekanntermaßen für die unterschiedlichsten, ja gegensätzlichsten Auffassungen vereinnahmt und ins Feld geführt und besonders in den letzten beiden Jahrhunderten einmal verklärt und dann mit ebensolcher Inbrunst verteufelt worden. Um zu demonstrieren, wie komplex und schwierig bereits ein einziges Kapitel dieser schon zu Lebzeiten des Königs beginnenden Wirkungsgeschichte ist, soll hier ein Text von Thomas Mann zur Sprache kommen, der nicht einmal zu den wichtigsten Äußerungen der Friedrichrezeption zu zählen ist und obendrein als «schöne Literatur», als Erzeugnis einer durchaus artifiziellen Rhetorik, besondere Interpretationsprobleme aufwirft. Dabei wird neben dem Essay «Friedrich und die große Koalition» von 1915 auch die Auffassung Heinrich Manns über den Preußenkönig zu erörtern sein, die zu den heftigen, in einer umfangreichen Forschungsliteratur immer wieder diskutierten Auseinandersetzungen unter den Brüdern beigetragen hat.

I

Für Thomas Mann war dieser Essay ein «Aufsatz» – wie er ihn später bezeichnet hat –, eine Gelegenheitsschrift, zu der er sich «selbstvergessen und unökonomisch» statt «lange gehegter Träume und Entwürfe» hatte hinreißen lassen[1]. Er entstand im Dezember 1914, wie am Ende des Textes ausdrücklich vermerkt wird. Er versuchte nirgends explizit, aber dennoch unverkennbar, eine Parallele zwischen der prekären Lage Friedrichs des Großen zu Beginn des Siebenjährigen Krieges und der Mächtekonstellation des Ersten Weltkriegs herzustellen. Er erschien in einem schmalen Oktavbändchen 1915 im S. Fischer-Verlag zusammen mit einem weiteren, schon vorher veröffentlichten Essay «Gedanken im Krieg» und einer Stellungnahme für die Redaktion des «Svenska Dagbladet» – zwei engagierten, «felddienstmäßig gerüsteten»[2] Texten, die zu Lebzeiten des Autors nicht mehr wiederveröffentlicht worden sind. Zum Zeitpunkt, als dieses «schwer zu klassifizierende Stück Literatur»[3] erschien, lag eine Anzahl der großen Romane wie die «Buddenbrooks» oder «Königliche Hoheit» bereits vor und war auf außerordentliche Resonanz gestoßen. Thomas Mann war demnach als noch nicht einmal Vierzigjähriger bereits ein Autor, der auch mit Äußerungen zur Tagespolitik auf starke Beachtung rechnen durfte.

Was die äußere Form dieses Textes betrifft, so ist er ohne Kapiteleinteilung und sonst erkennbare Struktur niedergeschrieben worden. Sein Anliegen war zunächst wohl durchaus biographischer Natur. Jedenfalls folgt auf die Jugendgeschichte und den Herrschaftsantritt chronologisch voranschreitend die Analyse des Kriegsszenariums von 1756 und dann der Blick auf den Mythos des «Alten Fritz». Möglicherweise hat der Leser hier den skizzenhaften Vorentwurf jener Biographie vor Augen, die Thomas Mann seit langem geplant hatte; das intensive Studium der verfügbaren Quellen und der neueren Forschungsliteratur, von dessen Ertrag im Folgenden zu berichten sein wird, belegen das auf eindrucksvolle Weise. Der Schwerpunkt des Essays liegt jedoch eindeutig auf dem Mittelteil, der die Motive für den Einmarsch Friedrichs in Sachsen und damit für den Sinn und die Berechtigung von Präventivkriegen generell zu ergründen versucht – immer mit dem Blick auf die Ereignisse von 1914. Man erkennt durchaus das biographische Interesse, das Thomas Mann ursprünglich an der Gestalt des Königs gehabt hat. Aber zugleich wird deutlich, daß ihn erst die fassungslos aufwühlenden Ereignisse des Kriegsausbruchs dazu veranlaßt haben, die gründlichen Recherchen, die er offenbar bereits mit großer Intensität vorangetrieben hatte, für einen Text zu nutzen, der Konkretes, also Tagespolitisches bewirken sollte[4]. «Ich bin noch immer wie im Traum», hatte er am 7. August 1914, also unmittelbar nach Kriegsausbruch und dem Einmarsch deutscher Truppen in Belgien, an seinen Bruder Heinrich geschrieben, «und doch muß man sich jetzt wohl schämen, es nicht für möglich gehalten und gesehen zu haben, daß die Katastrophe kommen mußte. Welche Heimsuchung!»[5].

Was zunächst die Würdigung des Königs als Persönlichkeit anbetraf, so gestand sich Thomas Mann in einem Rückblick nur wenige Monate nach dem Erscheinen des Essays ein, daß er es seinen Lesern schwer gemacht habe, sich von Friedrich ein richtiges Bild zu machen. Denn er habe «mit einer ziemlich gebrochenen und hinterhältigen Begeisterung» erzählt; «kurz ich machte meinen Helden so naturalistisch schlecht, daß die Arbeit patriotischen Freunden im ersten Augenblick für unpublizierbar galt und wirklich in weniger disponierten Köpfen eine zornige Verwirrung anzurichten nicht verfehlte.» Und in der Tat ist die Darstellung des Königs in seinem Friedrich-Essay durchgängig von «Winkeln und Verstecken», von sarkastischen Tönen und ironischer Distanz durchsetzt, so daß in seinem Umkreis durchaus nicht zu Unrecht der Eindruck von einem boshaften, kaltherzig hingemalten Zerrbild entstehen konnte[6]. Joachim Fest sieht in Thomas Manns «souveräner Treulosigkeit», der «Lust am Widerspruch und an der Düpierung seiner Umgebung», ein sein ganzes Werk durchziehendes Charakteristikum. So wurde der «behagliche Erzählton», zu dem er sich im Literarischen anhielt, immer wieder von einer «Durchgängerei» unterbrochen, die weit über das hinausging, «was als ‹heiterer Verrat› allenfalls hinzunehmen wäre»[7]. Harald Weinrich definiert den Witz der Ironie, und durchaus witzig ist auch der Friedrich-Essay, «aus dem Gefälle zwischen dem pompös Großen und der listigen Untertreibung zum Kleinen hin»[8]. Hier scheint der Schlüssel zur literarischen Einschätzung dieses Textes zu liegen.

Noch im Vorwort zu einer 1953 in Ost-Berlin erschienenen Aufsatzsammlung «Altes und Neues. Kleine Prosa aus fünf Jahrzehnten» hat Thomas Mann den Wiederabdruck seines Friedrich-Essays ins rechte Licht zu rücken versucht. Er sprach hier in eigentümlicher Beklommenheit von der Scham, «mit der ich eigener politischer Torheiten, des polemischen Unverständnisses gedenke, das ich ihr [der Demokratie] in einer gewissen Periode meines Lebens, zur Zeit des ersten Weltkrieges, entgegenbrachte. So kommt es, daß ich mich, nach längerem Zögern, entschloß, ein Dokument dieser konservativ-nationalistischen und ‹militaristischen› Stimmungsperiode in den vorliegenden Band aufzunehmen: den Aufsatz *Friedrich und die große Koalition*. Ehrlich gestanden: ich habe auch heute noch etwas übrig für dieses kleine historisierende Machwerk in seiner sonderbaren Mischung aus kritischer Besonnenheit und hitzig patriotischer Allusion. Zeit und Geschichte», schrieb er, «sind mit verdienter Geringschätzung darüber hinweggegangen, – nicht ebenso die literarische Ästhetik [...]. Denn aller psychologische Realismus dieses Königsporträts, eine tragisch-humoristische Schärfe, die den Aufsatz damals beinahe als Schmähschrift erscheinen ließ (Dummköpfe haben ihn tatsächlich so aufgefaßt)», habe «seine kriegsgerechte Tendenz, die fortwährende Anwendung auf ‹den Tag und die Stunde› [so der Untertitel des Aufsatzes] nicht aufheben oder verbergen» können. «Sei es darum. Ich will dem Stück in diesem Bande den chronologisch-autobiographischen Platz gönnen, auf den er Anspruch erhebt.»[9]

Thomas Mann beharrte in literarästhetischer Hinsicht also auf der Gültigkeit seines «Machwerkes». Er distanzierte sich mit deutlichen Worten von den Überzeugungen, die er in seinem Essay in unverkennbar affirmativer Absicht vertreten und vor allem gegen seinen Bruder verteidigt hatte. Aber er bekannte sich zu dem «psychologischen Realismus», mit dem er den Preußenkönig zu schildern für angemessen hielt. In bezug auf Friedrich blieb sein Urteil also unverändert. Schon 1905, als Thomas Mann sich wie der fiktive Dichter Gustav Aschenbach in der Novelle «Tod in Venedig» mit dem Plan eines historischen Romans namens «Friedrich» trug[10], hatte er unter dem Einfluß Nietzsches einen Helden wie den Preußenkönig «menschlich-*allzu*menschlich» darstellen wollen, «mit Skepsis, mit *Gehässigkeit,* mit psychologischem Radicalismus und dennoch positiv, lyrisch, aus eigenem Erleben». Seit er zweimal in Potsdam und Sanssouci gewesen sei, berichtete er seinem Bruder Heinrich, sei ihm die Gestalt «aufregend nahegekommen. Und mein letztes litterarisches Erlebnis ist Carlyle's ‹Friedrich der Große›, der kürzlich in einer ausgezeichneten deutschen Ausgabe erschienen ist. Ein herrliches Buch – wenn auch sein Begriff vom Heldenthum sich von meinem [...] wesentlich unterscheidet.»[11] Aber der Plan eines Friedrich-Romans scheiterte bekanntermaßen. Lediglich eine Sammlung von Notizen und Exzerpten ist erhalten. Später, 1918, gestand er sich noch einmal ein, daß er den König mit «inniger und, mag sein, mit Ironie und Humor maskierter Passion» dargestellt habe[12]. Friedrich erschien ihm wie ein Kobold, «der aller Welt Haß und Abscheu machte und alle Welt hineinlegte, ein ungeschlechtlicher, boshafter Troll, den umzubringen hundert Millionen Menschen sich vergebens ermatteten, da er entstanden und gesandt war, um große, notwendige Erdendinge in die Wege zu leiten, – worauf er unter Zurücklassung eines Kinderleibes wieder entschwand»[13].

Dieser König – so schildert ihn Thomas Mann – war «allzu geheimnisvoll und hinterhältig, – verschlossen auch gegen

Vertraute, oder richtiger gesagt: er hatte keine Vertrauten. Nie sich mitteilen, nie sich erraten lassen – war sein erster königlicher Grundsatz. Eines Tages hatte er es geradezu ausgesprochen: ‹Wenn ich glauben könnte, daß mein Hemd, meine Haut etwas von dem wisse, was ich tun will, so würde ich sie zerreißen›. Eine wilde Redewendung – und kennzeichnend für seinen verstockten und radikalen Willen zur Einsamkeit.»[14] Und dann in einer anderen Sentenz: Die Lebenshaltung des Königs «war sonderbar, sie stach ab gegen jedwede Gepflogenheit zeitgenössischen Monarchentums. Im Sommer stand er um drei Uhr auf ... Aber um drei Uhr geht man zu Bett, wenn man von Gottes Gnaden und folglich geboren ist, sein Leben ein wenig zu genießen! Kaum war ihm das Haar gemacht, so begann er zu regieren. Regierte er denn gut? Jedenfalls», so Thomas Mann, «mit einem Eigensinn, einem Mißtrauen, einem Despotismus, der unerhört und grenzenlos zu nennen war, der sich auf alle Gebiete, auf das Kleinste wie auf das Wichtigste erstreckte und der Arbeit aller anderen die Würde entzog. Er liebte die Arbeit in dem Maße, daß er sie ganz allein an sich riß und seinen Dienern nichts davon gönnte, denn was für sie übrigblieb, war Schreiberfron, ganz ohne Ehre und Selbständigkeit, und er beargwöhnte und kontrollierte sie auch hierin noch auf das beschämendste.»[15] «Sein Fleiß», heißt es an anderer Stelle über den alternden König, «war kalte und glücklose Passion. Ausgebrannt, öde und bös, liebte er niemanden, und niemand liebte ihn, sondern sein königliches Dasein bildete einen lastenden, entwürdigenden Druck für alle Welt. Um ein wenig tierische Wärme zu empfinden, ließ er seine Lieblingshündin des Nachts sein Lager teilen. Er hielt sich mehrere Hunde und wollte neben ihnen begraben sein», was 1991 (!) dann ja auch tatsächlich nachgeholt wurde[16]. Alle diese drastisch und subtil geschilderten Details kann man mit einem gerüttelten Maß an ironischer Distanz sicherlich als wahrheitsgemäß betrachten. Schon der Vater hatte ja eine Atmosphäre schrecklicher und furchteinflößender Arbeitswut um sich verbreitet. Aber laufen diese Impressionen nicht tatsächlich auf ein Bild hinaus, das – wie Thomas Mann selbst vermutet – «kaltherzig» hingemalt erscheint? Jedenfalls fehlen viele der das Erscheinungsbild des Königs aufhellenden Aspekte vollständig. So werden – um nur Beispiele zu nennen – die funkensprühenden, offenbar beide Gesprächspartner beglückenden Begegnungen mit d'Alembert, dem Prinzen de Ligne, Mirabeau und Joseph II. mit Schweigen übergangen – Ereignisse, die alle in die als trostlos und düster geschilderte Spätzeit des Königs fallen.

«‹Der böse Mann›, – ja das war er», konstatierte Thomas Mann an anderer Stelle. «Und zwar ebenso sehr ‹Mann› als ‹böse›.» Zuvor schon hatte er sich mit seinem «Zynisches, Dürres, Unmenschliches und Lebensfeindliches» verkörpernden Arbeitsfanatismus auseinandergesetzt und daran die Vermutung geknüpft, daß «ein beträchtlicher Teil seiner Bösartigkeit und Unheimlichkeit» mit seinem Verhältnis zu den Frauen zu tun gehabt habe[17]. Friedrich sei ein «ziemlich ausschweifender Jüngling» gewesen. Thomas Mann schildert diese «Galanterien» mit vielen, allerdings kaum zu belegenden Einzelheiten, kommt dann aber zu dem Schluß, «daß alle diese Affären mit Leidenschaft in irgendeinem höheren, tieferen Sinne, mit dem Gefühl, mit dem Herzen nicht das geringste zu tun hatten. Als ganz junger Mensch schon erklärte Friedrich, daß er nur Genuß von den Frauen wolle, sie hernach aber verachte. Er hat niemals geliebt. Dann kam ein Malheur» [...], und «das Weib hatte seine wenig ehrenvolle Rolle in seinem Leben ausgespielt. Eine tiefe Misogynie ist fortan von seinem Wesen untrennbar [...].» Man dürfe dabei aber nicht vergessen, daß die drei mächtigsten unter seinen Widersachern im Siebenjährigen Krieg von Frauen regiert wurden, der Zarin Elisabeth, der Kaiserin-Königin und der Pompadour. «Friedrich verachtete und brüskierte sie alle drei bis zur vollkommenen politischen Unklugheit.»[18]

Ein Wort aber noch zu den militärischen Aspekten seines Charakterbildes. «Die Schlacht um jeden Preis! Den Feind zur Bataille zwingen! ‹Bataillen gehören dazu, um zu dezidieren›. Angriff, Angriff! Attaquez donc toujours! Der Bajonettangriff ist seine Passion, er hatte seine Ausführung zuerst geregelt. Nicht überflüssig schießen, vor allem nicht zu früh! Auf zwanzig, auf zehn Schritt vom Feinde ‹eine Salve in die Nase geben und darauf sofort demselben mit den Bajonetten in die Rippen sitzen›. Die Kavallerie: ‹Es verbietet der König hierdurch allen Offizieren von der Kavallerie bei infamer Kassation, sich ihrer Tage in keiner Aktion vom Feinde attakkieren zu lassen, sondern die Preußen sollen allemal attackieren›. Im Galopp? Nein, in Karriere. ‹Alsdann sollen sie, gut geschlossen, die Pferde aus vollem Halse hereinjagen und so einhauen›. [...] Das alles», so Thomas Mann – offenbar unter Bezugnahme auf Formulierungen der vom König selbst autorisierten Reglements –, «hat etwas Wildes, Radikales, Bösartiges, Unbedingtes, Gefährliches.»[19]

III

Wie immer nun solche rhetorischen Figuren und unterkühlt und zugleich drastisch zugespitzten Arabesken auch einzuschätzen sind: Offenkundig war Thomas Mann über das nationale Monument, dessen er sich in dieser Schrift zu versichern suchte, bestens unterrichtet. Alles, was er in seinem Essay zur Biographie und zu den charakteristischen Eigenarten des Preußenkönigs, zu seinen Schrullen und zu seiner dämonischen Besessenheit ausführte, beruhte – wie immer im Werk des Romanciers – auf gründlich recherchierten Fakten, obwohl er mit den konkreten Zitaten häufig sehr großzügig umging und viele Anspielungen nicht mehr eindeutig zuzuordnen sind[20]. Er berief sich auf Leopold von Ranke und lehnte sich, wie in der literarhistorischen Forschung nachgewiesen worden ist[21], in manchen seiner kritischen Urteile offensichtlich auch an den brillanten, aus einer liberal-whiggistischen Sicht geschriebenen Friedrich-Essay des englischen Politikers und Publizisten Thomas Babington Macaulay an[22]. In einer Rezension zur Neuauflage von «Carlyle's Friedrich» in der Frankfurter Zeitung vom 24. Dezember 1916 ließ er erkennen, daß er seine Detailkenntnisse vor allem aus dieser sechsbändigen Biographie geschöpft hatte. Diese – wie er formulierte – «gewaltige und liebenswerte Geschichte»[23] war im Jahrzehnt von 1859 bis 1869 erstmals auf Englisch erschienen, aber sogleich auch ins Deutsche übersetzt worden und blieb dann in einer gekürzten Fassung über Jahrzehnte eine der maßgeblichen Darstellungen des Königs[24]. Sie war es vor allem, die ihm 1874 den Orden *Pour le Merite* einbrachte. Thomas Mann hatte dieses Werk in Vorbereitung seines geplanten Friedrich-Romans offenbar genau studiert und schätzte es wegen seines Einschlags an Essayistik und Romanschriftstellerei und wegen seines *heroischen Humors,* den er in seiner Besprechung ausdrücklich rühmte[25]. «Ich wüßte», schrieb er, «wahrhaftig nicht, in welchem Geiste man besser Weltgeschichte erzählte als eben in diesem.»[26] Aber alle Einzelheiten, die Thomas Mann nun aus diesem Kompendium, diesem – wie er sich voll Anerkennung ausdrückt – «so lesbaren Geschichtswälzer» [27], für seine al-fresco-Skizze des Königs und seiner Außenpolitik im Vorfeld des Siebenjährigen Krieges herausgezogen hat, sind höchster Beachtung wert. Zwar verzichtete Thomas Mann bewußt auf logisch nachprüfbare Schlußfolgerungen und äußerte sich gerade auch in den entscheidenden Passagen im Stil eines unverbindlichen Gedankenspiels[28]. Dennoch kommt hier in einem scheinbar improvisierenden Plauderton, in dem gegen Argumentation artistische Brillanz, gegen historisches Augenmaß literarische Evidenz gesetzt wird, Wesentliches zum Vorschein[29]. Er hielt deshalb auch an der Überzeugung fest, daß der Friedrich-Essay im Gegensatz zu den beiden anderen Artikeln, die er mit seinem «Abriß» veröffentlichte, «literarisch ernstlicher» in Betracht zu ziehen ist[30]. Es gelang ihm hier mit bemerkenswertem Scharfsinn und einem gelegentlich an Schnodderigkeit grenzenden Sarkasmus, die Person des Königs und das mächtepolitische Szenarium des *renversement des alliances* in vielen Facetten zutreffend zu erfassen. So trägt dieser Text auf der einen Seite die Handschrift eines durch und durch literarischen Textes, auf der anderen aber die einer Geschichtsschreibung, die um einen hohen Grad authentischer Berichterstattung bemüht ist.

Nur Andeutungen lassen erkennen, daß Thomas Mann auch den «professoralen Bombenanschlag» kannte, der in der deutschen Geschichtswissenschaft der neunziger Jahre des 19. Jahrhunderts auf das überlieferte Bild Friedrichs des Großen im allgemeinen und sein mächtepolitisches Arrondierungskonzept im besonderen verübt worden war[31]. Dieser Dissens war offensichtlich Ausdruck auch einer in der Öffentlichkeit geführten Debatte. «Was im ersten Augenblick», meint Peter-Michael Hahn in seinem preußenkritischen Traktat zu dieser gerade auch militärhistorisch geführten Kontroverse, «wie ein belangloser Gelehrtenstreit um eine kriegsgeschichtliche Erkenntnis wirkt, erweist sich bei näherem Hinsehen als Ausdruck einer auch mit historischen Argumenten [...] ausgetragenen Diskussion über die künftige politisch-strategische Ausrichtung des Deutschen Reiches.» Gerade in diesem Fall, so die Auffassung Hahns, «sollte das im kollektiven Gedächtnis vieler Deutscher gut positionierte friderizianische Beispiel für ein hohes Maß an Legitimität und Plausibilität sorgen»[32].

Wie erwähnt, hatte Thomas Mann Carlyles sechsbändige, als Heldenepos konzipierte Biographie des Preußenkönigs gelesen und vermutlich sorgfältig exzerpiert. Er kannte darüber hinaus auch einige Arbeiten Leopold von Rankes und zitierte ihn einmal auch wörtlich[33]. Aber er war wohl auch mit dem vielstimmigen Chor einer historischen Kontroversliteratur vertraut, der damals erst allmählich zu verstummen begann. Sicherlich dürfte er dabei auch vernommen haben, daß es besonders in der Militärgeschichtsschreibung Stimmen gab, die den König gegen den «philisterhaften *Vorwurf der Eroberungslust*» gar nicht erst in Schutz zu nehmen für nötig hielten. Vielmehr, äußerte etwa der als Experte für die «Kriegswissenschaften» von der Antike bis zur Gegenwart hochverdiente Max Jähns, kenne er «nichts Abgeschmackteres als die zumeist dem Kleinmut oder der Heuchelei entspringende sogenannte ‹sittliche Entrüstung›, die ein Kreuz schlägt, wenn sie das Wort ‹Eroberung› vernimmt. Wer da weiß, wie unser Staat sich in jahrhundertelangem Mühen emporgekämpft hat, [...] wird sich unmöglich als abgesagter Feind jeder Eroberung bekennen können.»[34] Resoluter noch erhob Friedrich von Bernhardi, preußischer General und ein im In- und Ausland geachteter Militärschriftsteller, unter Hinweis auf das leuchtende Vorbild Friedrichs des Großen die Forderung nach einem Angriffskrieg um jeden Preis. «Weltmacht oder Untergang» hieß ganz im Sinne friderizianischer Leitbilder die Devise. In seinem 1912 erschienenen Buch «Deutschland und der nächste Krieg» vertrat er sogar die These, daß das Deutsche Reich um seiner Selbsterhaltung willen «die Pflicht zum Kriege» habe[35]. Vieles von dem, was Thomas Mann dann am Beispiel des Preußenkönigs vorzuführen unternahm, war demnach im öffentlichen Diskurs der Vorkriegszeit allenthalben im Umlauf[36].

«Forscht man in den Büchern», schreibt Thomas Mann, «um sich zu unterrichten, ob der furchtbare Krieg [...] nun eigentlich ein Abwehr- oder ein Angriffskrieg von seiten Friedrichs gewesen sei, so findet man, daß die Geschichtsschreiber einander bis zur Komik widersprechen.»[37] Da er den Friedrich-Essay nach seinen eigenen Angaben in wenigen Monaten niedergeschrieben hat, mußte er über den Stand der historischen Forschung sehr gut unterrichtet gewesen sein und entsprechende Exzerpte zur Hand gehabt haben[38]. Deshalb konnte er ohne Umschweife auch behaupten, daß kein Mensch, ob gelehrt oder ungelehrt, jemals werde entscheiden können, ob die große Allianz der Gegner Preußens zustande gekommen wäre, «wenn Friedrich nicht losgeschlagen hätte». Thomas Mann glaubte gleichwohl, die damalige Gemütsverfassung des Königs erahnen und in die «Tiefe seines Wesens» vordringen zu können. «Ein schlimmes, bitteres und mephistophelisch Gelächter muß in ihm gewesen sein über die Beflissenheit, mit welcher der [Wiener] Klüngel sich unschuldig zu halten, defensiv zu tun und ihm das Odium des Angreifers zuzuschieben trachtete, – ihm, der erhaben war über die Heuchelei oder Einfalt einer Psychologie, welche zwischen ‹Offensive› und ‹Defensive› säuberlich unterscheidet, und Schuld und Odium gar nicht fürchtete. [...] Er fühlte, daß Preußen sich werde zu beweisen, zu behaupten haben; er hatte den Krieg im Blut, er meinte den Krieg, wo die anderen vielleicht vorderhand nur diplomatische Mächlereien meinten.»[39] So schien es für Thomas Mann offenkundig zu sein, daß sich Friedrich in dieser sich zuspitzenden Lage beide Optionen offenhielt: den Krieg und seine Vermeidung. Er hatte «den Krieg im Blute» und versuchte dennoch, «mehr aus Bosheit denn aus übergroßer Friedsamkeit» zu rechnen und zu «diplomatisieren», «um das Verhängnis eine Weile zu nasführen»[40].

Was die Entfesselung des Siebenjährigen Krieges im konkreten betraf, so zeigte sich Thomas Mann angesichts der widersprüchlichen Auffassungen der Fachleute ratlos. Auf der einen Seite spreche alles gegen «die verleumderische Hypothese», daß der König einen seit langem vorbereiteten Angriffs- und Eroberungskrieg geführt habe, auf der anderen aber die Gewißheit, daß «von diesem großen Spitzbuben» Tugendhaftes nicht zu erwarten, die These vom Angriffskrieg also plausibel sei[41]. «Was uns betrifft, wenn man uns fragt, wir möchten wohl schweigen dürfen. Denn uns ist zumute, als ob Schweigen das Resultat der einander aufhebenden Meinungen über das Leben und die Taten sei. Daß Friedrich den Krieg begann, ist kein Beweis dagegen, daß es ein Verteidigungskrieg war; denn er war eingekesselt und wäre möglicherweise im nächsten Frühjahr angegriffen worden.»[42] Doch dann die ganz dezidierte Frage: «Aber hat er den Krieg gewollt?» Thomas Mann gibt darauf eine differenzierte und bemerkenswert einfühlsame Antwort: «Er hat wohl zeitig gewußt, daß er ihn werde wollen müssen; und nachdem er das Verhängnis eine Weile genasführt, hatte er Bosheit und Menschenstolz genug, um ihn frei zu wollen.»[43] Manches spricht dafür, daß es so gewesen ist.

Noch an einer anderen Stelle seines Traktats kommt Thomas Mann auf das Problem des Historikerstreits des ausgehenden 19. Jahrhunderts zu sprechen. Er berief sich dabei auf das endgültig erscheinende Urteil Rankes, daß der König, «indem er sich verteidigte, zum großen Mann des Jahrhunderts» aufgestiegen sei[44]. «Das ist wahr», entgegnete Thomas Mann, «und auch wieder nicht – sofern man nämlich Friedrichs Kampf gegen Europa als einen reinen Verteidigungskrieg ansprechen will. Die Streitfrage der Historiker, ob er das wirklich gewesen – oder nicht vielmehr ein Angriffskrieg, will nicht verstummen, sie ist heute lauter denn je; und doch liegen hier die Dinge zu verschränkt, als daß eine schlicht entscheidende Antwort am Platz wäre.» Hier folgen dann Erörterungen, die wegen ihrer höchst subtilen Dialektik wiederum im Wortlaut angeführt werden sollen. «In seinen allerletzten Gründen war dieser ungeheuerliche Kampf ein Angriffskrieg: denn die junge, die aufsteigende Macht ist psychologisch genommen immer im Angriff, und die anderen, die bestehenden Mächte sind es, die sich gegen sie zu verteidigen haben. Etwas weiter gegen die Oberfläche war er ein Verteidigungskrieg: denn Preußen war ja ‹eingekreist› und sollte baldtunlichst vernichtet werden. Er war dann wieder ein Angriffskrieg, indem Friedrich ihn zuvorkommend vom Zaune brach. Er war abermals ein Verteidigungskrieg: denn einer gegen fünf, das läuft jedenfalls auf

Verteidigung hinaus, auch wenn der eine die Kriegserklärung versandte – oder es vielmehr auch noch unterlassen hat, sie zu versenden. Und er war fünftens wieder ein Angriffskrieg, indem die schwerste und verzweifeltste Verteidigung sich notwendig in die Form des Angriffs rettet.»[45]

Der Gerechtigkeit halber sei immerhin nicht unterschlagen, daß Thomas Mann neben den bewußt überzeichneten Urteilen über Friedrich auch über einige seiner mächtepolitischen Kontrahenten mit dem unbändigen Hang zu parodistischer Verfremdung redete, die dem des als kaltherzig gescholtenen Königs kaum nachstand. So denunzierte er die Madame de Pompadour als Tochter eines Fleischers, «Poisson mit Namen, Frau eines Zöllners und Kupplers und selber Kupplerin obendrein»[46]. Er hieß sie wenig charmant «die geborene Poisson» und schleppte damit – wie Klaus Harpprecht hintersinnig anmerkt – «die Assoziation des Fischgeruchs leitmotivisch durch die Seiten»[47]. Sie war nach Auskunft von Thomas Mann «mehr als allerliebst mit ihrem kleinen, talentvollen Dirnenkopf und ihrem bauschigen, gestickten Kleide, in dessen gemessener Dekolletage Reize, die der allerchristliche König zu würdigen verstanden hatte, in gepuderter Klugheit sich andeuteten, – man merkte ihr von dem Schmutz, aus dem sie kam und der ihr Element blieb, beinahe nichts an [...]»[48].

Auch über den österreichischen Staatskanzler Kaunitz, einen der unerbittlichen Gegenspieler des Königs, gab er wenig Schmeichelhaftes zu Protokoll. «Er war ein Sonderling», schreibt Thomas Mann, «wie das achtzehnte Jahrhundert viele hervorbrachte. Überaus hypochondrisch – eine Eigenschaft, die damals gleichfalls sehr häufig war –, verabscheute er frische Luft und ging nie aus, so dass er weiß von Haut war wie eine Kellerpflanze. Außerdem trug er beständig ein ganzes Besteck von Instrumenten zur Reinigung seiner Zähne in der Tasche, das er am Ende jeder Mahlzeit – auch wenn er auswärts speiste – hervorzog, um vor aller Augen mit vielen

Spiegelchen, Lanzetten und Läppchen in seinem Gebiß herumzuwirtschaften, bis der französische Gesandte einmal sagte: ‹Levons-nous! Le prince veut étre seul›, worauf Kaunitz überhaupt nicht mehr in Gesellschaft ging [was erwiesenermaßen nicht stimmt!].» Bemerkenswert an Episoden wie diesen ist allerdings, daß sie nicht nur um ihrer Komik willen erzählt wurden, sondern verknüpft sind mit Reflexionen, die in ihrer Abgewogenheit und Treffsicherheit auch in einem wissenschaftlichen Diskurs durchaus Bestand haben könnten. So fuhr Thomas Mann fort: «Als Politiker jedoch war Kaunitz klug, weitblickend, vorurteilslos und von enormer Fähigkeit im Verfolgen einmal gefasster Plane. Dieser Mann hatte eigentlich nur e i n e n Gedanken: den, daß Preußen übern Haufen geworfen werden müsse, wenn das durchlauchtigste Erzhaus aufrecht stehen solle. Das war ein guter und richtiger Gedanke von seinem Standpunkt aus, aber von Originalität zeugte er an und für sich noch nicht, originell und großartig waren vielmehr erst die Mittel, welche Kaunitz – und er allein – zur Durchführung dieses Gedankens ersann.»[49] Gemeint ist das berühmte *renversement des alliances*, das Bündnis zwischen Österreich und Frankreich, das erstmals seit Jahrhunderten zustande kam und die mächtepolitische Voraussetzung für die große Allianz der Gegner Preußens schuf. Auch mit dem russischen Thronfolger Peter, dem Sohn der regierenden Zarin Elisabeth, machte Thomas Mann kurzen Prozeß. Er nannte ihn einen «Tropf, der Friedrich blöde verehrte und nachäffte und sofort [nach dem Tod der Mutter 1762] mit ihm Frieden schloß»[50]. Es gab also nicht viele auf der mächtepolitischen Bühne der Zeit, die vor dem schonungslosen Blick Thomas Manns für das Skurrile und Absonderliche Gnade gefunden haben.

In diesem Panoptikum grotesker und mehr oder weniger abscheulich in Erscheinung tretender Figuren bildet nur Maria Theresia eine Ausnahme: die «keusche und kindlich-hochsinnige Frau», wie Thomas Mann sie nennt, in der ihr

Gegenspieler, «der böse Mann» aus Sanssouci, «offenbar nur das Geschlecht beschimpfte»[51]. Jedenfalls widmet Thomas Mann der Kaiserin – er, der nach dem Ausbruch des Krieges doch Preußen auf den Schild zu heben beabsichtigte – ein Porträt, das in seiner einfühlsamen Behutsamkeit und rhetorischen Emphase überaus mitreißend wirkt. Man sehe auf einer ihrer schönen Porträtdarstellungen «ihren prächtigen Rokokokopf, der majestätisch und derb zugleich ist, stolz und naiv, mit seiner reinen Stirn, über welcher ein kleines Diadem das gepuderte, in Locken auf die königlichen Schultern niederfallende Haar krönt, seinem kindlich-würdigen Doppelkinn, den hellen Augen, der kräftig gebogenen Nase, dem gesunden und vornehm üppigen Munde».

Friedrich, ihr Widerpart, blieb demgegenüber «ohne Gefühl für die Majestät der Schwäche, ja, die bleiche Mutterschaft der Frau, gegen die er focht, mochte seiner Art von Männlichkeit eher Ekel als Ehrfurcht erwecken»[52]. Maria Theresia, so Thomas Mann, hatte «ein kindliches und geheimnisvolles Wort für ihn, welches anzudeuten scheint, daß ein hellsichtig-weiblicher Instinkt ihr sein Wesen verriet [...]: ‹Der böse Mann›. Ja», fährt Thomas Mann fort, «das war er. Und zwar ebenso sehr ‹Mann› als ‹böse›. Die Geheimnisse des Geschlechts sind tief und werden nie völlig erhellt werden. Konnte nun dieser König die Frauen nicht leiden, weil er ein so böser Mann war, oder war er ein so böser Mann, weil er die Frauen nicht leiden konnte?» Wie immer, resümierte Thomas Mann: «Aber daß seine Bösartigkeit mit seiner Weibfeindlichkeit irgendwie zusammenhing, das scheint uns sicher.»[53]

IV

Alle diese scharfzüngigen Bemerkungen scheinen mit leichter Hand hingeworfen zu sein. Sie sind amüsant und dürften mit ihrem Spürsinn für die grotesken Aspekte des Geschehens entscheidend zu dem literarischen Rang dieses Textes beigetragen haben, obwohl er weniger von poetischer Imagination als tagespolitischem Tatendrang durchdrungen ist. Das Bemerkenswerte an dieser Erzählform ist jedoch, daß der Leser beinahe unmerklich auf eine ganz andere Fährte als die des ironisch Verfremdeten und plaudernd Unterhaltsamen geführt wird. Kurt Sontheimer hat mit Recht die Frage aufgeworfen, ob man so schreiben könne, ja schreiben dürfe, «wenn man gut national sein und am Beispiel Friedrichs Deutschlands Sache verteidigen, seine Lage» zu rechtfertigen beabsichtigte. Das Stilmittel der Satire schien in der Tat «wenig probat», zumal die ganze Diktion auch eine Reihe von Zeitgenossen irritierte, und das nicht etwa, weil das Manuskript «zu nationalistisch, zu heroisierend, zu kühn im Umgang mit den historischen Fakten sei, sondern weil es zu wenig von alledem habe»[54]. Aber gerade die ironische Distanz – so die Meinung Sontheimers – habe Thomas Mann dazu befähigt, die wirkliche Größe des Preußenkönigs hervortreten zu lassen, «ohne darum ins billige Glorifizieren zu verfallen». «War den einen also der Fridericus-Essay zu wenig glorios, zu fern der chauvinistisch-verklärenden Grundhaltung wilhelminischen Alldeutschtums, so war er anderen gleichfalls ein Dorn im Auge, schien er doch ihre teuersten Prinzipien zu verhöhnen und zum Interpreten einer das Recht geringachtenden, schicksalsverklärten deutschen Machtpolitik unter Berufung auf die deutsche Sendung zu erheben.»[55] Dennoch müsse – so noch einmal Sontheimer – dieser historisierende Appell als gelungen betrachtet werden, weil er sich jede Großsprecherei und jeden Heroenkult versage, «weil er das Ironische im Wesen des Königs selbst zum Prinzip seiner Darstellung» erhebe[56]. «Friedrich *soll* dem Leser «, so die Auffassung des Literarhistorikers Andreas Fischer, «‹im tiefsten Grunde unverständlich› bleiben, weil psychologische Intimität hier beinahe deplaciert»[57] gewirkt hätte. Das Friedrich-Bild der Zeit wurde ja geprägt von Franz Kuglers Heldenepos, das nicht zuletzt wegen der Illustrationen Adolf Menzels zu unerhörter Popularität gelangte, und durch immer wieder neu aufgelegte Volksbücher wie das von Carl Röchling und Richard Knötel, obwohl auch der parodistische Blick auf den König eine lange Vorgeschichte hat und auf Schriftsteller wie Feuilletonisten bis heute eine starke Faszination ausübt[58]. Auf jeden Fall war das Anliegen des Friedrich-Essays Thomas Manns natürlich keineswegs die Aneinanderreihung biographischer Miniaturen, wie das nach den hier angeführten Textpassagen vielleicht scheinen könnte. Vielmehr ging es dem Autor im Mittelstück seines Essays um die Aufdeckung jener Intrigen und Zwänge, die Friedrich 1756 dazu veranlaßt hatten, augenblicklich zu den Waffen zu greifen und mit dem Einmarsch in Sachsen seinen Gegnern zuvorzukommen. Es hat sogar den Anschein, als wenn Thomas Mann hier den Duktus der ursprünglich geplanten Lebensgeschichte des Königs abgestreift und sich einem Thema zugewandt habe, das ihn seit dem Ausbruch des Krieges geradezu überwältigt hatte.

Die öffentliche Empörung über diesen Einmarsch in das sich zunächst einmal neutral verhaltende Sachsen war grenzenlos: Thomas Mann schildert das in allen Facetten und schreibt, daß man sich von dem Lärm, «der sich über diesen unerhörten Friedens- und Völkerrechtsbruch in Europa erhob», keine Vorstellungen machen könne[59]. Die Entrüstung, die er in langen, wie aus dem Zettelkasten aneinandergereihten Textauszügen dokumentiert hat, «war so tief und allgemein, daß einem minder festen und höhnischen Herzen, als dem seinen, wohl davor hätte grauen dürfen, ja, daß auch diesem Herzen vielleicht zuweilen [selbst] davor gegraut hat. [...] Kein Ort in der Welt, wo er damals nicht ein Feind der Menschheit genannt worden wäre, ein reißendes Tier, das unschädlich zu machen die Forderung der Moral und der öffentlichen Sicherheit sei.» Er mußte, heißt es weiter, «zu Boden geschlagen und auf immer in Ohnmacht gehalten werden. Nicht nur Schlesien mußte man ihm nehmen, nein, auf den Stand vor dem Dreißigjährigen Krieg mußte Preußen zurückgebracht und sein König wieder zum kleinen Marquis gemacht werden, der niemandem würde schaden können. Ja, die Stunde war gekommen, wo die zivilisierten Staaten den preußischen Geist ausrotten mußten, damit der Planet von diesem Giftpilz gesunde. Selbst wer ruhig dachte, mußte sich achselzuckend sagen, daß Preußen offenbar nichts übrigbleibe, als unter dem Haß und der Verachtung der ganzen Welt zu verschwinden.»[60] Denn die Alliierten boten nun Machtmittel auf und stellten Truppen «in fast lächerlicher Übermacht» ins Feld, um den König «in kürzester Zeit und ohne Beschwerden für den einzelnen niederzuwerfen und aufzuteilen: Jeder freute sich auf sein Stück» an der Beute[61].

Nach der eindringlichen und ungemein suggestiven Schilderung dieses feindseligen Mächteszenariums folgt dann jener Appell, um dessentwillen Thomas Mann überhaupt zur Feder gegriffen und seinen Friedrich-Essay zu Papier gebracht hat. Er bedeutete den immer wieder erstaunlichen Versuch, eine moralische Rechtfertigung für dieses königliche Hasardspiel zu liefern und zugleich die Normen eines Völkerrechts, das im 17. Jahrhundert aus den blutigen Staaten- und Bürgerkriegen des Konfessionellen Zeitalters hervorgegangen war, als reine Konvention zu denunzieren[62]. So eigenwillig und problematisch ein solches Votum nicht nur für den Historiker, sondern auch für Zeitgenossen wie Heinrich Mann erscheinen mag: Es verweist sicherlich ganz unabsichtlich auf antike Vorstellungen, denen zufolge dem Erfolgreichen, dem kühnen und dämonischen Eroberer, eine letztlich unanfechtbare Legitimität zuzuschreiben war[63]. Möglicherweise kannte Thomas Mann Theodor Mommsens «Römisches Staatsrecht», das bereits in den siebziger Jahren erschienen und 1888 um einen dritten Band ergänzt worden war. Besonders dieses monumentale, durchaus mit Gegenwartsbezug konzipierte Werk war es, das dem Gelehrten als erstem Deutschen den Nobelpreis für *Literatur* einbrachte.

Hier finden sich zahlreiche Belege für den rechtlich unanfechtbaren Status von Eroberern im Denken der Antike.

Vielleicht kannte Thomas Mann aber auch eine Äußerung Mirabeaus, die sich an einer, in der Literatur allerdings kaum beachteten Stelle seines mit kühlem Sachverstand abwägenden Kompendiums über die «Monarchie Prussienne» findet. Der König, schreibt Mirabeau über den Beginn des Siebenjährigen Krieges, «unternahm diesen Krieg wider Willen; da er ihn aber für unvermeidlich hielt (worin er sich vielleicht irrte), ward er inne, daß er sich nur durch die Gefahr aus der Gefahr retten könne, und als großer Mann beschloß er, seinen Feinden zuvorzukommen. Nie, das muß man zugeben, war ein Krieg gerechter. Es ging um sein ganzes Dasein, und so wurde er erbittert geführt. Die ersten Waffenerfolge des Königs in einem Kampfe, in dem er keine anderen Hilfsmittel hatte als die Fehler seiner Gegner, die Rückschläge, die er darauf erfuhr, die ungemein große Geschicklichkeit, die unerhörte Tatkraft, die erhabene Seelengröße, durch die er sie wettzumachen verstand, schließlich der unbegreifliche Friede, der diesen in seiner Art einzigartigen Krieg beendete [...] – alle diese ewig denkwürdigen Ereignisse gehören der Geschichte an und sind [zugleich] zu frisch, um hier ein Bild davon zu entrollen.»[64]

Das Einleitungskapitel zu diesem mehrbändigen Werk war zwar als eine Eloge auf den König konzipiert und trug insofern unverkennbar auch apologetische Züge. Dennoch erscheint die eindeutige Parteinahme Mirabeaus angesichts der öffentlichen Debatte, die 1756 – also wenige Jahrzehnte vor der Niederschrift der «Monarchie Prussienne» – gerade auch in Frankreich geführt worden war, sehr bemerkenswert. Denn erst durch die Empörung über den Einmarsch Friedrichs in Sachsen war ja «jene gewaltige Allianz» zustande gekommen, «der Frankreich durch einen so seltsamen Umsturz des europäischen Systems beitrat». Obgleich diese Bekenntnisse die authentische Auffassung des Autors belegen dürften und in keiner Weise durch ironische Distanz gebrochen sind, hätte Thomas Mann die Auskunft Mirabeaus, daß der König 1756 einen gerechten Krieg begonnen habe, sicherlich als eine Bestätigung seines Plädoyers empfunden. Aber zurück zum eigentlichen Protagonisten unserer Erörterungen:

Friedrich, schreibt Thomas Mann, «mußte sich sagen, daß, wenn er [in diesem Waffengang] unterläge, der Hohn und die Freude der Welt grenzenlos sein würde; daß ihm in diesem Falle nicht nur niemals Gerechtigkeit zuteil werden würde, sondern daß er dann auch tatsächlich im Unrecht würde gewesen sein. Eben deshalb war es bitter nötig, daß er siegte. Er war nicht im Recht, sofern Recht eine Konvention, das Urteil der Majorität, die Stimme der ‹Menschheit› ist. Sein Recht war das Recht der aufsteigenden Macht, ein problematisches, noch illegitimes, noch unerhärtetes Recht, das erst zu erkämpfen, zu schaffen war. Unterlag er, so war er der elendeste Abenteurer, ‹un fou›, wie Ludwig [XV.] von Frankreich gesagt hatte. Nur wenn sich durch den Erfolg herausstellte, daß er der Beauftragte des Schicksals war, nur dann war er im Recht und immer im Rechte gewesen. Jede Tat», fährt Thomas Mann fort, «die diesen Namen verdient, ist ja eine Probe auf das Schicksal, ein Versuch, Recht zu schaffen, Entwicklung zu verwirklichen und die Fatalität zu lenken.» Und dann noch einmal in einer anderen Wendung: «König Friedrich wird der ‹Große› genannt, nicht nur, weil er die Fatalität mit so außerordentlicher Keckheit attackierte, sondern namentlich auch, weil er einem so gewaltigen Gegendruck von Haß, einsam, mit fast übermenschlicher Nervenkraft Widerpart zu halten vermochte.»[65] «Der Spruch des Fatums», so Thomas Mann, «hatte gegen alle Wahrscheinlichkeit für ihn entschieden, das Urteil anzufechten war untunlich auf lange Zeit, man mußte Preußen, mußte Deutschland den Weg freigeben, – welcher sich auch hinfort als ein Weg erwies, so steil und schicksalsvoll, an mächtig erzieherischen Wendungen so reich, wie keiner, den ein Volk je gegangen.»[66]

Schon hier mag deutlich geworden sein, um was es Thomas Mann mit diesem zunächst unbeteiligt, ja herabwürdigend und distanziert erscheinenden Essay eigentlich ging. Doch folgen im Text dann noch wenige Seiten zur Gesamteinschätzung des Siebenjährigen Krieges, die vielleicht auch in unserem Zusammenhang nicht fehlen sollten – Seiten im übrigen, die mir in der Stimmungslage etwas weniger erbarmungslos erscheinen als das übrige Bild, das Thomas Mann von Friedrich gezeichnet hat. Dieser Krieg, führte er aus, «war ohne Übertreibung die schrecklichste Prüfung, die eine Seele überhaupt jemals auf Erden zu bestehen gehabt hat. Um sie zu bestehen, dazu gehörten passive und aktive Eigenschaften, ein Maß an durchgehaltener Geduld und von erfinderisch-tätiger Energie, wie unseres Wissens weder vorher noch nachher ein Mensch sie bekundet oder zu bekunden Gelegenheit gehabt hat. Sieben Jahre zog König Friedrich umher und bataillierte, schlug hier den einen Feind und dort den anderen, ward auch geschlagen, geschlagen bis zur Vernichtung, richtete sich zitternd wieder empor, weil ihm etwas einfiel, was vielleicht noch versucht werden konnte, versuchte es mit unerhörtem, ganz unwahrscheinlichem Glück und kam noch einmal davon. Immer im schäbigen Waffenrock, gestiefelt, gespornt und den Uniformhut auf dem Kopf, atmend jahraus, jahrein im Dunst seiner Truppen, in einer Atmosphäre von Schweiß, Leder, Blut und Pulverdampf […].»[67]

Mit der Zeit, heißt es dann wenige Seiten weiter, «wurde er sich selbst grotesk, er übersah nicht die fürchterliche Komik seines Daseins, er verglich sich mit Don Quijote, mit dem Ewigen Juden. […] Er kam sich verdammt vor, Krieg zu führen bis zum jüngsten Tage und wurde sich selber zum Spuk. Auch die gräßliche Müdigkeit der Gespenster war ihm vertraut, ja jammervolle Sehnsucht nach Ruhe. ‹Selig die Toten! Sie sind geschützt vor Kümmernissen und allen Sorgen›. Er trug Gift bei sich für den äußersten Fall, aber obgleich der äußerste Fall mehr als einmal eingetreten schien, nahm er das

Gift doch nicht, sondern es fiel ihm noch etwas ein, und der äußerste Fall ging vorüber. Unter den entsetzlichen Strapazen, den krassen Wechselfällen, der unaufhörlichen Spannung alterte das ‹niedlichste Menschenkind› [wie Friedrich eingangs apostrophiert worden war] rapide. Die Zähne fielen ihm aus, sein Kopf ergraute auf einer Seite, sein Rücken krümmte sich, sein Körper ward gichtisch und schnurrte ein. Außerdem litt er an Diarrhöen. Es war in der Tat die Qual der Verdammten. Aber sein Ruhm wuchs unterdessen, – seine Vergehen, seine Völkerrechtsbrüche gerieten in Vergessenheit, aber sein Ruhm als der eines Gottgeschlagenen und Gotterwählten wuchs wie ein Baum und überschattete das Jahrhundert. [...] Ja, seine Niederlagen nicht weniger als seine Siege beschäftigten nah und fern die Herzen der Menschen, das Groteske, das Don Quijotehafte seines Daseins trug dazu bei, seine Figur zu vergrößern und volkstümlich zu machen.»[68]

Friedrich hat den Haß, so wiederum an anderer Stelle, «den psychischen Gegendruck einer Welt überwunden, und damit waren der physischen Macht seiner Feinde wichtige Stützen entzogen. Ein übriges tat sein moralischer Radikalismus, die Tiefe seiner Entschlossenheit, die ihn den anderen so widerwärtig zugleich und entsetzlich, wie ein fremdes und bösartiges Tier erscheinen ließ, so daß ihnen zuletzt vor ihm graute. Sein sittlicher Vorteil war, daß es für ihn um Tod und Leben ging; das gab ihm eine Unbedingtheit, von der die anderen nichts wußten.»[69] Auch die folgende Passage in den Reflexionen Thomas Manns, die ein Streiflicht auf den Einfluß des Zufalls werfen – eine sich rationaler Durchdringung widersetzende Schlüsselkategorie auch im Denken Friedrichs –, ist für die historische Würdigung des Preußenkönigs ebenso naheliegend wie bedenkenswert. «Von seinem ‹Glück›», schreibt Thomas Mann, «mögen wir nicht sprechen, da es immer töricht ist, das Glück als Unverdienst von den Verdiensten abzusondern; es gehört dazu. Doch wenn man so will, so hatte er auch ‹Glück›.»[70]

Das meiste, was hier aus der Mannschen Dämonenbeschwörung zur Sprache gekommen ist, müßte sich – vielleicht stärker Anteil nehmend und weniger ironisch gebrochen, aber im Kern doch übereinstimmend – auch in einer modernen Biographie finden lassen. Ich selber habe mich mit durchaus kritischer Distanz dem großem Preußenkönig genähert[71]. Aber neben den Fakten und ihre mehr oder weniger geistvolle Präsentation geht es natürlich um die Frage, welchem Zweck denn ein solcher biographischer Versuch im einen wie im anderen Fall dienen soll. Denn bei aller Brillanz des «kritischen Prosaistentums» Thomas Manns[72], das sei noch einmal unterstrichen, hat sich der Autor eben nicht als Historiker geäußert. Vielmehr verfolgte er ein Ziel, das er im Untertitel «Ein Abriß für den Tag und die Stunde» ziemlich genau benannt hat. Er war zu klug und zugleich zu entschieden auf seine Autonomie als Künstler bedacht, um sich in einem Text wie diesem einen direkten Hinweis auf das aktuelle Tagesgeschehen, also das Mächteszenarium und das erste Feldzugsjahr des Weltkriegs, und seine damit verknüpften Absichten entlocken zu lassen. Nur der Reihentitel des S. Fischer-Verlages «Sammlung von Schriften zur Zeitgeschichte» gibt einen konkreten Gegenwartsbezug zu erkennen. «Das war sie», bekannte Thomas Mann 1918 in seinen «Betrachtungen eines Unpolitischen», «und nicht nur ein Abriß der Geschichte, sondern ein rascher und, wie ich immer noch hoffe, vorläufiger Abriß eigener lange gehegter Träume und Entwürfe, die dichterischer Natur gewesen waren und deren geistigen Kern als Essay herauszustellen ich in jenen Tagen selbstvergessen und rücksichtslos genug war. So wirkte das aktuelle Erlebnis, welches freilich seinerseits ohne die historisch-dichterische Wegbereitung von minderer Gewalt über mein Gemüt gewesen wäre.»[73] Er schrieb «assoziativ, sprunghaft und bediente sich der Geschichte nur als Steinbruch, um durch weit hergeholte Vergleiche die eigene Position zu untermauern». So hat es den

Anschein, als wenn er «ganz seiner eigenen Gedankenwelt verhaftet geblieben sei»[74].

Offenkundig ist demnach, daß er den großen König trotz einer Berichterstattung, die bis in die naturgemäß wenig erbauliche Krankheitsgeschichte hinein kalt und nüchtern blieb und immer wieder an den Rand der Parodie geriet, als ein Symbol für die «deutsche Sache» hinzustellen beabsichtigte. In seinem schon im September 1914 in der «Neuen Rundschau» erschienenen Artikel «Gedanken im Kriege» hatte er dieses Vorhaben eindeutiger beim Namen genannt: «Deutschland», formulierte er damals, «ist heute Friedrich der Große. Es ist sein Kampf, den wir zuende führen, den wir noch einmal zu führen haben [...]. Es ist auch seine Seele, die in uns aufgewacht ist.»[75] Klaus Harpprecht hat den Friedrich-Aufsatz in seiner großen Thomas Mann-Biographie «ein feuilletonistisch aufgeputztes Stück Propaganda» genannt[76]. Mir scheint, daß man mit einem solchen Urteil vorsichtig sein sollte. Denn der bereits hochgeschätzte Romancier schrieb erwiesenermaßen in niemandes Auftrag, auch wenn er in diesem wohlfeilen Bändchen, das am Ende des Ersten Weltkriegs bereits in 38. Auflage vorlag, eine vielleicht populäre, im übrigen aber sehr persönliche Meinung vertrat. Er war kein Agitator, der sich – vielleicht mit Ausnahme seiner Radioansprachen während des Zweiten Weltkriegs[77] – in den Dienst irgendwelcher Gesinnungen stellen ließ[78]. «Ich kann überhaupt nirgends Partei nehmen», hatte er sich 1915 in einem Brief zugute gehalten, «ich würde es als einen Raub meiner Freiheit empfinden.»[79] Er war der Überzeugung, daß Künstlertum abstrakt und unfruchtbar werden müsse, wenn es sich in den Dienst politischer Bestrebungen stellt[80]. Insofern hat er sich zu diesem Essay ungeachtet der Einsprüche einer Reihe von Freunden bekannt und in seinen «Betrachtungen eines Unpolitischen» von 1918 eine nochmalige Erklärung für die in seinem «Friedrich» geäußerten Überzeugungen zu geben versucht. Schon im September 1914, also bevor er mit der Niederschrift des Friedrich-Essays begann, hatte er seinen beklommen und skeptisch gesonnenen Bruder Heinrich hinsichtlich der Folgen des Kriegsausbruchs zu beruhigen versucht und erstaunt gefragt, ob er denn wirklich glaube, «daß durch diesen großen, grundanständigen, ja feierlichen Volkskrieg Deutschland in seiner Kultur oder Gesittung so sollte zurückgeworfen werden, daß es Deine Gaben dauernd abweisen könnte?[81]»

Die Parallelen jedoch zwischen dem, was Thomas Mann über den Preußenkönig vor und während des Siebenjährigen Krieges darlegte, und dem, was er als Zeitzeuge des Weltkriegs und seinem von allen Seiten angefeindeten Vaterland wahrzunehmen vermeinte, sind so offenkundig, daß sie keiner Erläuterung bedürfen[82]. Es ging ihm um die Beschwörung eines Krieges, «dessen Wiederholung oder Fortsetzung wir heute erleben»[83]. Alles, was er über das von Kaunitz geschmiedete Komplott der großen Mächte von 1756 herausarbeitete, ließ sich bruchlos auf die «Einkreisung» des Kaiserreiches im Vorfeld des Ersten Weltkriegs übertragen. Und diese Parallelisierung war nicht nur intendiert, sondern ist auch so wahrgenommen worden. Die Botschaft seines Traktates war demnach, daß Friedrich, der einsame, schicksalsumwölkte Heros, gegen den sich das gesamteuropäische Mächtesyndikat verschworen hatte, im Grunde gegen seinen Willen gezwungen worden war, noch einmal zu den Waffen zu greifen. Für Auffassungen wie diese können gewiß auch in den Quellen nachweisbare Argumente angeführt werden, wir haben oben auf eine entsprechende Äußerung Mirabeaus hingewiesen. Insofern hat auch die historische Forschung Überlegungen in diese Richtung angestellt und entsprechende Interpretationsversuche unternommen[84]. Doch folgt in den Rechtfertigungsbemühungen Thomas Manns dann eine Beschwörungsformel, die das Handeln des Königs in eine Sphäre schicksalhaft entrückter Notwendigkeit hebt. Durch seine Siege – so Thomas Mann – hatte er sich «als der Beauftragte des Schicksals» erwiesen und war insofern auch mit seinem Angriff auf Sachsen im Recht gewesen. Das friderizianische Preußen ebenso wie das Deutsche Reich – so mußte das Wort «für den Tag und die Stunde» lauten – hatten ihre Präventivkriege gewissermaßen aus Notwehr geführt, sie waren dazu gezwungen worden. Friedrich, so die zutiefst apologetische Schlußsentenz des Essays, «mußte unrecht tun und sein Leben gegen den Gedanken führen, er durfte nicht Philosoph, sondern mußte König sein, damit eines großen Volkes Erdensendung sich erfülle»[85].

«Das Ethos des ‹Durchhaltens›» – um «das ekel verpönte Wort» noch einmal zu verwenden, bekannte Thomas Mann rückblickend in den «Betrachtungen eines Unpolitischen» –, habe ihn «vor das Standbild jenes unheimlichen und populären Königs geführt, dessen Taten und Leiden all dies in die Wege geleitet ... Zum Lachen genau sah ich in der Entstehungsgeschichte unseres Krieges Friedrichs Geschichte sich wiederholen. Ich schrieb sie auf, die eine zugleich mit der anderen. Ich war begeistert, ja. Aber nicht wie ein Patriotard oder diensteifriger Mitläufer begeistert ist, sondern begeistert von Historie, von psychologischem Wiedererkennen – von unendlicher Sympathie.» Und dann an seinen nicht unmittelbar genannten, aber offenkundig gemeinten Bruder Heinrich gewandt: «Diese Sympathie, diese Ergriffenheit von Deutschlands tragisch-historischem Schicksal, war ‹widergeistig› im Sinne des Zivilisationsliteraten, ich weiß es. Aber ich glaube, sie war menschlich und dichterisch, und nie werde ich mich ihrer schämen.»[86]

Der Friedrich-Essay Thomas Manns war neben den «Gedanken im Kriege» die erste eindeutige Parteinahme eines bis dahin «Unpolitischen» und als Rechtfertigung für den nach dem umstrittenen Schlieffen-Plan[87] durchgeführten Einmarsch in das neutrale Belgien am Beginn des Ersten Weltkriegs gedacht. Jede der so zahlreichen Propagandaschriften der Entente, äußert Kurt Sontheimer, habe den Autor Thomas Mann persönlich getroffen, jedes verleumderische Wort über seine Nation habe ihn verletzt. Er vermeinte mit seinem Essay der Nation zu dienen, «indem er ihr in einer Stunde der Not und der bitteren Schmähungen und Verleumdungen von draußen das Bild jenes Königs zeichnete, der in einer ähnlichen außenpolitischen und strategischen Lage wider allen Anschein der Vernunft getrotzt und sie gemeistert hatte.»[88] Man habe wählen müssen, heißt es in den «Gedanken im Kriege», zwischen Friedrich und Voltaire. «Voltaire und der König: Das ist Vernunft und Dämon, Geist und Genie, trokkene Helligkeit und umwölktes Schicksal, bürgerliche Sittigung und heroische Pflicht; Voltaire und der König: das ist der große Zivilist und der große Soldat seit jeher und für alle Zeiten.»[89]

VII

Es dürfte nach dem hier Ausgeführten nachvollziehbar sein, daß ein solches Plädoyer das ohnehin schon prekäre Verhältnis zu seinem Bruder Heinrich weiter belastet hat. Beide gerieten nun auch publizistisch aneinander[90]. So sind die «Betrachtungen eines Unpolitischen» von 1918 durchgängig als eine polemische Auseinandersetzung mit dem Bruder, dem «Zivilisationsliteraten», zu verstehen, der ihn mit seinem Essay über Emile Zola aufs Äußerste gekränkt und herausgefordert hatte[91]. Es ging in diesem Zerwürfnis nicht nur um persönliche Dinge. Vielmehr war diese selbstverständlich auch in zahlreichen Briefen und Briefentwürfen dokumentierte Auseinandersetzung ein «exemplarischer, überpersönlicher, wenn man so will: ‹zeitloser› Konflikt – über Deutschlands Weg und Stellung in Europa, über ‹Zivilisation› und ‹Kultur›, Demokratie und Untertanenstaat, über die Rolle des Schriftstellers in Politik und Gesellschaft, über ‹Engagement› auf der einen Seite, ‹reines› Künstlertum auf der anderen, über den ‹politischen› Schriftsteller hier, den sogenannten ‹unpolitischen› dort»[92]. Die ganze Argumentation der «Betrachtungen», schreibt Egon Friedell im März 1919 in einer Rezension über das soeben erschienene Buch, «ist gegen eine bestimmte Gestalt gerichtet, die unheimlich und schattenhaft konturiert durch alle Seiten des Buches geistert, gegen einen Anonymus, den Thomas Mann den ‹Zivilisationsliteraten› nennt. Aber die Anonymität ist eine Fiktion.» Denn alle Welt wisse, daß es sich um niemanden anderen als den Bruder Heinrich handele. Die «Betrachtungen» dieses scheinbar Unpolitischen, so scheint es Friedell, sind von der ersten bis zur letzten Zeile «ein einziger großer ‹deutscher Bruderkrieg›. Zwei Tendenzen der Menschheit, ewig wie die Menschheit, einseitig und zwiespältig wie die Menschheit, beide berechtigt, beide zeitgemäß und beide deutsch, stehen sich hier gegenüber, jede mit dem Anspruch, das wahre, echte und innerliche Deutschtum zu verkörpern»[93]: Friedrich, so sieht es Kurt Sontheimer, «als Sinnbild des Preußentums und seiner erschreckend faszinierenden Kräfte, Zola als flammender Rhetor einer gerechten, menschenwürdigen und freien Republik, das war der literarische und tiefpersönliche Kontrast, der nun aufbrach»[94].

Schon in einem frühen Briefentwurf hatte sich Heinrich zu den politischen Überzeugungen des Bruders überaus kritisch geäußert und damit einen Grundakkord angeschlagen, der durch viele Jahrzehnte die Stimmungslage des gegenseitigen Verhältnisses geprägt und schließlich auch den Tenor literarisch ausgetragener Fehden bestimmt hat. «Was Dich lenkt», wandte er sich in diesem nur als Konzept überlieferten Brief an Thomas, «Dich stärkt, Dich beherrscht wie eine Macht, ist, wie wir wissen, das heutige Deutschland, das chauvinistische und darin reaktionäre Deutschland Wilhelms II.»[95]. Heinrich hat sich dann unmittelbar nach dem Erscheinen des Friedrich-Essays noch einmal mit den Auffassungen des Bruders auseinandergesetzt und damit eine auch in der Öffentlichkeit ausgetragene Debatte heraufbeschworen, die in Thomas Manns «Betrachtungen eines Unpolitischen» einen vorläufigen Abschluß fand.

Der Kern des Zerwürfnisses zwischen den Brüdern bestand darin, daß Heinrich dem Jüngeren vorwarf, dem Krieg und damit auch dem Völkerrechtsbruch des Kaiserreichs in seinem Friedrich-Essay das Wort geredet zu haben. Unser Verhältnis, notierte Thomas Mann 1917 in einem Brief, war nicht zu fristen, weil er, Thomas, sich in früheren Jahren herausgefordert gefühlt habe, «deutsches Wesen gegen die haßerfüllte Verneinung meines Bruders zu verteidigen». Der Krieg, bekannte er, habe ihm seine nationale Zugehörigkeit, seine Herkunft und die Überlieferung seines Künstlertums bewußt gemacht. Heinrich dagegen habe mit der «zelotischen Suada», mit der er ihn bis aufs Blut gepeinigt habe[96], die Partei derer ergriffen, die er mit «Civilisation» und «Gerechtigkeit» in Verbindung brachte[97]. In seinem Zola-Essay bezeichnete er den Bruder als «Tiefschwätzer», «Mitläufer», «Verräter» und «Ruhmredner der ruchlosen Gewalt». Statt umzukehren und so vor ihr Volk zu treten, «laufen sie mit seinen abscheulichsten Verführern neben ihm her und machen ihm Mut zu dem Unrecht, zu dem es verführt wird. Sie, die geistigen Mitläufer, sind schuldiger als selbst die Machthaber, die fälschen und das Recht brechen.» Sie ließen Unrecht Unrecht sein und hielten sich an ihre Interessen. «Ihr falschen Geistigen [jedoch] dreht Unrecht in Recht um, und gar in Sendung, wenn es durch eben das Volk geschieht, dessen Gewissen ihr sein solltet. […] Der ganze nationalistische Katechismus, angefüllt mit Irrsinn und Verbrechen, – und der ihn predigt, ist euer eigener Ehrgeiz, dürftiger noch, eure Eitelkeit. […] Durch Streberei Nationaldichter werden für ein halbes Menschalter […]; unbedingt aber mitrennen, immer anfeuernd, vor Hochgefühl von Sinnen, verantwortungslos für die heranwachsende Katastrophe.»[98] Und Thomas Manns Hauptthese, daß ein Eroberer seine Legitimation nicht in Rechtsnormen, sondern im Erfolg finde, setzte er den unerbittlich harten, nur scheinbar auf das Kaiserreich des Louis Bonaparte bezogenen Satz entgegen: «Aber was ist Macht, wenn sie nicht Recht ist, das tiefere Recht, wurzelnd in dem Bewußtsein erfüllter Pflicht, erkämpfter Ideale, erhöhten Menschentumes. Ein Reich [wie das Wilhelminische], das einzig auf Gewalt bestanden hat und nicht auf Freiheit, Gerechtigkeit und Wahrheit, ein Reich, in dem nur befohlen und gehorcht, verdient und ausgebeutet, des Menschen aber nie geachtet ward, kann nicht siegen, und es zöge aus mit übermenschlicher Macht.»[99] Und dann möglicherweise unmittelbar über den Friedrich-Essay urteilend: «Man hat gewählt zwischen dem Augenblick und der Geschichte und hat eingestanden, daß man mit allen Gaben doch nur ein unterhaltsamer Schmarotzer war.»[100]

Der Essay des Bruders, der Thomas Mann in tiefe Selbstzweifel stürzte, erschien erstmals als Beitrag für die Zeitschrift «Die Weißen Blätter» im November 1915. Er erweckte auf den ersten Blick den Eindruck, als wenn hier von Emile Zola, dem französischen Romancier, und seiner Rolle in der berühmt-berüchtigten Dreyfus-Affäre die Rede sei. «Auf raffiniert doppelsinnige Weise» – so Hermann Kurzke – kam hier indessen auch das Kaiserreich und der Krieg zur Sprache, der «Kampf des Geistes und der Demokratie gegen Ungeist und hörige Unterwerfung»[101]. Thomas Mann erfuhr im Januar 1916 von diesem subversiven, vor allem gegen ihn selbst gerichteten Text und benötigte zwei Jahre, um eine bereits in Arbeit befindliche «Generalrevision» seines eigenen Standpunkts zu Papier zu bringen. Er erwähnte den Bruder in diesem über 600 Seiten umfassenden Rechenschaftsbericht namentlich mit keinem Wort, apostrophierte ihn jedoch in immer neuen Wendungen als den Vertreter des internationalen Literatentums, als Zivilisationsliteraten, als der «deutsche belles-lettres-Aktivist»[102]. Alfred Kantorowicz hat die ganze Reihe der durchaus denunziatorisch gemeinten Bezeichnungen aufgelistet, mit denen Thomas seinen Bruder charakterisierte[103]. Dabei vermied er es mit strikter Konsequenz, die persönlichen, seit Jahren schwelenden Gegensätze zur Sprache zu bringen, obwohl er dann doch mit heftigem rhetorischen

Gestus an Heinrich die Frage richtete: «Wenn es wahr ist [...], daß die Wechselwirkung von historisch-poetischer Vorbereitung und aktuellem Erlebnis meine Seele in den Stand setzte, den Heldenmut des Mannes [gemeint ist Friedrich] so intensiv und stark zu begreifen, wie er nie zuvor begriffen worden ist [...], – wenn es so ist, wie stehst du dann vor mir, Mensch, Künstler, Bruder mit deinem reißenden Geschwätz? Ein Erkennen und Nacherleben, das in so brennender Tiefe nie zuvor auch nur möglich war, und die annähernde Mitteilung dieses Erkennens und Nacherlebens durch das literarische Wort: ist das eine Sache streberischer Mitläuferei, kann es eine Sache sein schmauchenden Bürgerbehagens? [...] Achtest du die Leidenschaft, das Erlebnis nicht mehr, beschimpfst du sie, falls sie ‹dem Geiste›, das heißt: deiner radikalen Lehrmeinung nicht dienen? Dann bist du verloren! [...], dann bist du kein Künstler mehr und auch kein Mensch: dann bist du ein in Bigotterie verknöcherter Doktrinär und Schulmeister.»[104]

VIII

Das hochkomplexe Kapitel des Bruderzwistes zwischen Thomas und Heinrich ist in der Literaturwissenschaft und Publizistik seit den ersten Veröffentlichungen aus dem Heinrich Mann-Nachlaß bis in die jüngste Zeit immer wieder erörtert worden[105]. Die Einzelheiten dieses Konflikts und das ganze Ausmaß der gegenseitigen Verletzungen können hier ausgespart bleiben. In unserem Zusammenhang ist jedoch von Bedeutung, daß über die Wortgefechte der Brüder die Person des Preußenkönigs und das von Thomas Mann beschworene Exempel seines heroischen Durchhaltewillens völlig in den Hintergrund traten. Es ging in dieser Auseinandersetzung lediglich um die Schlußfolgerungen, die Thomas Mann aus seiner Darstellung Friedrichs zu ziehen sich vorgenommen hatte. Sie waren es, die Heinrich Mann verurteilte. Auch das ironisch verfremdete Darstellungsverfahren des Friedrich-

Essays, an dem – wie erwähnt – andere Anstoß genommen hatten, stand in der Kontroverse der Brüder nicht zur Debatte. Es ging demnach weder um Literarisches noch um die Sache selbst, also die längst wesenlos gewordene Gestalt des Preußenkönigs, sondern um die Lehren, die Thomas Mann aus seinem «Abriß für den Tag und die Stunde» zu ziehen wünschte. Thomas Mann mußte sich dabei eingestehen, daß – je länger der Krieg dauerte – immer zweifelhafter wurde, ob sich das an Friedrich vorgeführte, einen Völkerrechtsbruch legitimierende «Mirakel des Hauses Brandenburg» noch einmal wiederholen würde. «Der Krieg», schrieb er schließlich in den «Betrachtungen» resignierend, «ist überlebt und verrottet, das weiß ich.»[106] Der Weltkrieg war in der Logik Thomas Manns also der erste Krieg, den Friedrich, gerade auch Friedrich verloren hatte. Und rückblickend gestand er sich ein: «Es ist wahr, ich fand mich nationaler, als ich gewußt hatte, daß ich es sei; aber ein Nationalist, ein ‹Heimatkünstler› war ich ja niemals. Ich fand es unmöglich, mich den Krieg ‹nichts angehen› zu lassen, etwa weil der Krieg nichts mit Kultur zu tun habe, was eine sehr gewagte Behauptung ist. Erschüttert, aufgewühlt, gellend herausgefordert, warf ich mich [mit dem Friedrich-Essay] in den Tumult und verteidigte disputierend das Meine. Aber wohler, Gott weiß es, wird mir sein, wenn meine Seele wieder, von Politik gereinigt, Leben und Menschlichkeit wird anschauen dürfen.»[107]

Nicht unerwähnt bleiben sollte in dem hier zu erörternden Kontext auch, daß die Gestalt Friedrichs des Großen als literarisches und historisch-politisches Thema für Thomas Mann nach dem Ersten Weltkrieg offenbar erledigt war. Nur im Dezember 1938, als seine Wahl zum Ehrenmitglied der American Academy of Arts and Letters anstand, holten ihn die Schatten seiner Dämonenbeschwörung aus dem Anfangsjahr des Ersten Weltkriegs noch einmal ein. Denn in einem Artikel in der New York Harold Tribune wurde ihm unter Hinweis auf die «Gedanken im Krieg» und den Essay über

Friedrich den Großen in heftigen Angriffen der Vorwurf gemacht, daß er als Protagonist der demokratischen Traditionen des Westens nicht in Betracht komme[108]. Aber es blieb schließlich bei einem kurzen Wortgefecht.

Für Heinrich Mann dagegen trat das Thema Friedrich noch einmal in den Vordergrund. So widmete er sich als Siebzigjähriger intensiven Quellenstudien und konzipierte bereits im amerikanischen Exil einen biographisch angelegten Dialogroman, der sich unter dem Titel: «Die traurige Geschichte von Friedrich dem Großen» aus kurzen, dramatischen Einzelszenen zusammensetzen sollte[109]. Das Werk blieb jedoch Fragment und wurde aus Anlaß des 10. Todestages von Heinrich Mann aus dem Nachlaß veröffentlicht. Es behandelt nur die Jugendzeit bis zum spektakulären Besuch des Kronprinzen am Hof Augusts des Starken und entwirft ein Horrorbild des preußischen Hofes und des Verhältnisses zwischen Vater und Sohn. Auch die nur skizzenhaft überlieferten Passagen zum Lebensweg des Königs – den «Outlines des Werkes» – lassen erkennen, daß hier jeder Glanz von dieser Heldengestalt der preußischen Geschichte zu tilgen intendiert war[110]. Auch das Fazit dieses geplanten Friedrich-Epos fällt ernüchternd aus. «Der ‹alte Fritz› schwindelt, genau wie der junge grundsätzlich alle Welt betrogen hatte: nur so verstand er die Beziehungen von Mensch zu Mensch und von Macht zu Macht. Die väterliche Erziehung, die ihn heucheln lehrte, wirkt bis an das Ende nach. Die Roheit, Rachsucht und Falschheit, die seine Handlungen lebenslang kennzeichnen, sind gleichfalls ererbter Besitz: er hat dies alles nur gesteigert bis ins Überlebensgroße.»[111] So blieb am Ende nur eine «Tragik», die Heinrich dem im Alter eigensinnig Verknöcherten zuzubilligen geneigt war.

Gleichzeitig arbeitete Heinrich Mann an einem Essay über den König von Preußen, der als letztes Wort zum Thema Friedrich vollendet wurde und noch zu Lebzeiten des Autors erschien (Frühjahr 1949)[112]. Er enthält keinen Hinweis auf die

Kontroverse mit dem jüngeren Bruder, die sich ja nicht zuletzt an der Gestalt und dem Vermächtnis Friedrichs entzündet hatte und insofern als «*der* entscheidende Katalysator im Bruderzwist» zu betrachten ist[113], sondern beschreitet bei der Bewertung des Königs eigene Wege. So mißt er ihn an jenen Maßstäben, die auch seinem Zola-Essay und vielen anderen seiner Werke zu Grunde gelegen haben. Friedrich ist für ihn sowohl Repräsentant als auch Widerpart der französischen Zivilisation. Er habe sich gegen die Zivilisation und Europa erhoben, um als König und Feldherr jenen «sensationellen Ruhm» zu erlangen, der aber selbst wieder Bestandteil dieser Zivilisation war: eine höchst hellsichtige Bemerkung! Mit Friedrichs Verhältnis zu Frankreich, zur französischen Sprache und zur französischen Kultur, so scheint es Heinrich Mann, ist demnach auch die Frage seiner Unsterblichkeit verknüpft.

Heinrich Mann veröffentlichte diesen Aufsatz zu einem Zeitpunkt, als der Staat Preußen durch das alliierte Kontrollratsgesetz vom 25. Februar 1947 bereits aufgelöst war. Die Vision des Bruders von der nationalen Sendung Preußens und dem alles sanktionierenden Schicksalsspruch der Geschichte hatte sich als Chimäre erwiesen. Friedrich war als historische Persönlichkeit nun auf sich selbst reduziert. Anrührend deshalb vor allem die Schlußsentenzen dieses überaus eigenwilligen, vielfach sprunghaft argumentierenden Essays. Preußen, so Heinrich Mann, habe ihn wenig gekümmert – eine Behauptung übrigens, die der Überlieferung und der vielfach dokumentierten Sorge Friedrichs um den Thronfolger nicht standhält. Diese späten Betrachtungen «scheinen wie aus großer, unbegriffener Ferne geschrieben, aus der Bewegung des Abgangs schon, als sei der Autor längst über die Grenze hinaus, wo Widersprüche oder Ungereimtheiten nach Auflösung verlangen und, statt zu stören, nur noch das Gefühl stolzer Nachlässigkeit bestärken. Im Grunde war ihm die Welt der Tatsachen immer fremd gewesen und die Fakten Phantasieimpulse, über die er souverän und nach poetischer Manier schaltete.»[114] Doch noch einmal zurück zu Heinrich Manns Friedrich-Aufsatz: «Ohne vorauszusehen», heißt es dort weiter, «sitzt er dennoch in seinem Greisenzimmer von Sanssouci, schon als Überlebender seines Preußen, das eines noch fernen Tages beendet sein wird. Unsterblich ist sein Name, den er Frédéric schreibt. [...] Er weiß, daß er bleibt. Er braucht nur die Tragödien seines Voltaire lautlos zu sprechen; vollends auswendig kennt er sie dank seinen alljährlichen Reisen nach dem Osten des Landes, als er im Wagen immer diese las. [...] Lebt er dereinst mit keinem Staat mehr, dann um so sicherer in der Tragödie, die er sich selbst schrieb. Sein zerrissenes Königreich – vergangen. Übrig – der König von Preußen.»[115]

Im Vergleich der Friedrich-Studien der Brüder sind vor allem das Lebensalter und die Lebensumstände der beiden Autoren von Bedeutung. Während sich Thomas einbezogen fühlte in das von patriotischen Emotionen aufgewühlte Szenarium des ersten Weltkriegsjahres, konnte Heinrich mit dem Blick nicht nur auf das eigene Lebenswerk als Schriftsteller, sondern auch auf Zeitläufte zurückblicken, die trotz aller Verbitterung seinen Erwartungen vom Sieg der Zivilisation und Gerechtigkeit durchaus entsprachen. Hatte er im Ersten Weltkrieg die Niederlage Deutschlands noch mit der ganzen Inbrunst seines Herzens herbeigesehnt und damit auch den Aufstieg Preußens nicht als eine Sendung, sondern als ein verwerfliches Kapitel deutscher Geschichte empfunden, so stand er nun vor den Trümmern eines Staates, dessen Untergang ihm auch den Blick auf Friedrich den Großen wieder freizugeben schien. Entsprechend behutsam und versöhnlich fällt deshalb auch sein abschließendes Urteil über den König aus. Es ist in paradoxer Verdrehung der eigentlichen Intentionen geradezu das Gegenbild zu dem des Bruders.

Eine grundsätzliche Bemerkung zum Schluß. Auch der Historiker ist nicht frei von den Auffassungen seiner Zeit, ja er muß sich sogar zu seiner Zeitgenossenschaft bekennen und sich Rechenschaft darüber ablegen, in welcher Weise sein Urteil von den Maßstäben und Relevanzkriterien seiner Gegenwart geprägt ist. Dennoch ist ein eindeutiger Trennungsstrich zwischen zwar historisch fundierten, letztlich aber gegenwartsbezogenen, feuilletonistisch «maskierten» Appellen und einem Unterfangen zu ziehen, das bei aller Skepsis gegenüber der Endgültigkeit historischer Urteile dem Gegenstand als solchem zu dienen bestrebt ist. Unbestritten bleibt dabei, daß bei Autoren von der Einbildungskraft und dem Darstellungsvermögen der Brüder Mann auch Dinge zur Anschauung gebracht werden, die in ihrer suggestiven Überzeugungskraft bezwingend und insofern aufschlußreich sind. Hier liegt der Übergangsbereich von fiktionaler Imagination und historischer Faktenanalyse[116]. Dennoch ist zu unterstreichen, daß die Friedrich-Traktate von Thomas und Heinrich Mann aus voller Überzeugung im Dienste vorgefaßter Meinungen stehen, die schon aus literarischem Kalkül einem authentischen Bild des Königs kaum gerecht zu werden vermögen.

Es scheint mir überhaupt ein Charakteristikum eines beträchtlichen Teils der Friedrich-Literatur zu sein, daß der König – aus welcher Perspektive auch immer – für Überzeugungen ins Feld geführt wurde, die mit der historischen Persönlichkeit nur in begrenztem Umfang etwas zu tun haben. So wurde er mal als Heldenepos und mal als Schurkenstück in Szene gesetzt, mal als Lichtgestalt für Preußens Gloria und mal als Schlüsselfigur für die deutsche Misere. Der Historiker hat andere Aufgaben. Er sollte sich vor der Versuchung hüten, in agitatorischer Beschwörungsabsicht dem Zeitgeist zu huldigen oder ihn im Gewand historischer Betrachtungen herauszufordern. Er sollte sich zwar den Möglichkeiten schöpferischer Imagination nicht verschließen, muß im übrigen aber dem Treueid verpflichtet bleiben, sich allein an den Fakten, den Texten und dem Augenschein zu orientieren.

*Der Historikerstreit über den Ausbruch des Siebenjährigen Krieges (1756)**

I.

Schon bei der Formulierung des hier zu erörternden Themas stellt sich eine Fülle von Fragen: Ging es 1756 eigentlich um den *Ausbruch* eines Krieges, oder doch wohl um die bewußt herbeigeführte *Entfesselung* eines Konflikts – eines Präventivkriegs also, der sich dann über sieben Jahre hinziehen und unzählige Opfer auf allen Seiten, in den Armeen wie in der Zivilbevölkerung, kosten sollte? Schon in der zeitgenössischen Publizistik, besonders dann aber in den kontroversen Debatten der Historikerzunft, über die hier berichtet werden soll, tritt dieses Problem hervor; denn es führt unvermittelt auf den Kern der Sache. Lag hier ein eklatanter Rechtsbruch vor oder aber eine Selbstverteidigungsmaßnahme, die auch nach den Völkerrechtsvorstellungen des 18. Jahrhunderts als legitim und gerechtfertigt erscheinen konnte? Manche, wie sehr frühzeitig auch Leopold von Ranke, haben einen Ausweg darin zu finden gesucht, daß sie scheinbar neutral vom *Ursprung* des Krieges gesprochen haben. Aber sie entkamen damit nicht dem Dilemma, in der Frage der Kriegsschuld mehr oder weniger eindeutig Stellung beziehen zu müssen. Insofern war es beinahe unausweichlich, daß über dieses welthistorisch ja nicht ganz belanglose Problem ein Streit entstehen mußte.

Um zunächst die Brisanz des hier zu erörternden Themas vor Augen zu führen, sei an die bis heute erstaunlich gebliebenen Sentenzen erinnert, mit denen sich Thomas Mann in seinem Essay über «Friedrich und die große Koalition» von 1914/15 zum Kriegseintritt des Deutschen Reiches geäußert hat[1]. Er bezog sich dabei unmittelbar auf Friedrich den Großen und die Mächtekonstellation vor dem Ausbruch des Siebenjährigen Krieges. Sie habe den König veranlaßt, ja gezwungen, so die Auffassung Thomas Manns, erneut zu den Waffen zu greifen und dieses Mal nicht in Schlesien – das besaß er ja bereits –, sondern in Sachsen einzumarschieren. Die öffentliche Empörung über diesen Angriff auf ein neutrales Land war für das *ancien régime* erstaunlich: Thomas Mann schildert das anhand entsprechender Dokumente eindringlich und in allen Facetten. «Sie war», schreibt er, «so tief und allgemein, daß einem minder festen und höhnischen Herzen» als dem des Preußenkönigs «wohl davor hätte grauen dürfen [...]. Kein Ort in der Welt, wo er damals nicht ein Feind der Menschheit genannt worden wäre, ein reißendes Tier, das unschädlich zu machen die Forderung der Moral und der öffentlichen Sicherheit sei.» Er mußte, heißt es weiter, «zu Boden geschlagen und auf immer in Ohnmacht gehalten werden»[2].

Unabweislich drängte sich nach dieser Schilderung des mächtepolitischen Szenariums vor der Entfesselung des Siebenjährigen Krieges die grundsätzliche, in der Völkerrechtsdebatte immer wieder gestellte Frage nach der Rechtmäßigkeit von Präventivkriegen im Allgemeinen und diesem im Konkreten auf[3]. Und hier folgt in Thomas Manns Friedrich-Essay nun jener Appell, der für «den Tag und die Stunde», wie es im Untertitel heißt, bestimmt war – ein Appell, der sich an die deutschen Truppen richtete, die soeben in das neutrale Belgien einmarschiert waren. Friedrich mußte sich sagen, schreibt Thomas Mann, «daß, wenn er [in diesem Waffengang] unterläge, der Hohn und die Freude der Welt grenzenlos sein würde; daß ihm in diesem Falle nicht nur niemals Gerechtigkeit zuteil werden würde, sondern daß er dann auch tatsächlich im Unrecht würde gewesen sein. Eben deshalb war es bitter nötig, daß er siegte. Er war nicht im Recht, sofern Recht eine Konvention, das Urteil der Majorität, die Stimme der ‹Menschheit› ist. Sein Recht war das Recht der aufsteigenden Macht, ein problematisches, noch illegitimes, noch unerhärtetes Recht, das erst zu erkämpfen, zu schaffen war. Unterlag er, so war er der elendeste Abenteurer, ‹un fou›, wie Ludwig [XV.] von Frankreich gesagt hatte. Nur wenn sich durch den Erfolg herausstellte, daß er der Beauftragte des Schicksals war, nur dann war er im Recht und immer im Rechte gewesen. Jede Tat, so Thomas Mann, «die diesen Namen verdient, ist ja eine Probe auf das Schicksal, ein Versuch, Recht zu schaffen, Entwicklung zu verwirklichen und die Fatalität zu lenken. – Der Spruch des Fatums hatte gegen alle Wahrscheinlichkeit für ihn entschieden, das Urteil anzufechten war untunlich auf lange Zeit, man mußte Preußen, mußte Deutschland den Weg freigeben.»[4]

Nur Andeutungen weisen daraufhin, daß Thomas Mann den «professoralen Bombenanschlag» kannte, der in der deutschen Geschichtswissenschaft der neunziger Jahre des 19. Jahrhunderts auf das überlieferte Bild Friedrichs des Großen im allgemeinen und sein mächtepolitisches Arrondierungskonzept im besonderen verübt worden war[5]. Er hatte nachweislich Thomas Carlyles sechsbändige, als Heldenepos konzipierte Biographie des Preußenkönigs[6] gelesen und sie dem Publikum sogleich nach dem Erscheinen einer Neuübersetzung wärmstens empfohlen[7]. Er kannte darüber hinaus auch einige Arbeiten Leopold von Rankes und zitierte ihn einmal auch wörtlich[8]. Aber er kannte wohl auch den vielstimmigen Chor einer historischen Kontroversliteratur, der damals erst allmählich zu verstummen begann. Sicherlich dürfte er dabei auch vernommen haben, daß es besonders in der Militärgeschichtsschreibung Stimmen gab, die den König gegen den «philisterhaften *Vorwurf der Eroberungslust*» gar nicht erst in Schutz zu nehmen für nötig hielten. Vielmehr, äußerte etwa der als Militärhistoriker hochverdiente Max Jähns, kenne er «nichts Abgeschmackteres als die zumeist dem Kleinmut oder der Heuchelei entspringende sogenannte ‹sittliche Entrüstung›, die ein Kreuz schlägt, wenn sie das Wort ‹Eroberung› vernimmt. Wer da weiß, wie unser Staat sich in jahrhundertelangem Mühen emporgekämpft hat, [...] wird sich unmöglich als abgesagter Feind jeder Eroberung bekennen können.»[9] Resoluter noch erhob Friedrich von Bernhardi, preußischer General und ein im In- und Ausland beachteter Militärschriftsteller, unter Hinweis auf das leuchtende Vorbild Friedrichs des Großen die Forderung nach einem Angriffskrieg um jeden Preis. «Weltmacht oder Untergang» hieß ganz im Sinne friderizianischer Leitbilder die Devise. In seinem 1912 erschienenen Buch «Deutschland und der nächste Krieg» vertrat er sogar die These, daß das Deutsche Reich um seiner Selbsterhaltung willen «die Pflicht zum Kriege» habe[10]. Vieles von dem, was Thomas Mann am Beispiel des Preußenkönigs zu propagieren unternahm, war demnach im öffentlichen Diskurs der Vorkriegszeit bereits im Umlauf[11].

«Forscht man in den Büchern», schreibt Thomas Mann, «um sich zu unterrichten, ob der furchtbare Krieg [...] nun eigentlich ein Abwehr- oder ein Angriffskrieg von seiten Friedrichs gewesen sei, so findet man, daß die Geschichtsschreiber einander bis zur Komik widersprechen.» Kein Mensch, ob gelehrt oder ungelehrt, werde je entscheiden können, ob die große Allianz der Gegner Preußens je zustande gekommen wäre, «wenn Friedrich nicht losgeschlagen hätte»[12]. Thomas Mann glaubte gleichwohl, die damalige Gemütsverfassung des Königs erahnen und in die «Tiefen seines Wesens» vordringen zu können. «Ein schlimmes, bitteres und mephistophelisches Gelächter muß in ihm gewesen sein über die Beflissenheit, mit welcher der [Wiener] Klüngel sich unschuldig zu halten, defensiv zu tun und ihm das Odium des Angreifers zuzuschieben trachtete, – ihm, der erhaben war über die Heuchelei oder Einfalt einer Psychologie, welche zwischen ‹Offensive› und ‹Defensive› säuberlich unterscheidet, und Schuld und Odium gar nicht fürchtete. [...] Er fühlte, daß Preußen sich werde zu beweisen, zu behaupten haben; er hatte den Krieg im Blut, er meinte den Krieg, wo die anderen vielleicht vorderhand nur diplomatische Mächlereien meinten.»[13] So scheint es für Thomas Mann offenkundig zu sein, daß Friedrich in dieser sich zuspitzenden Lage sich beide Optionen offenhielt: den Krieg und seine Vermeidung: Er hatte «den Krieg im Blute» und versuchte dennoch, «mehr aus Bosheit denn aus übergroßer Friedsamkeit» zu rechnen und zu «diplomatisieren», «um das Verhängnis eine Weile zu nasführen»[14].

Das sind Mutmaßungen, die dem historischen Befund sehr nahe kommen dürften. Sie belegen zugleich, daß Thomas Mann wenigstens sporadisch die Debatte verfolgt hatte, über die im Folgenden gehandelt werden soll. Wichtig bleibt dabei festzuhalten, daß sein Plädoyer nicht als Beitrag zu einem wissenschaftlichen Diskurs gehalten wurde, sondern ausdrücklich als ein tagespolitischer Zwischenruf verstanden werden muß. Das Votum Thomas Manns führt aber zugleich auch eindrucksvoll vor Augen, welchen Zündstoff das Erscheinungsbild und das Handeln des Preußenkönigs immer noch, aber gerade in der Aufbruchstimmung des Jahres 1914 in sich barg.

II.

Es ist demzufolge nicht verwunderlich, daß in der Geschichtswissenschaft andere Auffassungen von der Entfesselung des dritten Schlesischen Krieges vertreten worden sind. Bekannt ist etwa das vernichtende, immer wieder zitierte Urteil des englischen Historikers George Peabody Gooch, der in seiner Friedrich-Biographie (in deutscher Übersetzung erstmals 1951) schon den Einmarsch in Schlesien zu den «sensationellen Verbrechen der neueren Geschichte» zählte[15]. «Die eigensüchtige Raubgier des Königs» gab damals seinen Nachbarn das Zeichen, sich auch ihrerseits einzumischen. «Die ganze Welt eilte zu den Waffen.» So komme «auf das Haupt Friedrichs alles Blut», das in diesem Krieg vergossen wurde. «Die bösen Folgen seiner Verruchtheit machten sich [selbst] in Ländern bemerkbar, denen der Name Preußens unbekannt war.»[16] Friedrich habe in der Sphäre der hohen Politik «die unheilvolle Tradition vom Vorteil der Angriffskriege» hinterlassen, die er aus der Lehre von der Staatsräson glaubte herleiten zu können[17].

Eine weniger moralisierende, aber ebenfalls höchst distanzierte Meinung hat neuerdings auch der Augsburger Historiker Johannes Burkhardt vertreten[18]. Man tue, schreibt er, dem Andenken des Königs keinen Gefallen, wenn man «hinter die großen klassischen Dekonstruktionen der deutschen Geschichtswissenschaft» (was immer das heißen mag) zurückfalle und die staatsmännische Leistung des Königs als folgerichtig und konsequent zu stilisieren versuche. Vielmehr gelte es, eine ganze Reihe von «Fehlkalkulationen» – etwa in seiner Mächtepolitik – aufzudecken, die in das «Debakel» eines Krieges geführt haben, der am Ende mit dem vielbeschworenen «Mirakel des Hauses Brandenburg» für Preußen immerhin noch glimpflich ausging[19]. Eine zentrale These in der Argumentation Burkhardts lautet in Anlehnung an eine ältere, auf Revision gängiger Geschichtsbilder zielende Forschung, daß die Eroberung von Sachsen von vornherein im Kalkül des Königs gelegen habe. Er hatte sich in den «Rêveries politiques», dem bis 1920 wegen außenpolitischer Bedenken geheimgehaltenen Anhang zu seinem Politischen Testament von 1752, entsprechend geäußert. Anders sei etwa auch der erbitterte Kampf um die Residenzstadt Dresden während des gesamten Krieges nicht zu verstehen. Burkhardt verweist dabei auf eine Äußerung Theodor Schieders, der in seiner Friedrich-Biographie die Bedrohung durch eine übermächtige Koalition zwar als real eingeschätzt, im übrigen aber konstatiert habe, daß der König «durchaus entschlossen war, sich Sachsens dauernd zu bemächtigen»[20]. Burkhardt schlägt in bezug auf den Siebenjährigen Krieg eine zeitliche Differenzierung vor und stellt dabei nicht in Abrede, daß er seinem Gesamtverlauf nach von preußischer Seite defensiv geführt wurde, unterstreicht aber zugleich, «nicht von Anfang an. Nicht nur die Verteidigung des alten Erfolgs in Schlesien, sondern die versuchte und mißlungene Kopie des alten Erfolgsrezepts und seine Übertragung auf das nächste Kriegsziel hat den Krieg mit ausgelöst.»[21] Erst nachdem schnelle Erfolge ausgeblieben seien und der Krieg in einem Debakel für die ganze Monarchie zu enden drohte, habe sich der König auf die Wahrung des Status quo beschränkt.

Nun werden bei Burkhardt als Apologeten der friderizianischen Präventivkriegsstrategie mehr oder weniger pauschal die Vertreter der «älteren Historiographie» angeführt[22]. Gemeint sind vermutlich die Wortführer der borussischen Schule[23], also das «geistige Leibregiment Friedrichs II.», wie der Publizist Werner Hegemann die Sybels und Treitschkes höhnisch bezeichnet hat[24]. Meistens wird indessen unterschlagen, daß auch bedeutende Vertreter der österreichischen Historikerzunft, unter ihnen Gelehrte wie Alfred Ritter von Arneth[25] oder Adolf Beer[26], die planmäßige und durchaus aggressive Revisionspolitik der Wiener Hofburg und vor allem des russischen Großkanzlers Bestužev keineswegs geleugnet haben. Zu den Autoren, die nach gründlichem Quellenstudium die Auffassung von einer für Preußen höchst bedrohlichen Mächtekonstellation vertreten haben, ist auch Ranke zu zählen, der unter dem Eindruck der Ereignisse von 1870 – ähnlich wie etliche Jahrzehnte später auch Thomas Mann – ältere Aufzeichnungen wieder hervorholte und dann in einer Broschüre im Umfang von 272 Seiten unter dem Titel «Der Ursprung des Siebenjährigen Krieges» zum Abschluß brachte, um – wie er in seinem Vorwort notierte – «den großen Ereignissen und Handlungen des letzten Jahres» meinen

Tribut zu zollen[27]. Nach Auffassung Theodor Schieders ist ohnehin zu vermuten, daß sich in dieser vor allem unter Historikern der kleindeutschen Schule ausgefochtenen Kontroverse «ein Stück Ringen um die geistigen und politischen Grundlagen des neuen preußisch-deutschen Reiches verbirgt»[28]. Peter-Michael Hahn, ein der borussischen Geschichtsschreibung gegenüber äußerst kritisch gesonnener Historiker der heutigen Generation, hat kürzlich darauf hingewiesen, daß seit 1871 zwar eine breite Welle nationalstaatlicher Begeisterung vor allem die Gebiete nördlich des Mains überspülte. Diese Begeisterung konnte sich jedoch in den verschiedenen Regionen an sehr unterschiedlichen Widerständen brechen. Denn mit der machtpolitischen Einigung waren keineswegs alle Bedenken gegen den «hohenzollernschen Obrigkeitsstaat und dessen politische und gesellschaftliche Traditionen verstummt, die dieser sowohl in die neupreußischen Gebiete als auch in die mehr oder minder zwangsverpflichteten Bundesstaaten hinein zu tragen suchte»[29]. Daß man sich in diesem Kontext jedem Schatten, der auf das Bild des großen Königs als identitätsstiftender Leitfigur fallen konnte, in den patriotisch gesinnten Kreisen der Publizistik und der gelehrten Welt entgegenstellte, mag demnach plausibel erscheinen. Für Historiker wie Droysen, Treitschke und Sybel kam es nach Auffassung Hahns jedenfalls darauf an, «die Deutungshoheit über die Geschichte der zurückliegenden Jahrhunderte zu erringen» und auf Dauer zu behaupten[30].

Ranke äußerte sich im Vorfeld der späteren Kontroverse und war im Blick auf die große Koalition der Gegner Preußens im Siebenjährigen Krieg ganz seinem Temperament entsprechend um eine ausgleichende Einschätzung bemüht. Seine «Gewohnheit entwicklungsgeschichtlicher Kontemplation gestaltete auch hier eine innerlich begriffene, nachsichtig verstandene Abwandlung von Wirklichkeiten, die liebevoll im Farbig-Besonderen verwurzelt, aber durch besinnliche Deutung ins Allgemeine» überhöht sind. «Zum ersten Male erscheint jetzt Friedrich wahrhaft als politische Potenz: das Menschlich-Problematische bleibt, wo nicht erkannt, so doch unerfaßt.»[31] Ranke gelangte gleichwohl zu der Überzeugung, daß kaum jemals eine Invasion unternommen worden sei, «die so bestimmt und bewußt auf dem Gedanken beruht hätte, den Frieden zu befestigen, das heißt durch einen raschen Schlag die Feinde zu nötigen, die Absichten, die sie gefaßt hatten, aufzugeben»[32].

Die Infragestellung dieser offenbar allgemein anerkannten Auffassung[33] von der von langer Hand vorbereiteten «Einkreisung» Preußens[34] nahm erst konkrete Gestalt an, als Max Lehmann, ein bereits renommierter, zum Ordinarius in Marburg (1888) und danach in Göttingen (1893) avancierter Historiker, bei der Benutzung der einschlägigen Akten darauf beharrte, Einblick in das auf Anweisung Bismarcks streng sekretierte Politische Testament Friedrichs des Großen von 1752 zu erhalten[35]. Anhand einer Passage in den «Rêveries politiques» über zukünftig wünschenswerte Länderakquisitionen konnte nun belegt werden, daß nicht nur auf seiten der großen Koalition der Gegner Preußens, sondern auch auf seiten des Königs ein durchaus offensives, auf Annexionen bedachtes Kalkül im Spiele war[36]. Dabei wurde die quellenkritische Frage ausgeklammert, welche Bedeutung eigentlich «politischen Träumereien» für die Analyse konkreter, politisch realer Vorhaben zuzumessen ist.

Lehmann, geboren 1845 in Berlin, zählte im Grunde selbst zur kleindeutsch-borussischen Schule der Geschichtswissenschaft und blieb im Gegensatz zu Ranke auf Themen der preußischen Geschichte fixiert. Er hielt sich zwar zugute, «von dem Berlinertum» durch seine Lebenserfahrung bewahrt geblieben zu sein, konnte aber gerade auch im Blick auf Friedrich eine immanente Sicht der Dinge nicht verleugnen[37]. Lehmann war mit zahlreichen Untersuchungen zu den Kriegsereignissen der sechziger und siebziger Jahre hervorgetreten und hatte sich als «ein glühender Verfechter von Preußens deutschem Beruf»[38] erwiesen. Einen Namen als Historiker hatte er sich 1886/87 mit einer zweibändigen Scharnhorst-Biographie gemacht. Erst sein Beharren auf Positionen, denen er sich aufgrund vorgeblich unbestechlicher Quellenkritik und einem rigorosen Gerechtigkeitsempfinden verpflichtet fühlte, entfremdeten ihn dann Historikerkollegen wie Heinrich von Sybel, Gustav Schmoller, Heinrich von Treitschke und Reinhold Koser – den einflußreichsten unter den führenden Köpfen der Preußischen Akademie. Sie hatten ihn lange Zeit gefördert und während seiner Lehrjahre in Berlin in große Editionsunternehmen wie die *Acta Borussica* einbezogen[39]. Im Zusammenwirken mit Sybel, dem Begründer der Historischen Zeitschrift, hatte er einige Jahrgänge der Zeitschrift[40] mitherausgegeben und in Vertretung Sybels redigiert[41]. Aber Sybel gelangte schließlich zu der Überzeugung, daß der «diametrale Gegensatz» zu den «sittlichen und wissenschaftlichen Grundsätzen» Lehmanns ein Zusammenwirken nicht länger mehr möglich machte[42]. Der Droysen-Schüler Reinhold Koser – «Friedrichs ungescheutester Lieb-Koser», wie ihn Werner Hegemann später provozierend nannte[43] – war es dann, der mit seiner schon damals unbestreitbaren Kompetenz in Sachen Friedrich zu der «neuen Offenbarung» Lehmanns im Auftrag der HZ-Herausgeber (federführend damals Friedrich Meinecke) Stellung bezog[44]. Er ist dabei – für Koser sonst ganz unüblich – auf den gereizten, zuerst von Lehmann angeschlagenen Ton der Auseinandersetzung eingegangen und hat so zu einer immer weiter fortschreitenden Polarisierung zwischen den beiden «Lagern» beigetragen[45]. Koser, «der märkisch-brave Pastorensohn», «war natürlich preußisch-loyal, aber nicht aggressiv». Seine große Friedrich-Biographie, urteilt der Historiker Veit Valentin in einem glänzend resümierenden Zeitungsartikel über den «Kampf um Friedrich den Großen» von 1927, «ist solide, aber etwas eng und nüchtern. Das achtzehnte Jahrhundert ist dem redlichen, gravitätisch schwerfälligen Geheimrat eine fremde und unbehagliche Welt»[46]. Und an anderer Stelle: Koser «deutet noch selbst die diabolische Skepsis des kecksten aller Könige in ein versöhnendes Ethos»[47].Man stritt in diesen durchaus fundierten Schriften zwar sach- und quellenbezogen, aber zugleich auch mit einer Heftigkeit, die an den «groben Ton» bundesdeutschen Gelehrtenstreits erinnert[48]. Dabei äußerte man sich auf beiden Seiten in einer Diktion, die sich in ihrer Unversöhnlichkeit von einer heutigen Streitkultur kaum unterscheiden dürfte.

In einer Grußadresse der Berliner Akademie zum fünfzigjährigen Doktorjubiläum Lehmanns am 12. Januar 1917, die Friedrich Meinecke in der hohen Stimmungslage einer akademischen Lobrede verfaßte[49], wird hervorgehoben, daß sich schon früh in Lehmanns Werk der «leidenschaftliche Drang» gezeigt habe, «inmitten der Sie tragenden Überlieferung selbständig emporzusteigen zu Erkenntnissen, die auch den Bruch mit der Überlieferung niemals scheuten und, kräftig und stolz hingestellt und verfochten, die zeitgenössische Forschung aufs stärkste bewegt und auch da befruchtet haben, wo sie Ihnen nicht zuzustimmen vermochte. Diese unbedingte Energie und Schärfe des Geistes», heißt es dann, «diese eigene und individuelle Fortbildung des Überkommenen», zeige sich auch in der kritischen Distanz seines Urteils[50]. Vor allem in der Scharnhorst-Biographie, der sich dann in den Jahren 1902 bis 1905 noch ein dreibändiges Werk über den Freiherrn vom Stein hinzugesellte, manifestierten sich – so Meinecke – «die tieferen Züge» von Lehmanns Natur: «ein unbedingtes Ethos und ein idealistischer, den Männern der Erhebungszeit kongenialer Schwung. Breit fundiert in der Forschung, nervig und dialektisch in der Fassung, enthusiastisch und oft radikal in der Gesinnung» stünden diese beiden großen Werke «wie erzgegossene Monumente» da[51].

Rückblickend sprach Meinecke dem inzwischen Verstorbenen ein «leidenschaftliches, jakobinisches Naturell» zu. Er habe nach 1870/71 «als konservativer Überpreuße» begonnen und sich um die Mitte der achtziger Jahre dann «in eine liberalere Richtung» bewegt[52]. In einem Brief an Heinrich Ritter von Srbik vom 27. Oktober 1946 verglich er ihn mit Hans Delbrück. Er, Meinecke, habe sich früher mit letzterem «oft gezankt und seine Herrschsucht abgelehnt, aber er war doch ein ganzer Kerl, auch in seiner intellektualistisch-rationalistischen Einseitigkeit». Er habe vieles sehr scharf gesehen. «Und ähnlich muß ich auch von Max Lehmann sagen, daß er, trotz seines fanatischen Zuges, manches früher erkannt hat als die Anderen und den ‹Borussismus›, den er in sich trug, überwunden hat.»[53]

Die schmale, mit einem Quellenanhang versehene Monographie Max Lehmanns erschien unter dem Titel: «Friedrich der Große und der Ursprung des siebenjährigen Krieges» nach älteren Vorstudien im Jahre 1894[54] und zog – wie Lehmann rückblickend meinte – «die Konsequenzen» aus seiner Lektüre des Politischen Testaments von 1752[55]. Er werde die Stunde nicht vergessen, als er in Friedrichs politischem Vermächtnis den Abschnitt las, der von den Eroberungs- und Annexionsplänen des Königs handelt. Er habe, schreibt Lehmann, aus diesen Passagen «sofort» entnommen, «daß die von *den* preußischen Historikern entworfene Charakteristik des größten preußischen Monarchen unvollständig und falsch sei – eine Wissensbereicherung, die nicht isoliert bleiben konnte, sondern sich umsetzte in Mißtrauen gegen die landläufige Darstellung auch der übrigen Perioden preußischer Geschichte»[56].

Die Streitschrift Lehmanns von 1894 setzte sich aber nicht «mit *den* preußischen Historikern», wie er sie nannte, sondern mit einer umfangreichen, in zwei Jahrgängen der Historischen Zeitschrift veröffentlichten Studie von Albert Naudé auseinander, die im Jahre 1886 erschienen war und in der Kritik «merkwürdiger Weise» – so Lehmann – «glimpflich behandelt, ja sogar gerühmt» worden sei[57]. Die in diesen Abhandlungen zutage tretende Polemik empfand Lehmann «ebenso herausfordernd wie ihre Methode unwissenschaftlich», wobei er «von allen höheren und feineren Anforderungen» absehe, «die man an die historische Arbeit zu stellen berechtigt ist»[58]. Im Vorwort bezeichnete er seinen Kontrahenten mit unverkennbar herabsetzender Tendenz als einen «der schwächsten Vorkämpfer der Legende», die sich in der «Orthodoxie» um die Gestalt Friedrichs des Großen und die Entfesselung des Siebenjährigen Krieges gebildet habe. Lehmann schien bei der Veröffentlichung seiner «Abrechnung»[59] nun seinerseits bereits das Verdikt vorauszuahnen, das über seinen Versuch einer Revision des Friedrichbildes zu erwarten war[60]. Denn unter Hinweis auf seinen Gesinnungsfreund, den Historiker und politischen Publizisten Hans Delbrück, stellte er fest, daß jeder, der über Friedrich ketzerische Ansichten zu vertreten sich getraue, nicht mehr als ein guter Preuße gelte. Und so ist es bei allem Respekt, den man Lehmann auch nach seinem Abschied aus Berlin und dem Bruch mit Sybel entgegenbrachte, tatsächlich auch gekommen.

Der Historikerstreit der neunziger Jahre endete mit einer Tragödie, wie sie in der akademischen Welt so selten nicht vorkommen mag, aber selten so gut dokumentiert ist[61]. Lehmanns eigentlicher Kontrahent, Albert Naudé, geboren am 13. November 1858 in Jüterbog, stammte aus einer 1687 nach Berlin emigrierten Hugenottenfamilie. Hervorgetreten ist er als Schüler von Reinhold Koser und Gustav Schmoller vor allem durch die Herausgabe der «Politischen Korrespondenz Friedrichs des Großen», die er auf Empfehlung Kosers und in dessen Nachfolge weiterführte. Naudé übernahm die Redaktion des mittlerweile auf zehn Bände angewachsenen Quellenwerks im Jahre 1882 und setzte es vom Januar 1755, also mit der Vorgeschichte der militärischen Auseinandersetzungen, bis in die Schlußphase des Siebenjährigen Krieges fort[62]. Die zwölf Bände, die Naudé bis zu seinem frühen Tod bearbeitet und vorgelegt hat, stellten sein eigentliches Lebenswerk dar und legten zugleich das Fundament für den

Streit mit Lehmann. Denn auf der Grundlage dieser Edition entstanden die beiden, in der Historischen Zeitschrift veröffentlichten Abhandlungen, die Delbrück und Lehmann zu ihren Entgegnungen veranlaßten.

Lehmann, der die Annahme der beiden HZ-Aufsätze Naudés zunächst befürwortet hatte[63], war durch seine Lehrveranstaltungen an der Universität Marburg dann aber zu der Überzeugung gelangt, daß Naudés Untersuchungen über den Ursprung des Siebenjährigen Krieges «nicht bloß falsch, sondern auch tendenziös gefärbt seien»[64]. Die Folge war eine heftige, schließlich verletzend ausgetragene Kontroverse, die nicht zuletzt auch dadurch eskalierte, daß Naudé im Frühjahr 1893 als Nachfolger Lehmanns nach Marburg berufen werden sollte. Die Marburger Fakultät erhob gegen diese Entscheidung des Berliner Kultusministeriums unter maßgeblicher Einflußnahme Lehmanns heftigen Protest. Lehmann selbst war es, der den Einspruch der Fakultät entwarf und begründete; er stellte nach Auffassung Theodor Schieders «einen einzigen Angriff auf die wissenschaftliche Glaubwürdigkeit und Zuverlässigkeit Naudés» dar und wurde auch von den Historikern, die der Ministerialdirektor im Preußischen Kultusministerium Friedrich Theodor Althoff um eine Stellungnahme gebeten hatte, als gehässig und ungerecht empfunden[65]. «Wir hätten ihn [Naudé] noch», beklagte Schmoller nach dem frühen Tod des Kollegen, «wenn dieser Streit nicht entstanden oder vielmehr nicht mit diesen Waffen geführt worden wäre!»[66]. Er schloß seinen Nachruf auf Naudé mit dem bemerkenswerten Bekenntnis: Unser Freund war «einer derer, den alle Menschen, die ihn wirklich kannten, lieb hatten und der dieser Liebe wert war. Diejenigen, die ihn verlästerten und angriffen, haben ihn nicht gekannt.»[67] Auch Meinecke versuchte, auf die Kontroverse unter den beiden Hauptkontrahenten immer wieder in privaten Äußerungen eine Antwort zu finden[68]. Wilhelm Steffens, ein Historiker und Gymnasialdirektor aus Münster, vertrat in einem Brief an Meinecke die Auffassung, daß Lehmanns Wesen «eigentlich» weich gewesen sei. Aber, entgegnete Meinecke am 17. August 1941, «die furchtbare Leidenschaft, mit der er über den armen Naudé hergefallen ist, ist mir heute noch etwas rätselhaft, weil ich eben Naudés Charakter genau kannte. Naudé war eben auch eine durchaus weiche und liebenswürdige Natur, und zwar kein großer Charakter, aber ein durchaus anständiger Mensch.»[69]

Lehmanns Polemik gipfelte in dem auch in seiner Publikation über den Ursprung des Siebenjährigen Krieges wiederholten Vorwurf anbiedernder Parteilichkeit. «Das Organ der specifisch katholischen Geschichtsschreibung hat einmal erklärt: ein katholischer Autor müsse es als seine strenge Pflicht erkennen, die principiell allein richtige Auffassung der Kirche zum Grundgesetz der eigenen historischen Auffassung zu machen. Wenn man hier für ‹katholisch› setzt ‹preußisch› und für ‹Kirche› setzt ‹preußische Manifeste und Staatsschriften›, so hat man die Geschichtsphilosophie unseres Autors.» Wie Johannes Janssen, ein katholischer Kirchenhistoriker, der damals mit einer in zahlreichen Auflagen erschienenen «Geschichte des deutschen Volkes» hervorgetreten war, «so tritt auch er an seinen Stoff mit einer vorgefaßten Meinung heran; er sieht in ihm nur Beweise für die Dogmen, die ihm von vornherein feststehen; alles was ihm widerspricht, bemerkt er nicht.»[70] Trotz solcher wie eine Hinrichtung gemeinten Urteile[71] wurde Naudé nach Marburg berufen, und bald stellte sich heraus, daß er nicht nur ein tüchtiger und erfolgreicher Hochschullehrer, sondern auch ein schätzenswerter Kollege war[72].

Lehmann ging bei seinem Nachweis der angeblich aggressiven Absichten, die Friedrich bei seinem Einmarsch in Sachsen verfolgte, systematisch vor. Er behandelt zunächst – gestützt auf höchst eindrucksvolle, allerdings kaum nachprüfbare und schließlich widerlegte Zahlen – den außerordentlichen Rüstungs- und Mobilisierungsvorsprung Preußens vor allem Österreich gegenüber – jenem Rivalen, den der König als einzigen ernstzunehmenden Kontrahenten betrachtete – offensichtlich in Verkennung der riesigen Potentiale, über die das Zarenreich verfügte. Wichtig ist Lehmann sodann der auch von Burkhardt wieder aufgegriffene Hinweis, daß es Friedrich selber war, der das Bündnis der großen Mächte durch die sich immer mehr verdichtenden Nachrichten über seine Rüstungen, seine Drohungen und schließlich seinen Einmarsch in Sachsen erst zusammenfügte[73]. «Österreich», schreibt Lehmann, «war sowohl mit Rußland wie mit Frankreich nur durch Defensiv-Allianzen verbunden; mit Rußland allein wollte es keine Offensiv-Allianz haben, mit Frankreich hatte es bisher keine zu Stande bringen können. Eben hierdurch wurde auch im Osten wieder alles ins Ungewisse gestellt.»[74] Insofern, so lautete die Schlußfolgerung Lehmanns, war die Lage Friedrichs keineswegs so ausweglos, um daraus die Notwendigkeit einer eigenmächtigen und überstürzten Waffenerhebung herzuleiten. Vielmehr sei die Offensive, die Kaunitz plante, als «eine hypothetische und eventuelle, diplomatisch zwar eingeleitete, aber selbst diplomatisch noch nicht weit geförderte, militärisch noch ganz unvorbereitete» einzuschätzen[75]. So waren es nach Auffassung Lehmanns zwei Offensiven, die 1756 aufeinanderstießen, diejenige Österreichs, die auf die Wiedergewinnung Schlesiens gerichtet war, und diejenige Friedrichs, die auf die Eroberung Sachsens und Westpreußens abzielte. «Die Coalition», heißt es bei Lehmann, «welche die österreichische Offensive ins Werk setzen sollte, war im August 1756 noch nicht fertig; ohne es zu wissen, räumte ihr Friedrich durch seinen Einbruch in Sachsen die letzten Hindernisse aus dem Wege.»[76] Über die Einwände gegen die Gedankenführung Naudés hinaus war Lehmann aber auch der Auffassung, daß nach den Ereignissen von 1866 und 1871 «der deutsche Beruf Preußens nicht mehr aus der Geschichte» bewiesen werden müsse – mit anderen Worten: er hielt Bemühungen, sich durch den Rückbezug auf die Geschichte zu legitimieren, längst für überflüssig. «Aber von dieser Freiheit haben für das Zeitalter Friedrichs bis jetzt nur wenige [...] Gebrauch gemacht», und – setzte er süffisant hinzu, «nicht immer zu ihrem Vorteil»[77]. Das war gegen die gesamte Zunft der preußischen Historikerkollegen gerichtet und wurde offenbar auch so verstanden. «Die fortdauernde Macht der Legende habe ich selber bei der Sammlung des Materials zu der Schrift, die ich hier vorlege, empfunden.»[78]

Vor allem Hans Delbrück[79] ist dieser Deutung des Kriegsbeginns gefolgt. Theodor Schieder nennt Lehmann und Delbrück «zwei scharfsinnige, temperamentvolle Männer», die sich von herkömmlichen Auffassungen lossagten, «nicht ohne daß sie im einzelnen weit übers Ziel hinausschossen»[80]. Beide bieten meines Erachtens ein Lehrstück dafür, daß Historiker gerade auch mit dem Blick auf die Quellen immer nur sehen, was sie zu sehen wünschen. Delbrück im besonderen charakterisiert Friedrich Meinecke als «einen ungewöhnlich starken, behenden und kampflustigen Geist»[81], als einen «eigentlich zu mathematischem Denken begabten Intellektualist[en] von gewaltiger Vitalität und größtem Selbstbewußtsein», an dessen «dialektischer Schärfe» er sich als junger Gelehrter immer wieder «geschnitten» habe. «Ihr seid eben alle zu gute Preußen», habe er ihm – Meinecke – einmal «etwas mitleidig» entgegnet[82]. Unter dem Eindruck der Kriegs- und Nachkriegszeit (seit 1914) sei es dann freilich zu einer Annäherung gekommen[83].

Delbrück gehörte in den achtziger Jahren neben seiner Tätigkeit als Hochschullehrer mit einem freikonservativen Mandat dem Preußischen Landtag an und gewann als Reichstagsabgeordneter immer stärker auch Einfluß auf die Tagespolitik. Außerordentlich bedeutsam war im übrigen sein publizistisches Engagement vor allem während des Ersten Weltkriegs, als er in den Preußischen Jahrbüchern, einer Zeitschrift für «Politik, Geschichte, Literatur und Staatswissenschaften», monatlich die aktuellen Ereignisse in Politik und Kriegführung kommentierte und zu den heißumstrittenen Fragen der Kriegsziele und des eines Tages zu schließenden Friedens auf eigenständige und für viele seiner Zeitgenossen irritierende Weise Stellung nahm[84]. Sein bleibendes Verdienst besteht in der Zusammenführung von Universalgeschichte und Kriegsgeschichte, also in der programmatischen Forderung, die «Geschichte der Kriegskunst im Rahmen der politischen Geschichte» zu betrachten[85]. Trotz seines akademischen Amtes als Ordinarius an der Berliner Universität in der Nachfolge Heinrich von Treitschkes blieb er dennoch ein Außenseiter, der sich in strittigen Fragen allerdings durchaus zu behaupten wußte. «Nie war ihm wohler», schreibt Johannes Ziekursch in einem Nachruf auf Delbrück, «als wenn er alte, ungeprüft hingenommene Überlieferungen, treu gehütete Legenden, Vorurteile und Voreingenommenheiten angreifen und mit allen Mitteln der Dialektik, mit Ironie, Spott und köstlichem Humor zerstören konnte.»[86] Delbrück, äußert Gordon A. Craig, «liebte die Fehde und war unermüdlich in der Erwiderung auf Zurückweisungen seiner Theorie[n]»[87] – ein Wesenszug, den er offensichtlich mit Lehmann gemeinsam hatte. Jedenfalls äußerte letzterer in einer autobiographischen, wenige Jahre vor seinem Tod erschienenen Skizze, daß Delbrück durch Jahrzehnte hindurch «in treuer Freundschaft» zu ihm gestanden habe[88]. Während jedoch Lehmann offensichtlich mit einer starken Aversion gegen Friedrich zur Feder griff, galt er Delbrück «als Staatsmann von überwältigender Größe.»[89]

In einem Artikel in den «Preußischen Jahrbüchern», der sich auf den ersten Blick wie eine Rezension des Traktats von Lehmann ausnimmt, im Grunde aber als eine eigenständige Studie betrachtet werden muß, hat Delbrück vor allem die These aufgegriffen, daß 1756 zwei Offensiven aufeinanderprallten[90]. Jedenfalls verwerfe Lehmann – ein Historiker, der schon einmal «mit seinem zur Leidenschaft gesteigerten

Wahrheitsdrang» ein Fehlurteil umgestürzt habe[91] – die Ansicht, «daß Friedrich nur einer drohenden Offensive entgegengegangen sei»[92]. Vielmehr habe sich auch Friedrich «im innersten Herzen mit Eroberungsabsichten getragen und mit Freuden die Gelegenheit der antipreußischen Konspiration ergriffen, um den Krieg zu beginnen». Derjenige, mahnt Delbrück mit erhobenem Zeigefinger, «kennt die Friederiche in der Weltgeschichte schlecht, der da glaubt, daß sie solcher Thaten nicht fähig seien»[93]. Wenn der König wirklich einen Verteidigungskrieg habe führen wollen, müsse er «als ein unklarer, schwächlicher Sanguiniker» eingeschätzt werden, der «beim ersten Schimmer einer entfernten Gefahr [...] bewaffnet bleibt, wo es nicht mehr nötig wäre, dadurch abermals reizt und doch den Entschluß zum wirklichen Zuschlagen erst findet, als die beste Gelegenheit vorüber ist und durch die Offensive, die ihm selbst nur mäßigen Nutzen bringt, gerade das thut, was seine Feinde wünschen, nämlich das letzte Hindernis ihres Zusammenschlusses beseitigt»[94]. Die Konspiration der Großmächte sei im übrigen nicht vollendet gewesen und «würde höchst wahrscheinlich niemals zu Stande gekommen sein, wenn nicht gerade Friedrichs Angriff selbst die letzten Hindernisse hinweggeräumt hätte»[95]. So stehe nach Auffassung Delbrücks außer Zweifel, daß Friedrich «der österreichischen Machination» den «sehr erwünschten Anlaß» geboten hätte, «einen lange gehegten Eroberungsplan ins Werk zu setzen.»[96]

Nun haben sich – wie erwähnt – sowohl Naudé als auch Koser in der Sache noch einmal zu Wort gemeldet und damit hinter die durch Lehmann entfesselte Debatte einen vorläufigen Schlußpunkt gesetzt[97]. Auch in seiner großen Friedrich-Biographie unterstrich Koser noch einmal, daß sich Friedrich seit dem Frieden von Aachen grundlegend gewandelt habe. «Das aggressive Anfangslustrum seiner Regierung lag jetzt hinter ihm, die zweite Sturm- und Drangperiode seiner Entwicklung. Er hatte die Schranken seines Vermögens, der politischen und militärischen Leistungsfähigkeit Preußens erkannt und allen Eroberungsplänen aufrichtig entsagt; er hatte in der Beschränkung sich als Meister bewährt. Er werde in Zukunft keine Katze mehr angreifen, äußerte er zu Dresden [1745] in seiner drastischen Art, es sei denn, daß man ihn dazu zwinge; er betrachtete seine militärische Laufbahn als abgeschlossen. Sein Ehrgeiz war gesättigt und innerlich überwunden. [...] Es war der Höhepunkt seines Lebens.»[98]

Die Kontroverse um das Krisenjahr 1756 schien auch insofern erledigt, als sie in der internationalen Forschung mit Ausnahme des von den Ereignissen des Zweiten Weltkriegs geprägten George Peabody Gooch[99] auf wenig Resonanz gestoßen und insofern auf einen innerdeutschen Gelehrtenstreit beschränkt geblieben ist. Veit Valentin merkt in einem Rückblick auf die ältere Friedrich-Forschung allerdings an, daß sich die These Lehmanns zwar als nicht beweisbar erwiesen habe, aber dennoch «eine vertieftere unbefangenere Betrachtungsweise Friedrichs angebahnt» habe. Ebenso wirkte nach Einschätzung Valentins «die umstrittene Auffassung Hans Delbrücks von friderizianischer Strategie als fruchtbarste Anregung»[100]. Selbst ein dem Preußenkönig so wenig gewogener Publizist wie Rudolf Augstein, der sich in seiner 1968 erschienenen Biographie mehrfach den Auffassungen Lehmanns anvertraut hat[101], stellte fest, daß in dieser Kontroverse eine schlüssige Antwort nicht gegeben werden könne. In Friedrichs Natur, schreibt er, lag das *Prävenire* ebenso nahe «wie aus solchem Anlaß einige hübsche Eroberungen zu machen. [...] Der Streit der Historiker muß[te] also unfruchtbar enden.»[102]

Auch Thomas Mann äußerte sich angesichts der widerstreitenden, sich «einander aufhebenden Meinungen» der Fachleute ratlos. Auf der einen Seite, schreibt er in seinem Friedrich-Essay, stehe «die verleumderische Hypothese», daß der König einen seit langem vorbereiteten Angriffs- und Eroberungskrieg geführt habe, auf der anderen die Gewißheit, daß «von diesem großen Spitzbuben» Tugendhaftes nicht zu erwarten gewesen sei[103]. «Was uns betrifft, wenn man uns fragt, wir möchten wohl schweigen dürfen.» Doch dann die unvermittelte Frage: «Aber hat er den Krieg gewollt?»[104]. Thomas Mann gibt darauf mit souveräner Gelassenheit eine ebenso frappierende wie tiefgründige Antwort: «Er hat wohl zeitig gewußt, daß er ihn werde wollen müssen; und nachdem er das Verhängnis eine Weile genasführt, hatte er Bosheit und Menschenstolz genug, um ihn frei zu wollen.»[105]

Aber noch an einer anderen Stelle kommt Thomas Mann auf den Historikerstreit in bemerkenswert originellen Reflexionen zu sprechen. Er bezieht sich dabei auf das endgültig erscheinende Urteil Rankes, daß der König, «indem er sich verteidigte, zum großen Mann des Jahrhunderts» aufgestiegen sei[106]. «Das ist wahr», entgegnet Thomas Mann, «und auch wieder nicht – sofern man nämlich Friedrichs Kampf gegen Europa als einen reinen Verteidigungskrieg ansprechen will. Die Streitfrage der Historiker, ob er das wirklich gewesen – oder nicht vielmehr ein Angriffskrieg, will nicht verstummen, sie ist heute lauter denn je; und doch liegen hier die Dinge zu verschränkt, als daß eine schlicht entscheidende Antwort am Platz wäre. In seinen allerletzten Gründen war dieser ungeheuerliche Kampf ein Angriffskrieg: denn die junge, die aufsteigende Macht ist psychologisch genommen immer im Angriff, und die anderen, die bestehenden Mächte sind es, die sich gegen sie zu verteidigen haben. Etwas weiter gegen die Oberfläche war er ein Verteidigungskrieg: denn Preußen war ja ‹eingekreist› und sollte baldtunlichst vernichtet werden. Er war dann wieder ein Angriffskrieg, indem Friedrich ihn zuvorkommend vom Zaune brach. Er war abermals ein Verteidigungskrieg: denn einer gegen fünf, das läuft jedenfalls auf Verteidigung hinaus [...]. Und er war fünftens wieder ein Angriffskrieg, indem die schwerste und verzweifeltste Verteidigung sich notwendig in die Form des Angriffs rettet.»[107]

Schon Mirabeau hatte 1788 einen Schlüssel zum Verständnis der am Ende militärischen Lösung der Bedrohungskonstellation geliefert. Der König, schrieb er im ersten Band seiner «Monarchie Prussienne», scheine sich durchaus «richtig eingeschätzt zu haben, als er das Hauptmittel seiner Macht auf seine militärischen Fähigkeiten gründete. Er war wirklich ein großer Kriegsmann, groß in fast allen Belangen dieses Berufs.» In der Schlacht von Mollwitz am Anfang seiner Feldherrnkarriere mag er nicht besonders tapfer gewesen sein. Um so ehrenvoller erscheine jedoch, «zu welchem Maß an Unerschrockenheit er sich seitdem und bald nur durch seine Willenskraft zu erheben gewußt hat. [...] Das wissen wir von einer Menge einwandfreier Augenzeugen, und diese heldenhafte Energie verdankte er seiner großen Seele und nicht den natürlichen Anlagen seines Blutes.»[108]

Als Schlußwort zu der heftig und verletzend geführten Debatte zwischen Lehmann und Naudé sei hier ein abwägendes, um Gerechtigkeit bemühtes Resümee angefügt, das Gustav Schmoller in seinem Nachruf auf den frühverstorbenen Schüler und Freund zu geben versucht hat. Er wolle, schrieb er, sich versagen, auf «die Kontroverse einzugehen, ob der Siebenjährige Krieg ein Verteidigungs- oder ein Angriffskrieg gewesen sei». Aber er wolle doch nicht verschweigen, daß es ihm vorkomme, als wenn Lehmann «eine geistvolle Hypothese» aufgestellt habe, die er allerdings nicht habe beweisen können. Naudé dagegen sei seinen Gegnern «in Beherrschung der Quellen» so weit überlegen gewesen, daß deren Behauptungen als widerlegt gelten müßten. Die Hauptgegner Naudés mögen «vielleicht glänzendere Schriftsteller», «geschicktere Dialektiker und literarische Fechter» gewesen sein, er jedoch müsse als «der solidere, zuverlässigere Forscher» eingeschätzt werden. «Gewiß wäre es falsch, seinen Gegnern unreine Motive zu unterschieben, wie es Lehmann ihm gegenüber tat; sie sind Ehrenmänner wie er.» Es sei eine Tragik solcher wissenschaftlicher Kämpfe, fuhr Schmoller fort, daß sie so vergiftet geführt würden. Das hänge mit der unter deutschen Gelehrten «nicht ganz so seltenen Eigenart» zusammen, daß sie «mit Übertreibung, mit Leidenschaft, mit gänzlicher Rücksichtslosigkeit bei solcher Gelegenheit vorgehen und in der Erbitterung des Streites dann auch ohne deutliches Bewußtsein der Tragweite [ihres Tuns] Kampfmittel gebrauchen, die jeder Draußenstehende verurteilt». Lehmann konnte sich einen Mann, der anderer Meinung war als er, «nur als intellektuell und moralisch defekt vorstellen». Das Ganze sei «ein lehrreiches Beispiel» dafür, «wie verschiedene Anlagen und Charaktere notwendig methodologisch verschiedene Wege gehen müssen»[109]. So können die Bemerkungen Schmollers als ein abschließendes Plädoyer in Sachen des Historikerstreits betrachtet werden.

Vielleicht hat zur Verschärfung der Lehmann-Kontroverse[110] auch beigetragen, daß mit dem Beginn der sechziger Jahre in Gestalt des in Ostfriesland geborenen, später in Wien ansässigen Onno Klopp (1822–1903) ein streitbarer, publizistisch höchst versierter Mann auftrat, der in einer Monographie über «König Friedrich II. und die deutsche Nation» (1860) und in zahlreichen Rezensionen zu den Veröffentlichungen von Droysen, Sybel und Ludwig Häusser die auch von Lehmann und Delbrück angeprangerte Legendenbildung einiger Protagonisten der borussischen Schule aufs Schärfste angriff[111]. Eine Auswahl dieser Streitschriften, deren überwiegender Teil zuvor in den «Historisch-Politischen Blättern für das katholische Deutschland» erschienen war, veröffentlichte Klopp 1863 in einem Sammelband unter dem Titel: «Kleindeutsche Geschichtsbaumeister» im Herder-Verlag[112]. Diese Angriffe aus katholisch-großdeutscher Perspektive hatten insofern etwas mit dem Historikerstreit zu tun, als Klopp in seinen Schriften immer wieder den Vorwurf der Recht- und Skrupellosigkeit der preußischen «Großmächtelei» erhob. So verwies er als signifikanten Beleg auf eine Äußerung Friedrichs gegenüber seinem Jugendfreund Jordan

(3. März 1741), der zufolge Fürsten, die einen Krieg zu führen beabsichtigen, ihn beginnen und dann einen fleißigen Juristen beauftragen, zu beweisen, «daß sie ein Recht zu diesem Beginnen hatten»[113]. Das «rechtlose Umsichgreifen» habe Friedrich und seine Lobredner aus dem Kreis des «kleindeutschen Professorenthums» zur «bleibenden Fahne Preußens» erhoben[114]. Auch an anderer Stelle heißt es: «Die grausige Lehre, die aus dem Systeme dieser literarischen Vorkämpfer des Fridericianismus floß, nämlich daß in Sachen der preußischen Politik, für das Streben nach Vergrößerung des Staates der Hohenzollern die Gesetze der Moral unverbindlich seien, hat ihre Erfolge gehabt. Die Quantität dieser Literatur, das Geschick ihrer Vorkämpfer, das Schweigen der Anderen, die thörichte Begünstigung gar der Regierungen – das alles hat vermocht, es dahin zu bringen, daß ein großer Theil der Kreise der sogenannten Gebildeten von dieser Lehre angefressen ist.»[115] Selbstverständlich formierte sich gegen solche Auffassungen eine geschlossene Phalanx, zu der schon aus konfessionellen Überzeugungen auch die Lehmanns und Delbrücks zählten. Ihnen allen gelang es, Abweichler wie Klopp trotz aller Irritationen in die politische wie wissenschaftliche Bedeutungslosigkeit abzudrängen, obwohl Lehmann 1894 mit Bedauern konstatierte, daß «die kritischen Stimmen, die früher aus dem großdeutschen Lager ertönten», mittlerweile verstummt sind[116].

In die Fußstapfen Klopps trat in den zwanziger Jahren dann der als ein entschiedener Kämpfer für soziales Bauen hervorgetretene Stadtplaner und Publizist Werner Hegemann (1881–1936)[117], der in einem 1924 zunächst anonym veröffentlichten Traktat «Fridericus» an dem überlieferten Friedrich-Bild kein gutes Haar mehr ließ[118]. Im Jahre 1926 erschien dieses Buch in einer «neuen, veränderten und [beträchtlich] erweiterten» Auflage und löste unter den damals amtierenden Historikern einen Sturm der Entrüstung aus[119]. Hegemann hat auf diese Anfeindungen dann auch seinerseits noch einmal repliziert und im Anhang zu der Neuauflage seines «Fridericus» Historiker wie Fritz Hartung oder Gustav Berthold Volz aufs Schärfste angegriffen[120]. «Der Kampf um Friedrich den Großen», äußert Veit Valentin, habe mit Hegemann einen Höhepunkt erreicht, denn von der Heldengestalt des Königs sei nun nichts mehr übriggeblieben: «Poetaster und Kriegspfuscher, Schwätzer und Faulpelz, Dichterling und Fresser, pervertierter Schmutzian, pathologischer Ausbeuter, Sadist, Verräter am deutschen Kaiser, eitler, törichter Lügner – ein Mann in *summa*, über den sich alle einsichtigen Zeitgenossen völlig klar waren und klar sein mußten, während eine unwissende Nachwelt sich von subalternen Lohnschreibern über den Sachverhalt maßlos beschwindeln läßt – zu durchsichtigen Zwecken!!»[121].

Hegemanns Verdienst bleibe es dennoch, schreibt Valentin, «manche alte berechtigte Kritik an der Person und Leistung Friedrichs des Großen erneuert, durch scharfsinnige Beleuchtung sehr wirksam ergänzt und dies Ganze mit erstaunlichem Geschick verständlich geformt zu haben». Am Ende jedoch reagierte er – dieser «im Grunde philiströse Taschenspieler», wie ihn Valentin an anderer Stelle nennt[122] – gereizt und gekränkt und wollte mit «Verbissenheit, Fanatismus [und] Maßlosigkeit» Recht behalten[123]. Hegemann hatte gleichwohl auch entschiedene Verfechter seiner engagierten und vielfach auch zustimmend aufgenommenen Dekonstruktionen des Friedrich-Mythos. Gradmann verweist etwa auf eine Äußerung Erich Kästners von 1946. Er, Kästner, hoffe auf eine Wiederentdeckung des «Fridericus» – eines Buches, «das natürlich im dritten Reich verboten war» – «Es ist ein bitteres, ein böses Buch. Bitter und böse, weil es ein Mann geschrieben hat, der die Wahrheit liebte und Geschichtslügen, ihre Unausrottbarkeit und ihre chronisch verheerenden Folgen für die Menschheit bis auf den Tod und bis zum Tod (in der Emigration) gehaßt hat.»[124] Eberhard Kolb kennzeichnet das Buch von Hegemann – eines Dilettanten wohlgemerkt – «anspruchsvoll in Aufbau und Darstellung [...], polemisch in Diktion und Urteil, aber auch geistreich und zuweilen witzig»[125]. Hegemann kannte – um auf unseren Zusammenhang zurückzukommen – selbstverständlich auch die Schriften von Lehmann und Delbrück und zitierte sie ausgiebig und mit offenkundigem Wohlbehagen.

III.

Die Debatte über die Entfesselung des Siebenjährigen Krieges ist demnach auch nach den neunziger Jahren des 19. Jahrhunderts nicht zu Ende gewesen. Zunächst wurde sie vor allem in der Kriegsgeschichtlichen Abteilung des Großen Generalstabs, die damals mit einer umfassenden Darstellung der Kriege Friedrichs des Großen beschäftigt war, aber auch in der militärgeschichtlichen Publizistik mit gelegentlich apologetischem Unterton weitergeführt[126]. Dabei wurde bereits der Schlieffen-Plan, also das Konzept einer Umfassung der französischen Nordfront durch das neutrale Belgien hindurch, ins Kalkül gezogen und dabei alle völkerrechtlichen Bedenken, wie sie ja auch Thomas Mann in Erwägung zog, beiseite geschoben. «Fast durch die bloße Ersetzung des Wortes Sachsen durch Belgien», schreibt Martin Raschke in seiner Arbeit über die offiziöse Geschichtsauffassung des Großen Generalstabs, «läßt sich hier Gedankengut von höchster Brisanz aus der Zeit unmittelbar vor dem Weltkrieg gewinnen.»[127] Explizit ist die Analogie zwischen dem Einmarsch in Sachsen und dem Vorstoß deutscher Truppen nach Belgien auch im öffentlichen Diskurs mehrfach gezogen worden. In der Militärpresse wurde dabei das Problem der belgischen Neutralität nur insoweit angeschnitten, als der patriotisch gesinnten Öffentlichkeit der Eindruck vermittelt wurde, daß ein solches Vorgehen im wörtlichen Sinne als «selbstverständlich» zu betrachten sei[128].

Auf der Ebene der politischen Geschichte wurde die Kontroverse um die Entfesselung des Siebenjährigen Krieges durch eine umfangreiche Aktenpublikation auf eine kritisch nachprüfbare Grundlage gestellt – ein Kompendium, das durch die Direktion der Preußischen Staatsarchive in Auftrag gegeben wurde und 1899 erschien. Es trägt den Titel: «Preußische und Österreichische Acten zur Vorgeschichte des Siebenjährigen Krieges» und wurde in enger Kooperation mit den Wiener Archiven (dem K. und K. Haus-, Hof- und Staatsarchiv und dem K. und K. Kriegsarchiv) erarbeitet[129]. Wiederum war es Reinhold Koser, der damalige Direktor der Preußischen Staatsarchive, der das Quellenmaterial zusammentragen ließ und unter offenkundiger Bezugnahme auf die Kontroverse mit Max Lehmann der Öffentlichkeit zugänglich machte. Koser erwähnte in seinem Vorwort, daß «den Grundstock der vorliegenden Veröffentlichung» die Aktenstücke bildeten, «die der durch einen frühzeitigen Tod am 17. Dezember 1896 der Wissenschaft entrissene Dr. Albert Naudé, Professor an der Universität Marburg, in den Archiven zu Berlin und Wien gesammelt hat» und die aus seinem Nachlaß in den Besitz des Preußischen Geheimen Staatsarchivs gelangt sind[130]. Allerdings lassen die Herausgeber dieser «Collectaneen», beide um die Erforschung der preußischen Geschichte hochverdiente Historiker, erkennen, daß hier wiederum jene am Werk waren, die Lehmann abfällig der «Orthodoxie» zuzurechnen für nötig hielt. Dennoch ist mit dieser umfangreichen Edition ein kommentiertes Quellenwerk vorgelegt worden, das – sowohl durch die Mitwirkung der österreichischen Archive als auch durch die Unbestechlichkeit der Editoren – die preußische und österreichische Überlieferung der Jahre 1755/56 authentisch dokumentiert.

Bemerkenswert ist, daß diese Sammlung in der Forschung wenig beachtet wurde[131]. Sie wird selbst in einem den «gegenwärtigen Forschungsstand» referierenden, immer wieder als wegweisend angeführten Literaturbericht von 1972 mit keinem Wort erwähnt[132]. Dabei bietet sie zusätzlich zu den

746 Seiten, auf denen die Quellentexte zur unmittelbaren Vorgeschichte des Konflikts mit kritischem Kommentar und Hinweisen auf ältere Druckorte ausgebreitet werden, eine ausführliche Einführung der beiden Herausgeber. Den ersten Teil bildet eine minutiöse Darstellung der von Lehmann und Delbrück immer wieder als bedrohlich und aggressiv angeführten Rüstungsanstrengungen des Preußenkönigs aus der Feder von Gustav Berthold Volz – ein in Fragen der friderizianischen Quellenüberlieferung unendlich kenntnisreicher Historiker, der später durch die zehnbändige Werkausgabe Friedrichs des Großen und eine Fülle weiterer Editionen, darunter auch der Politischen Testamente[133], hervorgetreten ist. Den zweiten Beitrag über «Die Entstehung der Coalition gegen Preußen in den Jahren 1755 und 1756» hat Georg Küntzel beigesteuert, der sich unter anderem mit einer Sammlung der Hohenzollerntestamente einen Namen gemacht hat.

In dieser Aktenedition wird sogleich im ersten Stück des Österreich betreffenden Abschnitts der Grundakkord angeschlagen, der die gesamte Mächtepolitik der Hofburg nach dem Frieden von Aachen begleitet hat. Es handelt sich um einen am 28. August 1755 ausgefertigten Vortrag, den Staatskanzler Kaunitz zuvor auf einer Sitzung der Geheimen Konferenz, dem höchsten Entscheidungsgremium der Monarchie, vorgetragen hatte: einen ohne Zweifel maßgeblichen Text, der übrigens auch Lehmann und Delbrück bekannt war. Dort wurde als das *Ceterum censeo* der kaiserlichen Politik formuliert: «Richtig ist, dass Preussen muss übern Haufen geworfen werden, wenn das [...] Erzhaus aufrecht stehen soll. Wir sind sonst uns und unseren Alliirten unnütz. Die beständige Gefahr ist da. Wir haben weniger Einfluß und Ansehen in allen europäischen Angelegenheiten. Im Reich setzt sich Preußen öffentlich der kaiserlichen Autorität entgegen, und wir wissen sicher, daß es nur auf unseren Untergang bauet und solchen menschlichem Ansehen nach bewürken würde, wenn wir ihm nicht bevorkommen.»[134] Aus diesem Leitgedanken heraus entwarf Kaunitz mit großer Konsequenz und mit überaus geschickt verdeckten Karten einen Angriffsplan, der letztlich auf eine Umkehr der Bündnisse, auf eine «diplomatische Revolution» – wie sie vielleicht etwas zu dramatisierend genannt worden ist – hinauslaufen mußte[135].

Wie seit der großen, auf die Aktenüberlieferung gestützten Biographie Maria Theresias von Alfred von Arneth bekannt war, hat Kaunitz die Umkehrung der Bündnisse bereits seit der Zeit als Bevollmächtigter des Wiener Hofes beim Aachener Friedenskongreß im Auge gehabt[136]. In einer Denkschrift vom 24. März 1749 «über das auswärtige System» in Europa antwortete er auf die Frage: «Was dann nach denen jetzigen Umständen, für das *Systema* dem allerhöchsten Dienst am gemäßesten sey», mit dem Entwurf eines mächtepolitischen Konzepts, das nach langjährigen Bemühungen dann 1756 mit dem *renversement des alliances* zum Erfolg führte. Weil, begann er sein Plädoyer, «der Verlust von Schlesien nicht zu verschmertzen, und der König in Preußen, als der gröste, gefährlichste, und unversöhnlichste Feind des Durchläuchtigsten Ertzhauses anzusehen» ist, müsse die erste und beständige Sorgfalt darauf gerichtet sein, «wie sich nicht nur gegen des genannten Königs feindliche Unternehmungen zu verwahren [...], sondern wie Er geschwächet, seine Übermacht beschränket, und das Verlohrne wieder herbey gebracht werden könne»[137].

Aus dieser in zahlreichen weiteren Dokumenten überlieferten Prämisse leitete Kaunitz die mächtepolitischen Konsequenzen ab, an deren Ende nur eine «diplomatische Revolution», die Umkehr der Bündnisse stehen konnte. Das alte System, führte er aus, also das Bündnis mit den Seemächten in Gegnerschaft zu den Bourbonen, wie es sich noch in den Kriegen gegen die Hegemonialansprüche Ludwigs XIV. bewährt hatte, habe sich jetzt grundlegend gewandelt[138]. Da von England «keine *directe*, und ernstliche Mitwürckung» zu erwarten sei, «um dem besagten König Schlesien wieder zu entreißen», so bestehe nach seinem Ermessen unter den jetzigen Umständen keine Möglichkeit, die Revisionsabsichten des Hauses Österreich hinsichtlich der Schlesienfrage durchzusetzen, «es sey dann, daß die Cron Franckreich auf einoder andere Art vermöget werden könnte, nicht nur den dießseitigen Unternehmungen sich nicht zu wiedersetzen, sondern zu solchen *directé*, oder wenigstens *indirecte* die Hände zu biethen, und andurch den Ausschlag zu geben». Denn selbst im Falle, daß die Seemächte «die Nutzbar- und Gerechtigkeit der dießseitigen Absichten» anerkennen würden, wären sie doch «von Werckthätiger Teilnehmung an dergleichen *Impegno* weit entfernet». Hinzu komme, daß man sich «nach Anleitung der nöthigen Prudenz» auf keine Offensivmaßnahmen einlassen dürfe, «wann nicht die Hoffnung die Gefahr sehr überwieget, und so weit menschliche Beurtheilung zureichet, an einem glücklichen Ausschlag nicht zu zweifeln stehet». So erscheine ein neuer Waffengang mit Preußen nicht einmal unter der Voraussetzung ratsam, daß alle übrigen Mächte stillhalten und sich nicht einmischen[139].

Der Plan des 1753 zum Staatskanzler berufenen Kaunitz war also von Anfang an auf die Formierung einer großen Allianz gerichtet, deren Ziel nicht nur auf die Wiedereroberung von Schlesien und Glatz gerichtet war, sondern darüber hinaus auf die «réduction de la Maison de Brandebourg à son état primitif de petite puissance très secondaire» – so eine spätere Formulierung des Staatskanzlers[140]. Schon 1749, zu einem Zeitpunkt also, als sich die meisten seiner Mitgutachter noch für die Beibehaltung des alten Systems aussprachen[141], ging Kaunitz daran, die militärischen Konsequenzen ins Auge zu fassen, die mit der Durchsetzung seines Plans verbunden waren. Obwohl er, schrieb er in seinem Memorandum, weit davon entfernt sei, «gefährliche *Offensiv*-Unternehmungen» in Vorschlag zu bringen, «von welchen sich nicht zum Voraus, und so weit die Menschliche Überlegung in künfftigen Dingen reichet, ein glücklicher Ausschlag versprochen werden könnte; Also gehet auch meine Meinung keines weges dahin, den offt erwehnten *Plan* alsdann für thunlich, und rathsam auszugeben, wann nur eines der *essential-Requisiten* ermanglete, und fehlschlüge.» Als diese «Requisiten» bezeichnete er: «Daß Rußland den König von Preußen in seinen eigenen Landen mit einer Armée von wenigstens 60m [= 60000] bis 70m [= 70000] Mann zu bekriegen den Anfang mache: Daß Franckreich und Spanien nicht nur hierzu still zu sitzen, sondern auch allthunlichen Vorschub zu geben» und «vor allen Diengen außer Zweifel gestellet werde: Daß zugleich die gemeßene Abrede, und Gemeinsame Einverständnüß dahin erfolge, dem König in Preußen theils durch Subsidien-Versprech- theils durch Länder[-]Zutheilungen, so viel Feinde als möglich, auf den Halß zu ziehen, ihn auf einmahl, und von allen Seiten, mit einer solchen Macht, die der Seinigen weit überlegen, zu überfallen, mithin diejenige Mittel, so zu geschwinder, und gesicherter Ausführung des Vorhabens, immer dienlich seyn könnten, gegen ihn zu gebrauchen, und anzuwenden.»[142]

Auch im Hinblick auf die militärischen Erfordernisse verfügte Kaunitz also schon frühzeitig über klare Vorstellungen, wie in einem erneuten Waffengang mit Preußen das Ziel der Wiedergewinnung Schlesiens erreicht werden könne. Ein Krieg jedenfalls schien ihm ebenso unumgänglich wie legitim, um die Vormachtstellung, die er für das Haus Habsburg beanspruchte, wiedererlangen zu können. Die Annäherungsversuche und Vorverhandlungen blieben in einem Zeitalter hochentwickelter Geheimdiplomatie selbstverständlich im Verborgenen. So verfügte der Preußenkönig über keine lückenlosen und eindeutigen Informationen darüber, welch eine erdrückende Machtkonzentration sich hier abzuzeichnen begann. Aber es bedurfte in der überaus angespannten Situation von 1756 auch längst keiner waghalsigen Spekulationen mehr, um das Ausmaß der ihm drohenden Gefahr zu erfassen. So blieb dem König in der ausweglosen Lage, in der er sich

1755/56 befand, im Grunde keine Wahl, als seinen Gegnern zuvorzukommen und in raschem Zugriff ein womöglich kriegsentscheidendes Faustpfand wie Sachsen an sich zu reißen, bevor er sich den koordinierten Angriffsoperationen seiner Kontrahenten gegenübersah.

Zur Erforschung des *renversement des alliances* am Beginn des Siebenjährigen Krieges ist in jüngster Zeit viel Weiterführendes beigetragen worden, wobei noch einmal zu unterstreichen ist, daß der Historikerstreit lediglich am Rande zur Sprache kam. So ist von Historikern wie Lothar Schilling noch einmal die konzeptionell entscheidende Rolle unterstrichen worden, die Staatskanzler Kaunitz bei der Formierung der großen Allianz der Gegner Preußens gespielt hat[143]. In mehreren gewichtigen Untersuchungen sind auch die handlungsleitenden Motive analysiert worden, die für die Mächtepolitik der Hofburg vor und während des Siebenjährigen Krieges bestimmend waren. Hier ist über die grundlegenden Untersuchungen von Alfred von Arneth und Max Braubach hinausweisend Neuland betreten worden.

Eine beträchtliche Erweiterung des Blickwinkels auf die Vorgeschichte des Siebenjährigen Krieges ist darüber hinaus auch dadurch erzielt worden, daß die Forschung sehr viel genauer als früher die russische Politik der Vorkriegszeit in den Blick genommen hat. So hat Winfried Baumgart mit Nachdruck darauf hingewiesen, daß bereits im Jahre 1912 ein «kapitaler Quellenband» erschienen ist, der die Diskussion über die russischen Kriegsziele im Siebenjährigen Krieg auf eine völlig neue Grundlage gestellt hat[144]. Diese Edition – so die Vermutung Baumgarts – sei allerdings wegen sprachlicher Barrieren, aber auch infolge der wachsenden Zuspitzung der internationalen Beziehungen im Vorfeld des Ersten Weltkriegs, kaum wahrgenommen und rezipiert worden. Erst vierzig Jahre später habe der britische Historiker Herbert Butterfield diesen Fundus für eine Neubewertung der Kriegsschulddiskussion von 1756 wiederentdeckt und in einem

Vortrag auf den enormen Expansionsdruck hingewiesen, der gerade von russischer Seite auf das mitteleuropäische Mächteszenarium ausgeübt wurde[145]. Butterfield an die Seite zu stellen ist allerdings die beinahe gleichzeitig erschienene Monographie des Osteuropa-Historikers Walther Mediger[146]. Er hat das verfügbare Quellenmaterial zu einer umfassenden, bis heute maßgeblich gebliebenen Analyse der Expansionspolitik des zaristischen Rußlands im 18. Jahrhundert genutzt und dabei deutlich gemacht, daß der Aufstieg des Zarenreiches zur europäischen Großmacht unmittelbar mit den Revisionsabsichten des Kaiserhauses in der Schlesienfrage verknüpft ist[147].

Aus der Perspektive einer an Osteuropa im allgemeinen und der Adelsrepublik Polen im besonderen orientierten Geschichtsforschung ist neuerdings die These vertreten worden, daß der Siebenjährige Krieg und das *renversement des alliances* eher als eine Episode denn als eine Zäsur oder gar als eine «Revolution» in der Mächtepolitik des 18. Jahrhunderts betrachtet werden müsse. Das Zusammenwirken der drei ostmitteleuropäischen Hegemonialmächte bei der ersten Teilung Polens im Jahre 1772, die «Entente cordiale der drei Schwarzen Adler», sei vielmehr eine durch den Siebenjährigen Krieg nur kurzzeitig unterbrochene Konstante der europäischen Mächtepolitik gewesen[148]. Sie habe sich bereits 1721 im Frieden von Nystad herausgebildet, als der russische Zar Peter Schweden als nordeuropäische Hegemonialmacht abgelöst und die Außensteuerungshoheit über das gesamte polnische Staatsgebiet zu erlangen vermocht habe[149]. In dieses durchaus imperiale Gravitationsfeld seien bereits nach kurzer Zeit auch Preußen und Österreich hineingeraten, die sich in entsprechenden Bündnisverträgen 1720 bzw. 1726 auf eine mit Rußland abgestimmte Polenpolitik festlegen ließen. So formierte sich 1732 eine «Entente cordiale», die ein Interventionsrecht in der Adelsrepublik für sich in Anspruch nahm, zugleich aber auch eine Teilung des Landes zur Wahrung eigener Machtinteressen ins Auge faßte. Das Ergebnis des Siebenjährigen Krieges, schreibt der in der Polenforschung der Nachkriegszeit maßgebliche Osteuropa-Historiker Klaus Zernack, bestehe deshalb nicht in einer Neuformierung des Staatensystems, sondern in einem doppelten Status quo-Effekt: nämlich in der endgültigen Sicherung der Annektierung Schlesiens durch Preußen und der Erkenntnis, daß Preußen als eine Großmacht zweiten Ranges auf das Bündnis mit Rußland unter allen Umständen angewiesen sei. «Der Krieg», heißt es bei Zernack wörtlich, «hatte für das kontinentale Mächtesystem wirklich keine umwälzende Bedeutung. Mit seinem Ende war vielmehr das System von Nystad für die östliche Hälfte Europas wiederhergestellt.»[150]

Unverkennbar geht es hier um ein Modell, das mit dem verengten Blick auf Polen aus den Besonderheiten des ostmitteleuropäischen Mächteszenariums entworfen worden ist, wobei schon die sächsische Komponente des Polenproblems weithin unberücksichtigt bleibt[151]. Unübersehbar ist aber darüber hinaus, mit welcher elementaren Energie sich die russische Politik im europäischen «Länderverteilungssyndikat» (Friedrich Meinecke) zu etablieren vermochte[152]. Bei einer kritischen Gesamtwürdigung des Kriegsausbruchs von 1756 sollte meines Erachtens aber nicht außer acht gelassen werden, daß die Fäden für die Umkehr der Bündnisse und damit für die Formierung einer erfolgversprechenden Kriegsallianz in Wien gezogen wurden; das dürfte an der oben skizzierten Konzeption des Staatskanzlers Kaunitz deutlich geworden sein. Denn das Zarenreich galt bis weit ins 18. Jahrhundert hinein noch nicht als wirklich satisfaktionsfähiger Bündnispartner in Europa. So hatte Kaunitz, der von der Notwendigkeit einer Einbeziehung Rußlands in die große Allianz der Gegner Preußens unumstößlich überzeugt war, in einer Denkschrift von 1751 noch zu bedenken gegeben, daß Rußland vor kurzer Zeit «wenigen oder gar keinen Einfluß in die Staatsvorfallenheiten der europäischen Höfe» gehabt habe und seine Macht erst neuerdings – «sozusagen wie ein Erdschwamm» – angewachsen sei. Deshalb werde die französische Diplomatie «auf das sorgfältigste» darauf bedacht sein, «Rußland als eine erst seit kurzen Jahren emporgekommene Macht sozusagen aus dem *senato gentium* annoch auszuschließen und von deren Angelegenheiten der übrigen europäischen Höfe so viel immer tunlich entfernt zu halten». Auch werde Versailles bestrebt sein, Rußland durch den Zusammenschluß angrenzender Mächte «eine hinlängliche Barriere entgegenzusetzen» und «den russischen Einfluß und Zusammenhang mit dem Durchlauchtigsten Erzhaus und denen Seemächten auf *alle* Art und Weise zu unterbrechen»[153].

Erst nach dem Abschluß der Westminsterkonvention zwischen England und Preußen[154], also tatsächlich mit der Unterstützung Friedrichs, kam schließlich ein Offensivbündnis zwischen Österreich und Rußland zustande, das dem Zarenreich für seine Mitwirkung an der Rückeroberung Schlesiens erhebliche Zugeständnisse machte. Kaunitz zögerte zwar immer noch, Rußland gleichwertige Kompensationen zuzugestehen, räumte aber ein, «daß alles, was zu des Königs in Preußen mehrerer Schwächung gereichen kann, vollkommen mit unserem Plan übereinstimme, [so] daß wir hierzu mit Freude die Hände bieten werden»[155]. Doch sah man sich im Hinblick auf die Formierung der großen Allianz schließlich doch genötigt, das Mißbehagen über den russischen Wunsch nach eigenen Länderakquisitionen beim Namen zu nennen. In diesem Sinne versuchte man auch, den hochgerüsteten Bündnispartner von übereilten Offensivmaßnahmen zurückzuhalten. Sicherlich, hieß es in Wien, gönne man Rußland dergleichen Kompensationen; nur müsse gewährleistet sein, daß sie den eigenen Interessen nicht zuwider liefen. Denn solche Forderungen würden an den meisten Höfen, besonders aber in Frankreich, das größte Aufsehen erregen und schwieriger durchzusetzen sein als die Rückeroberung von Schlesien und Glatz, ja möglicherweise «die große Absicht» des Bündnisses überhaupt in Frage stellen. Die Kaiserin riet deshalb dem Verbündeten ganz im Vertrauen, «seine Absichten auf Curland etc. annoch auf das sorgfältigste [zu] verbergen, dem König in Preußen mit aller Macht auf den Leib [zu] fallen und die Zeit ab[zu]warten, bis Frankreich und mehrere Höfe gegen Preußen recht impegniret seind, dieser König in die Enge getrieben ist und Unsere wie auch die russische Armeen eine decidirte Superiorität erhalten haben. Alsdann», schrieb Maria Theresia an den österreichischen Geschäftsträger in St. Petersburg, «ist es erst Zeit, daß Rußland seinen eigentlichen Endzweck bloßgebe, und wann Frankreich gleich nicht einstimmen wollte, so könnte doch das Werk auch ohne dieser Kron Mitwirkung durchgesetzt werden.»[156] Rußland war für den Plan einer Revision der Schlesienfrage also unerläßlich, blieb in den Augen der Wiener Hofburg aber ein Sekundant der eigenen Absichten und insofern ein nachgeordneter Partner.

Noch ein letzter Aspekt einer differenzierteren Sicht des Kriegsausbruchs von 1756 muß hier zur Sprache kommen, nämlich die quellenkritische Analyse des mit «Rêveries politiques» überschriebenen Anhangs zum Politischen Testament von 1752 – jenes Textes, der Lehmann und Delbrück zu ihrem Einspruch gegen die bisherige Deutung der Kriegsursachen veranlaßt hat. So ist man nach Auffassung von Winfried Baumgart in der «westlichen Forschung» (1972!) zu der Überzeugung gelangt, daß die «Rêveries politiques» in Friedrichs Politischem Testament «nicht prima facie» zu beurteilen sind, sondern sich durch eine Gesamtwürdigung des europäischen Mächteszenariums zu Beginn der fünfziger Jahre des 18. Jahrhunderts tatsächlich als ein Wunschgebilde ohne konkrete Handlungsabsicht erweisen. «Diejenigen Mächte», schreibt Baumgart, «die nach dem Ende des Österreichischen Erbfolgekrieges den territorialen Status in Europa verändern wollten, waren Österreich und Rußland, nicht Preußen. Sie gedachten, die Bündnisvereinbarungen mit Frankreich und

England für offensive Ziele einzusetzen, während letztere eben diese Absprachen getroffen hatten, um ein Überspringen des seit 1754 in den nordamerikanischen Kolonien drohenden Konfliktes auf den europäischen Kontinent zu verhindern.»[157]

Maßgeblich für die Einschätzung der «Rêveries politiques» ist die 1960 in den «Kölner Historischen Abhandlungen» erschienene Untersuchung von Erika Bosbach – eine Studie, die mit bemerkenswerter Konsequenz jede Voreingenommenheit zu vermeiden sucht. Es seien nicht «die inhaltlichen Einzelheiten der ‹Träumereien›», betont sie, die bis heute umstritten sind. «Sie sind vom König so offen und präzis dargelegt» worden, daß sie zu Mißverständnissen keinen Anlaß geben konnten. Der Streit sei vielmehr über den «Sinn und die Ernsthaftigkeit» der «Rêveries» oder – wie es im Testament von 1768 heißt: «Rêves et Projects chimériques» – entbrannt[158]. Zur Gattung solcher *rêveries* ist anzumerken, daß beinahe zur selben Zeit Moritz von Sachsen, der in vielerlei Hinsicht berühmte *maréchal de Saxe*, ein militärtheoretisches Werk zu Papier brachte, das aus dem Nachlaß des 1750 verstorbenen Feldherrn und Hofmannes herausgegeben und in einer aufwendig ausgestatteten Folio-Ausgabe veröffentlicht wurde[159]. Diese chevaleresken, aber wohlfundierten Impressionen, die auch Friedrich außerordentlich schätzte, gelten als eines der ersten unter Drogen geschriebenen Werke der Weltliteratur und tragen tatsächlich den Charakter spontan und unbefangen hingeworfener Einsichten. Sie sollen, wie sich Moritz vernehmen ließ, in dreizehn schlaflosen Nächten – «durant ma maladie» – niedergeschrieben worden sein[160]. Von solchen Einlassungen sind die Politischen Testamente Friedrichs einschließlich der «Rêveries» sicherlich zu unterscheiden. Sie sind als Staatspapiere zu betrachten, die als wohlüberlegt und langfristig gültig eingeschätzt werden müssen.

Erika Bosbach ging in ihrer Untersuchung von der Auseinandersetzung zwischen Lehmann und Naudé aus – also der Frage, ob die in den «Rêveries» antizipierte Annektierung Sachsens als eine lange geplante Offensivmaßnahme gewertet werden müsse, oder aber als ein Notbehelf, der keineswegs mit den Äußerungen eines «Phantasiegebildes», eben einer Träumerei, deckungsgleich sei. Es ist schon erwähnt worden, daß sich Lehmann wegen außenpolitischer Bedenken nur in Auszügen und Paraphrasen auf die «Rêveries» stützen konnte. Aber er lehnte nach seiner Kenntnisnahme des Textes ausdrücklich die These ab, diesen Anhang zu einem «Politischen Testament» nur als ein Hirngespinst zu bezeichnen. «Wie kann man», schrieb er, «von luftigen Träumen reden, da doch der König in dem Testament von 1752 eine wohlausgearbeitete Disposition für den Einbruch der preußischen Truppen in Sachsen giebt, welche wesentlich übereinstimmt mit dem 1756 thatsächlich von ihm ausgeführten?»[161] In diesem entscheidenden Punkt aber widersprachen Naudé und die ihm verbundenen Historikerkollegen und unterstrichen unter Bezugnahme auf die genaue Formulierung des Königs, daß es bei seinen Arrondierungsplänen um Visionen, um «Phantasiegebilde (saillies de l'imagination)» gehe[162]. Reinhold Koser war es dann federführend, der eine Lösung aus diesem Dilemma insofern anbot, als er die Äußerungen des Königs trotz dessen Kennzeichnung als «chimériques» ernstzunehmen riet, zugleich aber betonte, daß sie lediglich als Perspektiven einer zukünftigen preußischen Politik zu verstehen seien. Da aber, schreibt Erika Bosbach, etwa von Lehmann nachgewiesen worden ist, «daß Friedrich während seiner langen Regierungszeit selbst immer wieder versucht hatte, die von ihm aufgezählten Projekte zur Ausführung zu bringen, war diese Erklärung keineswegs stichhaltig und überzeugend»[163]. So blieb es bis zur Veröffentlichung des Originaltextes der «Rêveries» im Jahre 1920 bei der starren Fixierung auf die Entfesselung des Siebenjährigen Krieges und einer völligen Polarisierung der Standpunkte.

Die Diskussion um die Einschätzung der «Träumereien» wurde nachhaltig vertieft durch eines der Hauptwerke von Friedrich Meinecke: «Die Idee der Staatsräson in der neueren Geschichte», das erstmals 1924 unter dem Eindruck der «Deutschen Katastrophe» im Ersten Weltkrieg erschien[164]. Er stellte die Politischen Testamente in den Gesamtzusammenhang der Staatsauffassung des Königs und löste sie damit aus der Fixierung auf den Ausbruch des Siebenjährigen Krieges heraus. Weder Lehmann, mit dem er als Herausgeber der HZ unmittelbar zu tun hatte, noch Naudé werden einer Fußnote gewürdigt; das Thema des Historikerstreits schien für Meinecke also erledigt. Aber mit der eindeutig ideengeschichtlichen Fragestellung seines Buches hätte er zur Klärung der eigentlich strittigen Fragen, die eben mächtepolitischer und militärischer, also «realer» Natur waren, auch wenig beitragen können. Doch ist Meinecke ohne Zweifel das Verdienst zuzuschreiben, daß er die Diskussion um die wahren Absichten des Königs im Krisenjahr 1756 aus einem Streit um semantische Nuancen hinausgeführt und das Gesamtkonzept der friderizianischen Herrschaftsauffassung in den Vordergrund gerückt hat.

Auch bei dem rückwärtsgewandten Blick des Königs auf die nüchtern kalkulierten, aber zugleich auch zögerlich gefällten Entscheidungen des Sommers 1756 stellt sich ein kaum zu lösendes Problem historischer Quellenkritik. Denn die zahlreichen Reminiszenzen Friedrichs auf die Entfesselung des Krieges werfen in besonderer Weise die Frage auf, in welchem Maße sie die subjektive Sicht des Briefschreibers wiedergeben und damit als unerheblich für ein historisches Urteil eingeschätzt werden müssen. Dennoch sollten hier die Äußerungen des Königs auch dann nicht unberücksichtigt bleiben, wenn sie in der Absicht einer Selbstrechtfertigung niedergeschrieben worden sind. Zunächst ein Blick auf seinen Sprachgebrauch in der Sphäre der großen Politik der Kabinette. So erläuterte er dem britischen Premierminister

William Pitt d. Ä. wenige Monate nach dem Tod Georgs II. und vor einer sich nun abzeichnenden Nichterneuerung des Subsidienabkommens mit Preußen das Mächteszenarium von 1756 in einem wohlüberlegt formulierten Brief. «Wenn ich», schrieb Friedrich, «den Anschlägen der Königin von Ungarn und meiner [anderen] Feinde zuvorgekommen bin, so geschah es darum, weil ich von ihren Plänen unterrichtet war, weil ich beglaubigte Schriftstücke über dieselben in der Hand hatte, und um den bekannten Grundsatz zu befolgen: praevenire quam praeveniri. Ohne Zweifel wird jedermann, wenn er nur halbwegs vernünftig ist, seinen Feinden nicht Zeit lassen, ruhig alle Vorbereitungen zu treffen, um ihn zu vernichten, und wird seinen Vorsprung nutzen, um einen Vorteil daraus zu ziehen.»[165] Friedrich stützte sein Handeln also auf Beweise und Klugheitsregeln, denen zufolge er sich zu den Waffen zu greifen genötigt sah.

«Ich bin», fuhr er fort, in den letzten Feldzügen, «nicht immer glücklich gewesen, und welcher Mensch könnte über Fortuna verfügen! Indessen bin ich trotz der Überzahl meiner Feinde noch im Besitz eines Teils von Sachsen, und ich bin entschlossen, denselben nur unter der Bedingung herauszugeben, daß die Österreicher, die Russen und die Franzosen mir alles zurückgeben, was sie mir weggenommen haben. Ich handele aus zwei Grundsätzen: der eine ist das Ehrgefühl und der andere das Wohl des Staates, den der Himmel mir zum Regieren gegeben hat. Dies schreiben mir zwei Gebote vor, das eine, nie etwas zu tun, worüber ich zu erröten hätte, wenn ich meinem Volke Rede und Antwort stehen müßte; und das zweite, für Heil und Ruhm meines Vaterlandes den letzten Tropfen meines Blutes hinzugeben. Mit solchen Maximen, Monsieur, weicht man niemals seinen Feinden.»[166] Neben dem unerschütterlichen, aus Prinzipien wie der *salus publica*[167] und einem alles beherrschenden Pflichtgefühl hergeleiteten Selbstbehauptungswillen des Königs wird an diesen, um historische Exkurse ergänzten Äußerungen deutlich, daß Sachsen – zumindest im Sommer des Feldzugsjahres 1761 – nicht mehr als Expansionsziel erscheint, sondern als Faustpfand und Kompensationsobjekt für die an den Rändern der Monarchie verlorengegangenen Gebiete.

Möglicherweise ist an Äußerungen wie diesen also ein Wandel ablesbar, der sich von den «Träumereien» vergangener Tage verabschiedet und zu einem nüchterneren Bild der Machtverhältnisse geführt hatte. Aber zugleich ist an dieser Grundsatzerklärung, die er an seinen Bündnispartner im Siebenjährigen Krieg richtete, auch unverkennbar, daß Friedrich an seinen schon im «Antimachiavell»[168] entwickelten Staatsräsonprinzipien festhielt. Er fühlte sich bei der Entfesselung eines Präventivkriegs auch im Nachhinein im Recht und in vollkommener Übereinstimmung mit dem exzeptionellen Rang, den er als Fürst für sich in Anspruch nahm: «Die großen Männer», schrieb er damals, «haben sich immer gut dabei gestanden, wenn sie von ihrer Macht Gebrauch machten, bevor ihre Feinde imstande waren, ihnen die Hände zu binden und ihre Macht zu zerstören.»[169] Er unterschied sorgsam zwischen den großen und den kleinen Fürsten; letztere, die *principini* des Machiavelli, strafte er mit Verachtung[170], erstere dagegen hatte er im Blick, als er dem Thronfolger in seinem Politischen Testament von 1768 einschärfte, daß es keinen großen Fürsten gebe, «der nicht die Idee im Kopfe hätte, seine Herrschaft auszudehnen»[171]. Er unterschied Eroberer, die aus Notwendigkeit handeln, von denjenigen, die ihrem Temperament folgen, und gestand jenen, die ihre Talente zu gebrauchen wissen, um «die Billigkeit (l'équité) aufrechtzuerhalten», wahren Ruhm zu: ein Leitmotiv seines ganzen Denkens und Handelns[172]. Er sprach darüber hinaus vom Ruhm jener Fürsten, die «mit Festigkeit, Klugheit und kriegerischen Tugenden die Rechte behaupten, die ihnen ungerechte Anmaßung streitig machen will»[173]. Denn es gebe keine Tribunale für Könige, die über ihre Differenzen, ihr Recht und das Gewicht ihrer Beweggründe entscheiden könnten[174]. So hielt er es auch für rechtens, zur Durchsetzung streitiger Rechtsansprüche zu den Waffen zu greifen.

Es erscheint wie die vorweggenommene Rechtfertigung seines Einmarsches in Sachsen, wenn er im 26. Kapitel seines «Antimachiavell», das von den gerechten Kriegen handelt, den Grundsatz aufstellte, daß es für einen Fürsten besser sei, «sich auf einen Angriffskrieg einzulassen, solange er Herr der Lage ist [...], als bis zu einem Zeitpunkt zu warten, wo alles so verzweifelt steht, daß eine Kriegserklärung nur noch einen Aufschub der völligen Versklavung und des Untergangs um Augenblicke bedeutet. So quälend die Lage für einen Fürsten ist, ihm bleibt nichts Besseres, als seine Kräfte zu gebrauchen.»[175] Die Leitlinien seines Handelns im Sommer 1756 waren demnach bereits in den theoretischen Orientierungsversuchen der Kronprinzenzeit vorgezeichnet.

Friedrich Meinecke hat sich in seinem Werk über «Die Idee der Staatsräson», in dem ein längeres Kapitel Friedrich dem Großen gewidmet ist, intensiv auch mit dem Problem der Rechtsverbindlichkeit zwischenstaatlicher Verträge auseinandergesetzt. Friedrich habe, schreibt Meinecke, mit dynastisch fundierten Erbverträgen und Besitzansprüchen «dem Zuge der Zeit entsprechend» im Grunde nur das bemäntelt, «was ihn in Wahrheit trieb und was er selber als das *droit de bienséance* bezeichnete»[176]. Es habe den Anschein, als wenn aus seiner Phraseologie der Aufklärung immer wieder «zwei Ungeheuer dieser Welt» hervorbrächen: der «Ehrgeiz und das Interesse»[177]. «Als Funktionär der preußischen Staatsinteressen fühlte er sich unfrei und innerlich vielleicht sogar empört durch den Dämon, der ihn trieb. Denn dieser Dämon war ja selber zwiespältig und bedeutete nicht nur etwas ganz Objektives und Sachliches, nicht nur die Lebensnotwendigkeit seines Staates, sondern auch etwas Subjektives und Persönliches, Ehrgeiz, Ruhmbegierde und Freude an der Macht, eben das, was er als Philosoph und denkender Mensch verurteilen mußte und an Machiavelli so stürmisch verurteilt hatte.

Nun mußte er innewerden, daß der Handelnde gewissenlos wird [...]»[178].

So erscheine es, schreibt Meinecke, kaum möglich, die Leitmotive seines Handelns sorgfältig voneinander zu unterscheiden. «Sie flossen zusammen zu jener dunklen Zwangsgewalt, die aus dem elementaren Triebe der Selbstbehauptung, der stärksten Wurzel der Staatsräson, ihre Hauptnahrung erhält. Hammer oder Amboß zu sein, war hier die Losung.» Düpiere er nicht, so hatte er sich sagen müssen, so werde er düpiert[179]: alles Maximen, die auch 1756 maßgeblich gewesen sein dürften. Er hoffe, hatte Friedrich in der Erstfassung seiner «Histoire de mon temps» geäußert, «daß die Nachwelt, für die ich schreibe, den Philosophen in mir vom Fürsten und den anständigen Menschen vom Politiker unterscheiden wird». Er müsse gestehen, daß es sehr schwer sei, «Anständigkeit und Reinheit zu bewahren, wenn man in den großen politischen Wirbelwind Europas hineingerissen wird. Man sieht sich unaufhörlich in der Gefahr, von seinen Alliierten verraten, von seinen Freunden verlassen, von Eifersucht und Neid unterjocht zu werden.» Und am Ende sehe man sich gezwungen, «zwischen dem schrecklichen Entschluß zu wählen, entweder seine Völker oder sein Wort zu verraten»[180].

Es ist hier nicht der Ort, um in die Diskussion über die Diskrepanzen im Denken und Handeln des Königs einzutreten, – also in die Debatte um den Gegensatz von Aufklärungsideal und Staatsräson, von Ethos und Kratos, wie ihn Friedrich Meinecke pointiert herausgearbeitet hat[181]. Denn andere haben dieser Deutung dezidiert widersprochen und die Auffassung vertreten, daß «das Gebot der Staatsräson niemals zu einer Vernichtung der humanitären Staatsvernunft bei Friedrich geführt hat»[182]. «Wie sollte es auch», fügte Walther Hubatsch in Weiterführung dieses Gedankens hinzu, «wenn unter Staatsvernunft nicht das dämonisch treibende, sondern das mit Bedacht einzusetzende, bremsende Moment verstanden wird. Macht ist nicht mit Gewalt gleichzusetzen, der Dämon war gezügelt.»[183] Gleichwohl scheint mir offenkundig, daß Friedrich auch in der sich zuspitzenden Lage des Sommers 1756 die Option in Erwägung zog, den eigenen Vorteil unabhängig von allen Humanitätserwägungen und Rechtsnormen zu nutzen.

Auch Gerhard Ritter hat in der Frage des Kriegsausbruchs eindeutig gegen «einzelne deutsche Historiker der Vorkriegsepoche» Stellung bezogen. Heute, äußerte er 1936, scheine dieser Meinungsstreit von damals zwar «veraltet». Aber offenbar hielt er eine Rechtfertigung der Präventivkriegsentscheidung des Königs doch für nötig. So schien es ihm auf der Hand zu liegen, «daß ein freiwillig unternommener Angriffskrieg zur Eroberung Sachsens in der Lage von 1756 ebenso wahnwitzig gewesen wäre wie der Gedanke, Deutschland hätte in der Lage von 1914 den Weltkrieg unternommen, um Belgien zu erobern». Ritter argumentierte nicht wie Meinecke und viele andere vor ihm auf der Grundlage einer genauen Textanalyse des Politischen Testaments und anderer Äußerungen des Königs, sondern beurteilte die Situation von 1756 aus der Perspektive eines prononciert politischen Historikers. «Die bedrängte Lage eines Staates», schreibt er ins Prinzipielle gewendet, «der sich inmitten Europas von feindlichen Koalitionen umringt sieht, gestattet kein langes Zaudern, sondern fordert schnelle und kräftige Entschlüsse. Selbst wenn es klüger wäre, den Angriff der anderen abzuwarten: wer im Angesicht solcher Gefahren verantwortlich handeln soll, wird eher geneigt sein, die Rettung in schneller Tat zu suchen, als tatlos stille zu sitzen [...].»[184]

Friedrich der Große, so die Überzeugung Ritters, habe Sachsen «überrumpelt», weil er die Nordgrenze des Nachbarterritoriums nur sieben Meilen von Berlin entfernt wußte und weil nach den Erfahrungen des zweiten Schlesischen Krieges eine wirksame Offensive gegen Österreich nicht möglich erschien, wenn die sächsische Armee in seinem

Rücken operierte. So sei für Friedrich alles darauf angekommen, «sich in Sachsen die denkbar günstigste Ausgangsposition für Angriff und Abwehr […] zu suchen, und zwar sofort, ehe die Franzosen und Russen eingreifen konnten». Freilich setzte sein zögerliches Vorgehen den eigentlichen Vorteil des Präventivangriffs wieder aufs Spiel. Habe hier, fragt Ritter, nicht überhaupt «das militärtechnische Denken des Königs im Widerspruch zur politischen Vernunft» gestanden?[185] Auf jeden Fall – so das Schlußplädoyer Gerhard Ritters – eines im Gegensatz zu Meinecke rigoros realpolitisch argumentierenden Historikers –: der Siebenjährige Krieg «war ein Verteidigungskrieg, ein Kampf um die Existenz. Nur daß es dem titanischen Charakter dieses Königs entsprach, auch die Verteidigung nicht in ängstlichem Zuwarten, sondern als kräftige Offensive zu führen.»[186]

Die vielfach belegbaren Arrondierungspläne Friedrichs spielten in den Betrachtungen Ritters bezeichnenderweise keine Rolle. Erika Bosbach dagegen, die sich intensiv wiederum mit den Texten, besonders mit den «Rêveries» auseinandergesetzt hat, gelangt in einem Resümee der historischen Forschung seit der Kontroverse zwischen Lehmann und Naudé zu einigen wichtigen Zwischenergebnissen. Immer stärker, schreibt sie, habe sich in der neueren Geschichtsschreibung die Tendenz durchgesetzt, die Äußerungen des Königs im Anhang zu seinem Testament als Zukunftsprojekte und nicht als reale Absichtserklärungen zu verstehen, und das obwohl er – wie besonders Lehmann und Delbrück betont haben – seinen «Träumereien» einen überaus detaillierten Feldzugsplan für den Einmarsch in Sachsen angefügt hat. Diese Planspiele widersprachen ja der mit breiter Zustimmung vertretenen Auffassung, daß der König seit dem Frieden von Aachen, in dem er eine internationale Garantie für die Eroberung von Schlesien hatte durchsetzen können, von einem unbedingten Friedenswillen durchdrungen gewesen sei. Die Forschung habe sich im Hinblick auf diesen

Widerspruch damit beholfen, zwischen einem «soliden», also ernstzunehmenden, und einem «chimärischen», also utopischen Teil des Testaments zu unterscheiden. Man habe es im übrigen unterlassen, der Bedeutung der von Friedrich verwendeten Begriffe auf den Grund zu gehen. So lasse sich nach Einschätzung von Erika Bosbach «ein sicheres Urteil über den Sinn und die Ernsthaftigkeit» der «Rêveries» nicht gewinnen[187]. Sie möchte statt dessen «das gesamte Testament als ein einzigartiges Dokument» betrachten und dabei den Nachweis führen, «daß der vermeintliche Widerspruch zwischen des Königs ‹Friedens-System› und seinen offenkundigen Vergrößerungsabsichten nur scheinbar besteht und in Wirklichkeit eine innere Einheit alle außenpolitischen Betrachtungen miteinander verbindet.»[188]

Mir leuchtet an den Ausführungen von Bosbach vor allem ein, daß von einem Widerspruch zwischen den Zukunftsentwürfen der «Rêveries» und den außenpolitischen Analysen des Politischen Testaments nicht die Rede sein kann. Auch wenn Friedrich im «soliden» Teil seines Vermächtnisses erklärt hatte, daß sein jetziges System auf der Sicherung des Status quo beruhe, «so zeugen seine Worte keineswegs von einer absoluten Friedensbereitschaft oder gar Friedensliebe». Vielmehr war er entschlossen, eine Intervention Österreichs in der Frage der polnischen Thronfolge zugunsten des Prinzen Karl von Lothringen, des Schwagers der Kaiserin, nicht hinzunehmen, sondern «die Majestät des preußischen Staates» zu wahren[189]. Friedrich behielt sich demnach im Falle, daß der österreichische Rivale etwas für Preußen Abträgliches unternehmen sollte, ausdrücklich vor, seinerseits zu intervenieren. Wichtig an den Analysen von Frau Bosbach ist darüber hinaus, daß zwischen der mächtepolitischen Konstellation von 1752, als Friedrich sein erstes Politisches Testament zum Abschluß brachte, und der krisenhaften Zuspitzung im Sommer 1756 genau unterschieden wird. «Dieses Faktum», schreibt Bosbach, «muß mit allem Nachdruck hervorgehoben werden. Es geht daher nicht an, die Äußerungen des Königs über sein System der Friedensverlängerung einfach auf die Ereignisse des Jahres 1756 anzuwenden und zu erklären, weil Friedrich 1752 nachweislich einen neuen preußischen Angriffskrieg für ungünstig angesehen habe, sei diese Einstellung auch für seine Haltung im Jahre 1756 maßgebend gewesen.»[190].

Das Gleiche müsse auch für die Kriegsschuldfrage und damit den Einmarsch in Sachsen gelten[191]: Es sei, argumentiert Bosbach, angesichts eines völlig veränderten außenpolitischen Szenariums nicht zulässig, eine Äußerung von 1752 als unmittelbaren Beweis dafür anzuführen, daß der König «1756 den Siebenjährigen Krieg als Angriffskrieg eröffnete»[192]. Das heiße allerdings nicht, daß «die herrschende Auffassung von der Bedeutungslosigkeit der Rêveries» geteilt werden könne. Vielmehr kann die Annahme einer erst in ferner Zukunft anzustrebenden Arrondierung Preußens «in allen Stücken» widerlegt werden. Denn Friedrich selbst habe unablässig an diesen Plänen gearbeitet und lediglich auf eine günstige Gelegenheit gewartet, um sie – wie bei der Teilung Polens im Jahre 1772 und dem Erwerb Westpreußens – verwirklichen zu können[193]. Die «Rêveries» müssen deshalb als ein «tableau idéal», «als ein mit kühner Hand aufgezeichnetes Vorbild» betrachtet werden, das auch der König selbst «nie aus den Augen verlor und beharrlich und konsequent zu realisieren versuchte»[194].

Nach diesem facettenreichen, behutsam abwägenden Plädoyer ist die Debatte um die Einschätzung der königlichen Intensionen noch einmal verflacht und auf die Frage zugespitzt worden: «Königliche Träume an den Kaminen von Sanssouci oder geheime, aber mit Konsequenz verfolgte Pläne einer imperialistisch-aggressiven Expansionspolitik eines durch und durch militarisierten Staates?»[195]. Abgesehen von der Untauglichkeit solcher polemisch zugespitzten Positionen glaubte Richard Dietrich, der im übrigen verdienstvolle Herausgeber der jüngsten, zweisprachigen Ausgabe der Hohenzollern-Testamente, den Analysen von Erika Bosbach nicht zustimmen zu können. Er gestand zwar zu, daß die Erwerbung Sachsens zu den zentralen Vorhaben des Königs zu zählen ist, plädierte im übrigen aber dafür, sie als eine konkrete, situationsbedingte Angelegenheit zu betrachten. Er kehrte damit zu einer Bewertung zurück, wie sie bereits Koser vertreten hatte[196].

Wie tief indessen die Spuren waren, die Friedrichs Entschluß, mit einem Präventivkrieg der sich gegen ihn formierenden Allianz zuvorzukommen, belegt eine Vielzahl von Briefen, die der König bis zum Tod der Schwester am 14. Oktober 1758 an Wilhelmine richtete. Während dieser Monate schwerer Erschütterungen vertraute er ihr seine «Kümmernisse» («peines») über die militärische Lage an und äußerte sich in tiefer Bitterkeit und grimmiger Verachtung über das Komplott, das seine Gegner gegen ihn geschmiedet hatten. Noch im Vorfeld der militärischen Auseinandersetzungen – zu einem Zeitpunkt, als er mit «einer großen Katastrophe» rechnete und einen Fuß bereits im Steigbügel hatte – äußerte er die Überzeugung, daß ihm der Krieg unvermeidlich scheine. «Ich habe», schrieb er an Wilhelmine, «mein möglichstes getan, um ihn zu vermeiden; was auch geschehen mag, ich wasche meine Hände in Unschuld; zum mindesten bin ich überzeugt, daß kein Mensch mir vorwerfen kann, ich sei die Ursache davon gewesen.»[197] Wie verflogen also alle Eroberungsgelüste, wenn sie denn in dieser Situation sich zuspitzender Bedrohung überhaupt noch eine Rolle gespielt haben sollten. Vielmehr tritt hier in einer der wenigen Äußerungen des Königs zu seiner eigenen Verantwortlichkeit zutage, daß ihm die Möglichkeit schuldhafter Verstrickung durchaus nicht fremd war. Vielleicht liegen hier auch die Wurzeln für die rigorose Entschlossenheit, mit der er nach der Beendigung des Krieges das *Retablissement* seines geschundenen Landes betrieben hat.

Aber dann ein gutes Jahr später, als die Gefahr, in die er sich begeben hatte, längst offenkundig war: «Ich werde von so vielen Schlägen getroffen», schrieb er während des verlustreichen Rückzugs seiner Armee aus Böhmen, «daß ich beinahe betäubt bin.» «Beträfen sie», fuhr er fort, «nur meine Person, so wäre meine Seele nicht betrübt; aber ich habe über das Wohl und Wehe eines Volkes zu wachen, das mir anvertraut ist. [...] Ich bin wie ein Reisender, umringt von einer Horde von Verbrechern, die sich seine Hinterlassenschaft teilen wollen, und ich bin nahe daran, umgebracht zu werden. Seit der Liga von Cambrai [1508] gibt es kein Beispiel einer Verschwörung wie die, welche dies infame Triumvirat gegen mich anzettelt. Das ist grauenhaft («affreux») und eine Schande für die Menschheit und die guten Sitten. Hat man es je erlebt, daß drei große Herrscher eine Verschwörung anzetteln, um einen Vierten, der ihnen nichts zuleide getan hat, zu vernichten? Ich hatte keinen Streit weder mit Frankreich noch mit Rußland und noch weniger mit Schweden. Fiele es im zivilen Leben drei Leuten ein, ihren lieben Nachbarn auszuplündern, so würden sie durch Gerichtsurteil alsbald gerädert. Welch empörendes Beispiel geben diese Herrscher ihren Untertanen! Die, welche der Welt Gesetze geben sollten, lehren sie Verbrechen. O temps! O mœurs! Wahrhaftig, man kann ebenso gut unter Tigern, Leoparden und Wölfen leben als in einem Jahrhundert, das als zivilisiert gilt, unter solchen Mördern, Räubern und treulosen Menschen, die unsere arme Welt regieren. [...] Der Wiener Hof ist soweit gegangen, mich mißhandeln («maltraiter») zu wollen; das [jedoch] zu dulden war meiner Ehre zuwider. Wir haben Krieg gegeneinander geführt. Eine Bande von Verbrechern fällt über mich her – das ist die Geschichte, die mir widerfahren ist.»[198]

Gooch kommentiert diesen Aufschrei mit der lakonischen Bemerkung, daß «diese lauten Schmähungen» noch eindrucksvoller wären, «könnte man vergessen, daß der Schreiber durch seine schicksalhafte Tat von 1740 selbst die Lawine in Bewegung gebracht hatte»[199]. Gewiß! Immerhin hatte der König wenigstens Österreich nicht unter diejenigen gezählt, denen er glaubte, überhaupt keinen Anlaß für ihre Animositäten geboten zu haben. Aber bemerkenswert ist an diesem aus dem Feldlager an der böhmisch-sächsischen Grenze in äußerster Bedrängnis geschriebenen Brief und einer Reihe weiterer, überschwenglicher Freundschaftsbeteuerungen an seine Schwester, daß der König angesichts der konkreten Gefahr, die ihm nun durch das Zusammenwirken mehrerer Armeen drohte, von Annexionsplänen Abstand genommen hatte. Es mag nicht auszuschließen sein, daß zu Beginn des Krieges auch Eroberungsgelüste mit im Spiele waren; im Sommer 1757 befand sich Friedrich aber schon an einem Punkt, wo das reine Überleben unabweislich in den Vordergrund trat. So konnten ihm in der akuten Gefahr, in der er nach der Niederlage von Kolin und dem Rückzug aus Böhmen schwebte, nur die haßerfüllten, mit Todesgedanken verwobenen Verwünschungen seiner Gegner Entlastung verschaffen. Die Ursachen freilich und damit die langen Schatten seines Handstreichs von 1740, die diese Konstellation erst heraufbeschworen hatten, verdrängte er dabei tatsächlich. Insofern ist ein Einwurf wie der von Gooch nicht unbegründet.

IV.

Nun war eingangs von dem Urteil die Rede, das George Peabody Gooch (1873–1968) – «der Patriarch der englischen Historiker», wie ihn Willy Andreas in einem Geleitwort zur deutschen Ausgabe von 1951 bezeichnete[200] – kurz nach dem Ende des Zweiten Weltkriegs über die Annexionspolitik Friedrichs des Großen gefällt hat. Gooch, der mit einer Deutschen verheiratet war, hat sich zeitlebens mit deutscher Geschichte beschäftigt und neben seiner Friedrich-Biographie noch eine Reihe weiterer Publikationen zu Themen der kontinentaleuropäischen Geschichte und im besonderen zur Geschichte des 18. Jahrhunderts vorgelegt. Er war überaus einflußreich, aber kein Hochschullehrer im eigentlichen Sinne, sondern ein politisch liberal orientierter und finanziell unabhängiger Fellow der British Academy in London. Für den hier zu erörternden Zusammenhang ist bemerkenswert, daß er bereits 1927 als Korrespondierendes Mitglied in die Göttinger Akademie der Wissenschaften aufgenommen worden war. Auf eine Glückwunschadresse zu seinem 80. Geburtstag antwortete er, daß wohl kein lebender Engländer die deutsche Wissenschaft mehr bewundere als er. Auf ein anderes Glückwunschschreiben der Göttinger Akademie antwortete er: «To be compared to my old and valued friend Meinecke is indeed a high compliment.»[201] 1954 – also nach dem Erscheinen seiner Friedrich-Biographie – wurde Gooch als einer der ersten ausländischen Gelehrten in den gerade wiederbegründeten Orden *Pour le Mérite für Wissenschaft und Künste* gewählt. Aus dem Nachruf, den Percy Ernst Schramm – offenbar als Ordenskanzler – auf den 1968 Verstorbenen gehalten hat, geht jedoch nicht hervor, wer Gooch und vor allem mit welcher Begründung für den Orden vorgeschlagen hat. Nach allem, was mir an Informationen über die Neuformierung der deutschen Geschichtswissenschaft nach dem Zweiten Weltkrieg zugänglich war, ist es Friedrich Meinecke gewesen, der seine Aufnahme in den Orden *Pour le Mérite* befördert hat[202]. Jedenfalls geht aus der 1962 veröffentlichten Auswahl seines Briefwechsels hervor, daß Meinecke mit Gooch seit den dreißiger Jahren in Verbindung stand und sowohl Briefe als auch Neuerscheinungen ausgetauscht hat. In einem Brief vom 24. Juni 1946 an Eduard Spranger, den «lieben, guten Freund», beklagt er sein Schicksal als Verbannter in Göttingen und kommt dann «unter all dem Leid» auf «einen reizenden Brief von Gooch» als einen «Sonnenstrahl am dickwolkigen Himmel» zu sprechen, «mit dem ich [Meinecke] seit mehr als 20 Jahren im freundlichen Verhältnis stehe.» «Ranke, the master of us all», und Kosers Friedrich der Große habe ihm imponiert. Er wolle über diesen jetzt schreiben, eine «sehr willkommene Hilfe im Kampfe für die jetzt angetasteten Werte unserer Geschichte. Aber genau revidieren müßten wir diese jetzt natürlich, – Friedrich d. Gr. und Bismarck haben ja nicht nur aufgebaut, sondern auch zerstört, und der Aufbau des preußisch-deutschen Nationalstaats war eine ungeheure Tragödie, nicht bloß ein harmonisches Schauspiel, wie wir so lange geglaubt hatten.»[203]

Auch in einem Brief an Ludwig Dehio vom 21. Juli 1947 äußerte sich Meinecke zustimmend, wenn auch nicht unkritisch zur Friedrich-Biographie von Gooch. Dieser habe, schrieb Meinecke, «eben ein Buch Frederic the Great veröffentlicht, das er mir leihweise (Auflage gleich verkauft) für einige Zeit zugehen ließ und das, trotz englischer Tinktur, doch in der Hauptsache erfreulich ist, weil es nicht nur, mit aller Schärfe, den machiavellistischen Verbrecher Friedrich, sondern auch den heroisch sein Schicksal tragenden und den Wiederaufbau Preußens dann schaffenden und nur auf dem Hintergrund der Zeit zu verstehenden großen Herrscher den Engländern zeigt. Kein Buch 1. Ranges, aber auch ein für die deutschen Bilderstürmer sehr heilsames Mahnbuch zur Besonnenheit. (Die 2. Auflage verzögert sich, wie er mir schreibt, wegen Papiermangels [...]).»[204]

Es waren also offenbar die revisionistischen Aspekte, die Meinecke an dem Friedrich-Porträt Goochens bemerkenswert fand. Immerhin nannte er den König selbst einen «machiavellistischen Verbrecher», allerdings in einem Privatbrief an einen gleichgesinnten Freund wie Ludwig Dehio, aber sicherlich auch in Verkennung der Verdienste, die er sich wie kein anderer um die Erforschung der Lehre von der Staatsräson erworben hat. Dennoch scheint Meinecke an diesem Buch die Behutsamkeit und eine prinzipielle Affinität zu einem «großen Herrscher» geschätzt zu haben, die ihm «Besonnenheit» im Umgang «mit den jetzt angetasteten Werten unserer Geschichte» anzumahnen schien. Insofern mag verständlich erscheinen, warum er Gooch für den Orden *Pour le Mérite* vorgeschlagen hat. Meinecke war eben damals, wie auch aus der Gründungsgeschichte der Freien Universität Berlin hervorgeht, wegen seiner absoluten Integrität eine völlig unumstrittene Autorität[205].

Bemerkenswert an Goochs Verdikt über den Preußenkönig ist gleichwohl nicht nur eine neue Dimension moralischer Entrüstung, sondern auch die Tatsache, daß das Wort von den «sensationellen Verbrechen der neueren Geschichte» in der Literatur – zumindest als rhetorische Figur – immer wieder verwendet worden ist. Auch die Kritik Lehmanns und Delbrücks bekannte sich ja durchaus zu der Absicht, den scheinbar unanfechtbaren Heroenstatus des Preußenkönigs zu erschüttern und zumindest partiell in Frage zu stellen. Gooch kannte diese Kontroverse, wie er ja überhaupt über die deutschsprachige Literatur glänzend unterrichtet war; das Schlußkapitel seiner Biographie, das der «deutschen Sicht» auf den Preußenkönig gewidmet ist, gehört zu den überzeugendsten des ganzen Buches[206]. Er ging mit seiner Verurteilung aber nun einen erheblichen Schritt weiter. Während Lehmann und Delbrück sich noch mit graduellen Unterschieden, aber insgesamt doch unverkennbar, der allgemeinen, im Kaiserreich noch unumstrittenen Auffassung vom überragenden Rang des Preußenkönigs verpflichtet fühlten[207], argumentierte Gooch auf einer völlig anderen Ebene. Sein Verdikt ist – trotz des unbefangenen Umgangs mit der ja keineswegs verbindlichen Bezeichnung Friedrich *der Große* – durchdrungen von einem Rigorismus, der nach der anmaßenden Herrschaftsideologie der Nazis und den Ereignissen des Zweiten Weltkriegs zwar nachvollziehbar, in seiner Schroffheit aber kaum erkenntnisfördernd ist.

Es war ein Glücksfall, daß die Göttinger Akademie der Wissenschaften eine Besprechung des 1951 erstmals in deutscher Übersetzung erschienenen Buches dem Schweizer Leonhard von Muralt (1900–1970)[208] anvertraute – einem

Gelehrten, der sich unbefangener als ein deutscher Historiker zu einem Thema wie Friedrich äußern konnte. v. Muralt, ein in Zürich lehrender Historiker, der mit Studien zu Machiavellis Staatsgedanken (1945), zu Bismarcks Verantwortlichkeit (1955) und mit einem methodologischen Versuch über Friedrich den Großen als Historiker (1945)[209] hervorgetreten war, entledigte sich seiner Aufgabe mit souveränem Weitblick und einer Abgewogenheit, die sowohl dem Gegenstand als auch dem Autor Gerechtigkeit widerfahren läßt. v. Muralt mahnt in seiner Besprechung des Buches von Gooch zunächst die Berücksichtigung der «elementaren geschichtlichen Zusammenhänge» an, die seiner Auffassung nach «niemand außer acht lassen darf, der in geschichtlichen Fragen das Wort ergreift»[210]. Das mag auf den ersten Blick wie ein unangemessen hartes Urteil erscheinen. Aber gerade bei der Erforschung der *Großen Politik der Kabinette* – einem zentralen Thema der älteren Historiographie – kann eine isolierte, die großen Zusammenhänge außeracht lassende Sicht zu schiefen und unausgewogenen Einschätzungen führen[211]. So ist gegen Urteile wie das von Gooch in der Tat wohl einzuwenden, daß die mächtepolitischen Interdependenzen in der Rivalität und Gemengelage des Kontinents vielleicht nicht angemessen berücksichtigt worden sind. Ähnliches gilt übrigens auch für die Revision des Friedrich-Bildes, wie sie Lehmann und Delbrück vorgenommen haben.

v. Muralt weist als Beispiele frühneuzeitlicher Staatenbeziehungen auf die universale Hegemonialpolitik des Hauses Habsburg hin, auf den elementaren Expansionsdrang Frankreichs im 17. Jahrhundert. Er verweist auf England, das sich auf Kosten Hollands als Beherrscher der Meere zu etablieren vermochte, ferner auf Rußland, das in blutigen Kriegen Schweden als baltische Hegemonialmacht verdrängt habe[212]. «Diese Mächte», faßt v. Muralt zusammen, «waren Staaten, die über sich keine höhere Instanz irgendwelcher Art mehr anerkannten, sie waren souverän, sie waren Mächte ersten

Ranges, die den Anspruch erhoben, nur ihre Interessen vertreten zu dürfen mit allen ihnen zur Verfügung stehenden Machtmitteln. Jede von ihnen suchte gegenüber den andern eine hegemoniale Stellung zu erkämpfen. Irgendwelche Kategorien der Moral oder des Rechts existierten für sie nicht.»[213]

Im Anschluß an diese *Tour d'horizon* gibt v. Muralt zu bedenken, ob vor dem Hintergrund der permanenten Rivalität der Mächte «die anderen Verbrechen weniger schlimm gewesen seien, weil sie weniger Sensation erregt haben?» Er verknüpft damit ein weiteres Problem und stellt die Frage, ob solche Bewertungsmaßstäbe «unserem persönlichen Belieben, unserer Weltanschauung oder Stellungnahme» überlassen und demzufolge «ganz frei» gewählt werden dürfen[214]. Er bezweifele, ob solche Maßstäbe ausreichten, «um die Wirklichkeit wirklich zu messen». Denn weder ein «idealistischer» – wie er ihn bei Hintze unterstellt – noch ein «moralischer» Maßstab «verdeckt die Verantwortlichkeit, verhüllt die Sicht auf Bindungen, die aus der Zusammengehörigkeit aller Menschen und aller Völker sich doch vielleicht ergeben»[215]. Ein moralisches Urteil würde nach Auffassung v. Muralts «so gut wie alle Staatsmänner der neueren Geschichte zu Verbrechern oder alle außenpolitischen Akte zu verbrecherischen Handlungen machen. Alle haben Angriffe und Eroberungen gemacht, alle haben die diplomatischen und militärischen Mittel angewendet, die Friedrich und seine Gegner gebraucht haben.» Ein Urteil, das «eine absolute Moral und ein absolutes Recht» für sich reklamiere, verfalle – so v. Muralt – «in pharisäische Selbstgerechtigkeit»[216]. Unter Hinweis auf ein Wort von Bismarck kommt er zu dem Schluß, daß sich in den internationalen Beziehungen der Leitgedanke der Macht überall dort geltend mache, «wo das Recht nicht ausreicht», etwa bei den sich überkreuzenden Erbansprüchen, wie in der frühneuzeitlichen Geschichte so häufig[217]. Friedrich handelte nach der Devise, gegen die Übermacht stärkerer Gegner, der *beati possidentes*, durch einen überraschenden Angriffskrieg etwas zu erreichen[218]. v. Muralt stellt dabei die grundsätzliche Frage, ob eine aufstrebende Macht «sich nicht notwendigerweise ins Unrecht setzen müsse, wenn sie überhaupt in einem System von Großmächten, die ihr jeweiliges Unrecht schon in reichlichem Maße hinter sich hatten, zur Geltung kommen will?»

Einen ähnlichen Gedanken äußerte auch Ludwig Dehio in seinem Besprechungsartikel über den ersten Band von Gerhard Ritters «Staatskunst und Kriegshandwerk». «Einen wirklich stabilen völkerrechtlichen Friedenszustand», schreibt er, «kann sich nur ein saturierter oder alternder oder schwacher Staat wünschen. Dergleichen widerstrebt aber der Grundtendenz des aufsteigenden Staates inmitten eines auf freie kämpferische Konkurrenz gestellten Staatensystems, wie es das europäische in den neueren Jahrhunderten bis 1945 nun einmal gewesen ist.» Die Grundtendenz bestehe jedoch unverkennbar im Verlangen nach Wachstum. «Ein jugendlicher aufsteigender Staat mußte sich seiner Natur nach alle Chancen weiterzuwachsen offenhalten: im Frieden wie im Kriege.» Und diesem Leitmotiv neuzeitlicher Staatenpolitik, «das erstrebte Wachstum voranzutreiben», ist Preußen eben mit besonderer Konsequenz gefolgt[219]. Dennoch konstatierte Dehio mit Blick auf die wie selbstverständlich expansive Mächtepolitik Friedrichs des Großen, daß «der scharfe Raubtiergeruch» immer wieder durch alle Düfte aufgeklärt-humanitärer Beschwörungsformeln hindurchdrang[220]. Er wandte ein, daß die strikte Unterscheidung zwischen Staatsräson und Militarismus, wie sie Gerhard Ritter im Hinblick auf die beiden großen Preußenkönige vorgenommen habe, nicht überzeugen kann. Vielmehr müsse von einer Verschränkung beider Begriffe ausgegangen werden, «und Preußen hat sie in ihrer Potenz entwickelt!»[221].

Nach Auffassung v. Muralts habe Gooch anhand der politischen und historischen Schriften des Königs vortrefflich gezeigt, «wie sehr gerade Friedrich den europäischen Gesamtrahmen und die in ihm liegenden Möglichkeiten für die jüngste und schwächste Großmacht richtig zu beurteilen verstanden hat»[222]. Und «solange es keine Instanz gab, die über dem Interessenkonflikt aller Großmächte stand», mußte er die Chancen nutzen, die ihm die *conjonctures favorables* des Mächtesystems boten[223].

Allerdings läßt v. Muralt keinen Zweifel daran, daß solche Überlegungen «auf keinen Fall» dahingehend mißverstanden werden dürfen, «das Vorgehen Friedrichs und aller anderen Angreifer in irgendeinem direkten Sinne» zu billigen. Vielmehr dürfe es «eine menschlich verfügbare und beliebig zu verteilende Rechtfertigung» solcher Taten nicht geben. Aber zu bedenken ist: «Das geschichtliche Leben bleibt in seinen bedingten Formen stecken, ja es untersteht der Notwendigkeit, Schuld auf sich zu nehmen. Nicht die Formel vom tragischen Schicksal [Otto Hintze] und nicht die Formel: er erntete, was er gesät hatte [George Peabody Gooch] bringen das zum Ausdruck.» Vielmehr bezeugen zahlreiche Äußerungen Friedrichs und – so ist hinzuzufügen – sein unermüdliches Streben nach einem *Retablissement* des durch den Krieg geschundenen Landes, daß – und nun folgt der entscheidende, auch im Schriftbild hervorgehobene Satz – «der König von Preußen seine Schuld auf sich genommen hat»[224].

Es dürfte diesen Ausführungen zufolge deutlich geworden sein, daß die Reflexionen v. Muralts über den Historikerstreit der neunziger Jahre des 19. Jahrhunderts und über die Frage nach der Entfesselung des Siebenjährigen Krieges weit hinausreichen. Denn sie berühren die grundsätzliche Frage nach dem historischen Rang, der dem Preußenkönig in weltgeschichtlicher Perspektive zuzubilligen ist. Bekannt sind in diesem Kontext die Äußerungen Jacob Burckhardts zur historischen Größe, die in dem Besprechungsartikel v. Muralts bemerkenswerterweise nicht zur Sprache kommen. Er beschreitet vielmehr eigene Wege, um jenseits der gängigen

Stilisierungsversuche, sei es als Heros, sei es als «Monstrum»[225], dem Preußenkönig gerecht zu werden. Er stellt sein Friedrichbild in den Spannungsbogen von Schuld und Sühne, leugnet also das Verwegene seines Überfalls auf Schlesien und Sachsen keineswegs. Aber er sieht die «Schuld», die er im einen wie im anderen Fall auf sich geladen hat, dadurch kompensiert, daß er als Staatsmann und Landesvater die Verantwortung übernommen hat, die aus seinem Machtkalkül und der Ruhmbegierde seiner frühen Jahre erwachsen ist. Diese Verknüpfung scheint mir ein Gedanke, der im Hinblick auf das Problem der historischen Größe tatsächlich erwägenswert ist.

*Das Begräbnis eines Unsterblichen?**
Die Trauerfeierlichkeiten für Friedrich den Großen

Ausgangspunkt der hier anzustellenden Überlegungen soll zunächst ein genereller Blick auf jene Stufe monarchischer Fürstenherrschaft sein, die man trotz der Einsprüche revisionsbeflissener Frühneuzeithistoriker immer noch als Absolutismus oder im konkreten Fall als Aufgeklärten Absolutismus, als *absolutisme éclairé*, zu bezeichnen pflegt. Er hatte die Staatsmacht – zumindest der Idee und dem Anspruch nach – auf die Person des Potentaten konzentriert. Diese vielfach nur als Fiktion existierende Omnipotenz – das sei hier ausdrücklich unterstrichen – scheiterte meistens schon an der mangelnden Sachkompetenz, aber ebenso häufig auch an einer Amtsauffassung der Fürsten, die eine «Regierung aus dem Kabinett» außerordentlich erschwerte, gelegentlich sogar unmöglich machte. Die Beispiele dafür – gerade auch unter den Reichsfürsten – sind so zahlreich, daß sich eine Aufzählung an dieser Stelle erübrigt. Kompensiert wurde dieses Auseinanderklaffen zwischen Anspruch und Wirklichkeit durch einen Herrscherkult, der aufwendiger und gravitätischer als jemals zuvor durch Pracht und Etikette in Szene gesetzt wurde. «Die Bühne dieser Inszenierung war der Hof, der den Herrscher in einen exklusiven Raum entrückte und den Zugang zu ihm streng reglementierte.»[1] Im Hof erhielten Staat und Staatsgesellschaft die standesgemäße Plattform, und zwar in einer Ausschließlichkeit und Exklusivität, die ältere Formen höfischer Selbstinszenierung bei weitem übertraf[2]. Als Schauplatz für dieses *Theatrum praecedentiae* mußte ein Schloßareal gefunden werden, das in der Barockzeit mehr und mehr außerhalb der Stadtresidenzen angesiedelt war und eine für das visuelle Wahrnehmungsvermögen grenzenlose Entfaltungsmöglichkeit bot[3]. Nicht nur die scheinbar ins Unendliche führenden Blickachsen, die von Skulpturen gesäumten Alleen und Kanäle, die Fontänen und Kaskaden, sondern auch die Vielfalt der kleineren, über das Gartenareal verstreuten Pavillons – der den privateren Auftritten vorbehaltenen *maisons de plaisances,* gehörten zu diesem Ensemble fürstlicher Gartenkunst. Selbst eine der kleineren Schloßanlagen wie das bischöfliche Jagdschloß Clemenswert im nördlichen Münsterland bietet dafür ein anschauliches Beispiel[4]. Bemerkenswert an dieser Anlage ist die idealtypische Absicht, daß diese Neuschöpfungen in sternförmig angeordneten, geometrisch gebändigten Sichtschneisen auf den Mittelpunkt, den Sitz des Herrschers, ausgerichtet waren[5]. «Das Barockschloß», resümiert Wolfgang Reinhard, «gilt zu Recht als vollkommener ästhetischer Ausdruck der europäischen Monarchie und der von ihr geschaffenen höfischen Welt, als Tempel der *réligion royale*, als Bühne des ‹Theaterstaats›.»[6] Im Schloß selbst fand die Abfolge der Gemächer ihren Bezugspunkt in den Gemächern und Kabinetten des Fürsten. Einer Staatsauffassung, die eine von Jean Bodin geforderte *summa in cives ac subditos legibusque soluta potestas* einzulösen bestrebt war[7], entsprach also eine Raumordnung, die sich einprägsamer als jemals zuvor an der Person des Herrschers orientierte.

Hinzu trat ein hemmungsloses Streben nach einer figürlichen Anverwandlung dieses Anspruchs, der in Gemälden, Fresken und Skulpturen und der gesamten Ausstattung der Schlösser und Gärten ihren ikonographischen Ausdruck fand. Bedeutende und standesbewußte Potentaten hatten sich seit der Antike schon in der Gestalt und Pose des Herkules darstellen lassen und waren immer wieder in die Rolle antiker Helden und Götter geschlüpft. Aber im 17. und 18. Jahrhundert erlebte der Heroenkult der Fürsten eine Dimension, die alles übertraf, was bisher auf diesem Gebiet in Szene zu setzen versucht worden war. Zu erinnern ist hier etwa an die aus dem Fuldatal hinaufsteigende Schloßanlage von Wilhelmshöhe oberhalb von Kassel, in deren Hauptachse Markgraf Wilhelm die Herkulesstatue als Sinnbild unumschränkter Machtfülle aufrichten ließ. Ludwig XIV. gab dieser gesteigerten Form monarchischer Herrschaftsauffassung im Symbol der Sonne sinnfälligen Ausdruck[8]. Diese in kosmische Dimensionen vordringende Selbstüberhöhung fand architektonisch wie gesellschaftlich ihren Schauplatz in der «Konfiguration» des Hofes (Norbert Elias). Er war der Raum und die Bühne, um im feierlichen Vollzug des Zeremoniells die Sakralität und Omnipotenz des Herrschers in Szene zu setzen. Erst durch dieses Ritual nahm das Prinzip der gesellschaftlichen Hierarchie und des abgestuften Prestiges konkrete Gestalt an. Jede Verrichtung wurde öffentlich inszeniert und mit Emphase und gravitätischer Gebärde zur Schau gestellt. Die «Statisterie» für dieses Szenarium umfaßte an mehreren europäischen Höfen mehrere tausend Personen. Erst Friedrich Wilhelm I. vollzog hier eine abrupte Wende.

Hinzu trat ein sozialgeschichtlich überaus bedeutsamer Faktor. Er wurde längere Zeit unter dem von Gerhard Oestreich zum Fundamentalvorgang erhobenen Leitmotiv der «Sozialdisziplinierung» diskutiert und ist dabei vielfach in Frage gestellt und relativiert worden[9]. Als Kennzeichen der Epoche ist jedoch festzuhalten, daß der dem Anspruch nach unumschränkt regierende Fürst «das soziale Kapital» im Umkreis der Hofgesellschaft zu monopolisieren trachtete und «unabhängig von ihm existierende Kapitalien unter seine Kontrolle zu bringen» versuchte. Der soziale Status des einzelnen verschaffte ihm bei Hofe keinen unbedingten Vorrang mehr. Ein Prinz von Geblüt etwa blieb natürlich auch im Absolutismus ein Prinz von Geblüt. Aber «Gunst oder Mißgunst des Herrschers waren nun die Faktoren, die den Ausschlag gaben. Neben das über Genealogie Tradierte trat das vom Souverän neu geschaffene Rangkapital. Es stellte eine Art zweiter Währung dar, die freilich an der Residenz mehr galt als draußen im Land.»[10] Auch in und mit dem höfischen Fest wurde Herrschaft ausgeübt[11]. Es war unerläßlich für die Bindung des seiner Mitherrschaftsfunktionen beraubten Adels. Denn die Hofgesellschaft profitierte vom Glanz und Raffinement der fürstlichen Prachtentfaltung. Sie vermochte auf diese Weise das eigene Selbstgefühl allen anderen Untertanen gegenüber zu steigern und ihre soziale Vorrangstellung gegen- und untereinander auszubauen und zu festigen. So kam es zu einem Ausgleich zwischen der Statistenrolle, die der Adel im Rahmen der höfischen Gesellschaft zu spielen gezwungen war, und der Aufwertung seines Prestiges. Selbst ein bürgerlicher Gelehrter wie Christian Wolff, mit dessen pragmatischer Lebensauffassung Friedrich sich in seiner Kronprinzenzeit auseinandergesetzt hatte, äußerte die Überzeugung, daß wenn die Untertanen «die Majestät des Königs erkennen sollen», der Hofstaat dergestalt eingerichtet werden möge, «daß man daraus seine Macht und Gewalt zu erkennen Anlaß nehmen kann». «Hieraus erhellet, daß eine ansehnliche Hoff-Staat und die Hof-Ceremonien nichts überflüssiges vielweniger etwas tadelhafftes sind.»[12] Und im übrigen – so Wolff – sei daran zu erinnern, daß, «wenn die hohe Landes-Obrigkeit die vornehmsten und mächtigsten Familien nach Hofe ziehet, dieses zugleich ein Mittel ist, ihre Macht und Gewalt zu festigen»[13]. So wurde aus dem Wollen ein Müssen, aus der Teilhabe am höfischen Divertissement der Zwang, auf der Bühne des Hofes angemessen in Erscheinung zu treten. Allerdings war im Kalkül machtbewußter Potentaten wie das des vielgeschmähten Friedrichs I. noch unendlich viel maßgeblicher, wie das Hofszenarium unter den Höfen konkurrierender Mächte, nicht zuletzt durch Reiseberichte und die Relationen der bei Hofe akkreditierten Diplomaten, wahrgenommen wurde. Auf diesen wichtigen Aspekt hat in neueren Forschungen mit besonderem Nachdruck Barbara

Stollberg-Rilinger hingewiesen und herausgearbeitet, daß die gesamteuropäische Öffentlichkeit ein außerordentlich belebender Impuls für die vielfältigen Formen selbstbewußter Ostentation und spektakulärer Prachtentfaltung waren[14].

II.

Vor diesem Hintergrund erhebt sich die Frage, wie die Affekte Friedrichs des Großen gegen eine dem höfischen Repräsentationsstil des 18. Jahrhunderts entsprechende Bestattung verstanden werden können. Es ging hier ja um mehr als nur eine persönliche Entscheidung. Denn auch im protestantischen Preußen[15] gab es eine Begräbnistradition der Dynastie und besonders das Exempel der immer wieder hochgerühmten *pompe funèbre* anläßlich der Beisetzung der ersten Königin Sophie Charlotte, obwohl die Betroffene aufgrund ihrer aufgeklärt rationalistischen Überzeugungen die «viele[n] unnützen Zeremonien» abgelehnt hatte, die nach ihrem Dahinscheiden zu erwarten waren[16]. In diesen Äußerungen klingt eine Skepsis an, die in auffälliger Weise an die Haltung Friedrichs des Großen in der Frage seiner eigenen Beisetzung erinnert. Die Königin war am 1. Februar 1705 in Hannover gestorben, wo sie zu Besuch bei ihrer Welfen-Familie weilte. Nach der feierlichen Überführung in die preußische Residenz blieb der Leichnam fünf Monate in der Kapelle des königlichen Schlosses aufgebahrt. Im Anschluß an die aufwendigen Vorbereitungen wurde Sophie Charlotte dann mit einer Prachtentfaltung beigesetzt, die das an anderen Fürstenhöfen übliche Trauerzeremoniell bei weitem übertreffen sollte: Der Dom, hergerichtet mit einer von Eosander entworfenen Trauerdekoration, mit echten, Zypressenzweige schwingenden Mumien und Skeletten in weißen Leichenmänteln und einer Gesimsdekoration, die königliche Adlersymbole und fledermaus-geflügelte Totenköpfe aneinanderreihte[17]. Auch hier also – ähnlich wie bei den Krönungsfeierlichkeiten im Jahre 1701 in Königsberg – ein elementares, barockes Selbstdarstellungsstreben, das nach innen wie nach außen den Aufstieg Brandenburgs in den Rang einer der großen europäischen Dynastien dokumentieren sollte. Es unterstreicht über die persönliche Eitelkeit des ersten Königs hinaus ein sehr realistisches und im übrigen höchst politisches Gespür für die Defizite, die es an einem Hof wie dem brandenburgischen noch aufzuholen galt. Diesem Ehrgeiz entsprechend waren auch die Prunksarkophage, die der König für sich und seine Gemahlin Sophie Charlotte bei seinem Hofbaumeister Andreas Schlüter in Auftrag gab, pompös und in auftrumpfender Weise spektakulär[18]. Sie befinden sich heute im Kuppelumgang des Berliner Doms und bilden mit den Grabmälern des Großen Kurfürsten und seiner beiden Gemahlinnen Louise Henriette († 1667) und Dorothea († 1689) die zentralen Monumente einer Denkmalkirche, die von Wilhelm II., dem Bauherrn des heutigen Doms, als Grablege der Hohenzollern gedacht war[19]. Andere Herrscher aus dem Hause Hohenzollern waren freilich diesem Plan zuvorgekommen. So hatte Friedrich Wilhelm IV. für sich und seine Gemahlin Elisabeth die Gruft der von ihm erbauten Friedenskirche am Rande des Schloßparks von Sanssouci als Begräbnisstätte bestimmt. Und auch Friedrich III. hatte sich zusammen mit Kaiserin Viktoria in einem eigens errichteten Mausoleum am Atrium der Friedenskirche bestatten lassen. Immerhin war an allen diesen Begräbnisorten die an katholischen wie protestantischen Höfen respektierte Tradition gewahrt worden, die letzte Ruhestätte des Herrschers einem sakralen Rahmen anzuvertrauen. Eine Ausnahme bildet das als Solitär konzipierte Mausoleum für Königin Luise im Schloßpark von Charlottenburg, wo neben dem von Christian Daniel Rauch geschaffenen Sarkophag der Königin auch die Grabmäler Friedrich Wilhelms III. und Kaiser Wilhelms I. aufgestellt wurden.

Der quellengesättigte Bericht des großen, heute maßgeb-

Carl von Gontard und Andreas Ludwig Krüger, Paradezimmer im Potsdamer Stadtschloß mit Katafalk Friedrichs des Großen, 1786 Rekonstruktion von Friedrich Laske, 1912.

lichen Cicerone der brandenburgisch-preußischen Geschichte, Günter de Bruyn, mag geeignet erscheinen, um in das Thema einzuführen, das hier erörtert werden soll. Es handelt sich um das Einleitungskapitel de Bruyns in das kulturhistorische Panorama der nachfriderizianischen Zeit, das kürzlich unter dem Titel «Als Poesie gut. Schicksale aus Berlins Kunstepochen 1786 bis 1807» erschienen ist. Es beginnt mit einer Schilderung der Todesstunde des Königs. Am Morgen des 17. August 1786 war er gestorben[20]. «Schon wenige Stunden später», schreibt de Bruyn, «um acht Uhr morgens, versammelten sich die in Potsdam stationierten Regimenter, um sich auf den neuen König vereidigen zu lassen. Friedrichs Leichnam wurde auf einem achtspännigen Wagen zum Potsdamer Stadtschloß gefahren, wo er im gelben Audienzsaal einen Tag aufgebahrt blieb. Die Menge, die den Leichenzug schweigend begleitete und dann dem ankommenden Thronfolger zugejubelt hatte, nahm wieder Trauermiene an, als sie das Stadtschloß betrat. Da die Anordnung des Sterbenden, ihn nicht umzukleiden, sondern nur mit einem Soldatenmantel zu bedecken, nicht befolgt worden war, sahen die Untertanen den Leichnam des Mannes, der sie […] 46 Jahre, 2 Monate und 17 Tage regiert hatte, in den blauen Rock mit roten Aufschlägen und gelber Weste gekleidet, in die Paradeuniform des 1. Gardebataillons, dessen Chef er gewesen war. Sein Körper, dem man durch Punktion das Wasser entzogen hatte, glich dem eines Kindes. Sein spärliches Haar hatte man gepudert, Krückstock, Schärpe und Degen lagen neben ihm.

Zu den Trauernden, die an dem Toten vorbeidefilierten, gehörte auch ein Patenkind des Königs, der zehnjährige Friedrich de la Motte Fouqué, der sich noch fünfzig Jahre später in seiner ‹Lebensgeschichte› an Einzelheiten dieses Ereignisses erinnern konnte: an die halbhohen Brüstungen, zwischen denen die Trauernden sich bewegen mußten, an die Regelung, daß diejenigen Familien, die, wie die Fouqués, als dem König nahestehend galten, näher an den Toten herantreten und länger verweilen durften, an die zusammengepreßten Lippen des Toten, an die wie vergrößert wirkende Nase und auch an den Kammerhusaren, der, zu Häupten der Leiche stehend, mit einem Wedel aus Pfauenfedern die Fliegen vertrieb[21].

Noch am selben Abend erfolgte die Beisetzung, jedoch nicht, wie der König gewünscht hatte, in seinem Sanssouci, auf der Terrasse, wo auch seine Hunde begraben lagen, sondern in der Garnisonkirche, in der Gruft unter der Kanzel, wo der Sarg seines Vaters schon stand. […] Da die Trauerfeier für den Verstorbenen erst am 9. September stattfand, hatten Dichter und Pfarrer genügend Zeit, um Trauer-Oden und Trauer-Predigten zu verfassen und, wie damals üblich, in Kleinschriften drucken zu lassen.»[22]

Es geht hier also um ein Ereignis, das erst durch den Eingriff des Thronfolgers, des Neffen des verstorbenen Königs, in die Bahnen einer Beisetzung nach dynastischen Gepflogenheit gelenkt wurde. Friedrich Wilhelm II.[23] war unangefochten nach dem von alters her üblichen Prinzip *le roi est mort, vive le roi* an die Herrschaft gelangt[24] und nun – mit der unumschränkten Souveränität eines Monarchen ausgestattet – berechtigt, sich selbst über den letzten Willen, über die ausdrücklichen und testamentarisch verfügten Bestattungswünsche des Verstorbenen hinwegzusetzen. Er war erbberechtigt nach den im Reich und in Brandenburg-Preußen geltenden Sukzessionsordnungen und insofern imstande, den Willen des Onkels zu ignorieren – ein Vorgang übrigens, der – soweit ich sehe – ohne Einspruch und Widerrede hingenommen worden ist. Vielmehr hat es den Anschein, als wenn zwischen der königlichen Familie und ihren Ratgebern einschließlich der Künstler, die sich der Trauerdekoration und der Aufrichtung der Gerüste anzunehmen hatten, und der für die Gedächtnisgottesdienste und die Predigten zuständigen Geistlichkeit Einvernehmen darüber geherrscht hat, wie einem solchen Anlaß gerecht zu werden war. Man vertraute sich also einem Zeremoniell an, wie es bei den Beisetzungsfeierlichkeiten europäischer Dynastien üblich war und durch zahlreiche Bilddokumente nachvollzogen werden konnte[25]. So wurde Friedrich am Ende doch von den Konventionen monarchischer Selbstdarstellung des *ancien régime* eingeholt.

Friedrich der Große hatte seit dem frühen Tod des ursprünglich erbberechtigten Thronfolgers, seines jüngeren Bruders August Wilhelm († 1758), lange gezögert, in eine Erbfolge des nun in der Deszendenz folgenden Neffen einzuwilligen[26]. Er hatte immer wieder und überaus konkret im Winter 1775/76 Pläne erwogen, wie die bestehenden Erbfolgegesetze umgangen und mehr oder weniger legal außer Kraft gesetzt werden könnten. Er hatte in zahlreich überlieferten Briefen seinen Bruder Heinrich ins Vertrauen gezogen und Vorwände zu finden versucht, um ihn als Vormund oder Mitregenten einsetzen zu können[27]. Aber er hatte schließlich resigniert und das um der Legitimität der Krone willen Unabwendbare akzeptiert.

III.

Die entscheidende Frage lautet nun, über welche Bestattungsvorstellungen des Verstorbenen sich Friedrich Wilhelm II. hinweggesetzt hat. Hans-Joachim Giersberg und Rolf-Herbert Krüger haben aus Anlaß der Umbettung des Königs nach Potsdam im Jahre 1991 minutiös rekonstruiert, seit wann und wie konkret sich in den Überlegungen Friedrichs Pläne abzeichneten, wo und in welchem Rahmen er bestattet werden wollte[28]. Eine Schlüsselrolle kommt dabei einem Historiengemälde des Hofmalers Johann Christoph Frisch zu[29], das 1802 auf der Berliner Akademieausstellung erstmals gezeigt wurde und heute in den Privatgemächern des Königs in Schloß Sanssouci zu besichtigen ist. Im Katalog der Ausstellung findet sich eine Beschreibung des auf dem Bilde Dargestellten[30]. Der König habe, heißt es da, kurz nach der Erbauung des Schlosses Sanssouci «auf der Morgenseite der Terrasse» zwischen der Marmorgruppe der Flora und der Büste des Julius Cäsar eine Gruft ausmauern lassen, die er «aus den Fenstern desjenigen Zimmers im Schlosse, welches er nachmals ständig bewohnte [...], nahe vor Augen hatte». Aus Anlaß einer Besichtigung der Baustelle in Begleitung des Marquis d'Argens, eines Vertrauten aus dem Kreis der legendären Tafelrunde[31], sei auch – so der Bericht weiter – der endgültige Name für das ursprünglich als Weinbergschloß konzipierten Sanssouci gefunden und festgelegt worden[32]. Im Vordergrund dieses Bildes sieht man Bauarbeiter bei der Zubereitung des Mörtels und der Einfassung der bereits ausgehobenen Gruft, im Hintergrund die Gartenseite des Schlosses und links die Rückseite der Figurengruppe des Bildhauers François Gaspar Adam mit Flora und Zephir, die nachweislich erst 1749 aufgestellt worden ist – also zu einem Zeitpunkt, als das 1744 in Auftrag gegebene Gruftgemäuer längst vorhanden war.

Ölgemälde von Johann Christoph Fritsch, Friedrich II. und der Marquis d'Argens besichtigen den Gruftbau von Sanssouci, 1802

Bemerkenswert ist nun, daß es zu Lebzeiten Friedrichs keinen schriftlichen Hinweis auf die Existenz dieser Gruft gegeben hat. Nur der in der Regel gut unterrichtete Heinrich Ludwig Manger, der alle Baumaßnahmen in Potsdam zur Zeit Friedrichs des Großen akribisch genau aufgezeichnet hat, erwähnt sie und nennt als Datum der Fertigstellung 1744[33]. Schweigen die Quellen also zunächst über den Ort, an dem Friedrich beigesetzt zu werden wünschte, so sind Äußerungen des Königs über den Tod als solchen um so häufiger überliefert. So instruierte er schon nach den ersten lebensbedrohlichen Erfahrungen der Schlesischen Kriege seinen Kabinettsminister Heinrich Graf von Podewils, wie im Fall seines Todes verfahren werden sollte. Es sei sein Wille, «daß mein Leib nach Römerart verbrannt und in einer Urne in Rheinsberg beigesetzt werde. Knobelsdorff soll mir ein Grabmal errichten, wie das des Horaz in Tusculum».[34] Soweit ich sehe, hat weder ein Historiker noch ein Altertumswissenschaftler je danach gefragt, wie eine solche Anweisung hätte ausgeführt werden können. Auch von Knobelsdorff ist keine Rückfrage überliefert, wie denn dieses Grabmal hätte aussehen sollen. Denn zwischen Tusculum und Horaz gibt es keine Verbindung. Sein Landgut war Sabinum, und bestattet wurde er neben seinem Gönner und Freund Maecenas auf dem Esquilin, einem Park im Stadtgebiet von Rom. Vermutlich verwechselte der König Horaz mit Cicero, der wie viele prominente Römer in Tusculum ein Landgut besaß. Tusculum wurde indessen 1191 zerstört, und von einem Grabmal Ciceros ist nichts überliefert. Vielleicht genügte sowohl Friedrich wie Knobelsdorff Tusculum als visionäre Beschwörungsformel, als literarische Reminiszenz an das Refugium der Kronprinzenzeit. Mir sind diese eigentlich ernüchternden Hinweise wichtig, weil sie belegen, wie vage und beliebig auch spätere Anweisungen des Königs in bezug auf seine Bestattung eingeschätzt werden müssen. Ein Grabmal also immerhin! – im Gegensatz zu späteren Plänen, die weder einen Epitaph oder einen Sarkophag noch gar ein Monument vorsahen. Nur kurze Zeit nach der erstmaligen Formulierung eines Bestattungswunsches, unmittelbar vor der Schlacht von Mollwitz, wiederholte er seine Anweisungen noch einmal in einem Brief an den Thronfolger. Und in den zahlreichen Briefen an seine Schwester Wilhelmine, vor allem während der ersten Feldzüge des Siebenjährigen Krieges, sind Todesgedanken allgegenwärtig[35]. Sie bleiben auch später ein beherrschendes Motiv nicht nur seiner Poesie, sondern auch seiner Korrespondenzen.

Bekannt ist, daß Rheinsberg mit dem Baubeginn auf dem Potsdamer Weinberg in Friedrichs Sehnsucht nach einem Ort der Geselligkeit und des philosophischen Diskurses immer mehr in den Hintergrund trat. Er hatte das Arkadien der Kronprinzenzeit in der Waldlandschaft um den Grienericksee nach seiner Thronbesteigung nur noch einmal aufgesucht und es im Juni 1744 dann seinem Bruder Heinrich überlassen, der sich hier übrigens seinerseits – allerdings mit einem völlig anderen Konzept – bestatten ließ[36]. Bekannt ist darüber hinaus, daß der König beim Bau seiner Sommerresidenz selbst Hand anlegte und in enger Zusammenarbeit mit dem ihm seit den glücklichen Jahren in Rheinsberg engvertrauten Knobelsdorff[37] auf den Plan der Terrassenanlage und des einstöckigen Schloßbaus maßgeblichen Einfluß genommen hat. Mit der Bauausführung wurde Friedrich Wilhelm Diterichs beauftragt, der als Oberbaudirektor der Kurmärkischen Kammer tätig war und sich in besonderer Weise durch Ingenieurbauten überall im Land, aber auch durch das Kronprinzessinnen-Palais in Berlin Unter den Linden (heute Operncafé) einen Namen gemacht hatte[38]. Schon wenige Monate nach dem Baubeginn waren auf ständiges Drängen des Königs vier der sechs Terrassen fertiggestellt und mit dem Bau

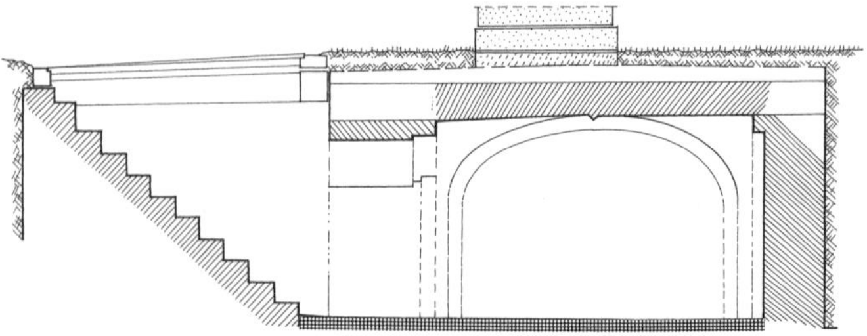

Gruft Friedrichs des Großen in Sanssouci, Schnitt

Gruft Friedrich Wilhelms I. und Friedrich des Großen in der Potsdamer Hof- und Garnisonkirche, Aufnahme 1935

der Gruft auf der oberen Terrasse begonnen worden. Nach Giersberg/Krüger ist noch einmal zu betonen, daß in keinem der zahlreich erhaltenen Dokumente zu der Anlage des Schlosses der Gruftbau erwähnt wird und auch in den Gartenplänen nicht vermerkt worden ist. Nach offenbar authentisch zu bewertenden Angaben war das Begräbnisgewölbe aber vor der Aufschüttung der obersten Terrasse, also 1744, bereits fertiggestellt[39]. Von Anfang an lag die Gruft also unter der Erde, und der Eingang war mit Balken, Erde und Rasen überdeckt. Annette Dorgerloh verweist auf einen Carl Christian Horvarth, der in seiner 1798 veröffentlichten Reisebeschreibung über *Potsdamer Merkwürdigkeiten* nur noch von den Hundegräbern berichtet, aber vom Gruftbau des Königs offenbar keine Kenntnis mehr hatte[40]. Nach mehrfachen Einstürzen dieser eher als provisorisch zu bezeichnenden Konstruktion wurde das Gewölbe dann 1860 erstmals genau in Augenschein genommen und exakt beschrieben. Es wies ein kreuzförmiges Gewölbe auf; die Wände waren ohne jeden Zierat weiß getüncht. Giersberg/Krüger haben den bemerkenswerten Hinweis gegeben, daß dieses Gewölbe frappierende Ähnlichkeit mit der Grabkammer hatte, in der der Vater unterhalb der Kanzel in der Garnisonkirche beigesetzt worden ist – jener Begräbnisstätte, die nach dem Krieg ja zerstört und abgetragen worden ist. Wie immer nun diese eigentümliche Form der *Imitatio* bewertet werden mag: auffällig ist in jedem Fall der sonderbare Versuch einer Annäherung an den ebenso bewunderten wie gefürchteten Vater, von dessen Begräbniszeremoniell er sich im übrigen scharf abgrenzte. Eine weitere Parallele zwischen Vater und Sohn ist womöglich darin zu sehen, daß beide in ungewöhnlich schlichten Metallsärgen beigesetzt worden sind. Mir ist nicht bekannt, ob Friedrich auch in bezug auf Größe und Ausstattung des Sarges Anweisungen erteilt hat. Insofern ist zu vermuten, daß sich der Thronfolger bei der Beisetzung Friedrichs in der engen Grabkammer neben dem Vater für eine Gleichbehandlung entschieden hat. Aber auch bei einer Bestattung in dem ja längst fertiggestellten Gruftgemäuer in Sanssouci hätten die äußerst schmalen Abmessungen des Treppenzugangs zur Gruft nur einen einfachen, schmucklosen Sarg zugelassen.

Eher beiläufig ist überliefert, welche Pläne Friedrich mit

dem Gruftgewölbe im einzelnen verfolgte. So notierte sein langjähriger Vorleser und enger Vertrauter, Henri de Catt, der gerade auch während der dramatischen Jahre des Siebenjährigen Krieges ein Tagebuch führte, unter dem Datum des 10. Juni 1758, daß der König früh am Morgen mit Skizzen zum Gartenareal von Sanssouci beschäftigt war. Da de Catt am Ende der Terrasse bei einem kleinen Gehölz eine Art Mausoleum entdeckte, fragte er, ob es sich dabei um ein antikes Bauwerk handele. «Nein, mein Lieber», entgegnete der König, «es ist ein Gewölbe. Ich werde es mit Zypressen umpflanzen lassen und dort wird dann meine Ruhestätte sein. Meinen Sie nicht auch, daß ich dort gut aufgehoben sein werde?» Auf de Catts Einspruch wegen solch trübseliger Gedanken fragte der König offenbar sehr lebhaft: «Aber wieso denn? Müssen wir nicht eines Tages [alle] sterben und sollen wir uns nicht mit diesem Ende beschäftigen? Ja, sollen wir nicht mit aller Ruhe daran denken, und sollte ich es nicht mehr tun als jeder andere?»[41] Die Terrasse war zu diesem Zeitpunkt einschließlich der im Osten wie im Westen jeweils im Halbkreis angeordneten marmornen Porträtbüsten römischer Kaiser bereits fertiggestellt: Kopien des 18. Jahrhunderts, die Friedrich 1742 neben anderen Antiken aus dem Nachlaß eines zeitweise an der Kurie akkreditierten französischen Gesandten, des kunstsinnigen und kenntnisreichen Kardinals Polignac, für insgesamt 80 000 Livres hatte erwerben können[42].

Angesichts einer insgesamt doch beträchtlichen Unklarheit über den letzten Willen des Königs hinsichtlich seiner Bestattungswünsche zitieren Giersberg/Krüger aus den anonym erschienenen Aufzeichnungen eines Feldprobstes, eines gewissen Johann Gottfried Kletschke, denen in dem hier erörterten Zusammenhang eine erhebliche Bedeutung zugemessen werden muß. Man könne, schrieb dieser Zeitzeuge kurz nach dem Tode Friedrichs, «nicht mit völliger Gewißheit bestimmen, ob es des hochseligen Königs wahrer Ernst mag gewesen sein, in Sanssouci begraben zu werden. Man hat immer davon gesprochen und sogar schon den Platz gewiesen, wo er habe liegen wollen. Sehr viele Umstände machen die Sache zweifelhaft. Es kann sein, daß er diesen Wunsch einmal geäußert hat, wenn z. B. gerade seine Seele mit den angenehmen Empfindungen angefüllt war, die ihm die schöne Lage von Sanssouci machte, denn man hat von der Südostseite dieses Schlosses den schönsten Prospekt, der sich nur denken läßt. Aber es war dies denn doch nur blos ein vorübergehender Wunsch, an dessen genaue Erfüllung man eben nicht denkt, wenn man glaubt, dem Tod schon nahe zu sein; und am allerwenigsten hat Friedrich der Große sich die Zeit genommen, an den Ort zu denken, wo er einmal verwesen wollte.»[43]

Ziemlich eindeutig sind dagegen die Anweisungen, die Friedrich in seinen Testamenten gegeben hat. In seiner letztwilligen Verfügung vom 11. Januar 1752, einem seiner «privaten» Testamente, deren konkrete Veranlassung nur zu vermuten ist[44], heißt es wörtlich: «1. Unser Leben fließt rasch dahin. In schnellem Lauf reißt es uns von der Geburt bis zum Tod. Wenn ich mir zur Regel gesetzt habe, mit größtem Eifer an der Ordnung des Staates zu arbeiten, den zu regieren ich die Ehre habe, wenn ich nach bester Einsicht und nach bestem Wissen mein Leben lang alles getan habe, was in meiner Macht stand, um ihn zur Blüte zu bringen, so hätte ich mir ewige Vorwürfe zu machen, unterließe ich es, mein Testament niederzuschreiben, und gäbe dadurch zu allen möglichen Streitigkeiten und häuslichen Zerwürfnissen Anlaß, die nach meinem Tod ausbrechen könnten. Diese Gründe haben mich bewogen, meinen letzten Willen in dieser feierlichen Urkunde zu erklären.

2. Gern gebe ich meinen Lebensodem der wohltätigen Natur zurück, die ihn mir verliehen hat, und meinen Leib den Elementen, aus denen er besteht. Ich habe als Philosoph gelebt und will als solcher begraben werden, ohne Pomp,

Grabstätte des Johann Moritz von Nassau-Siegen in Kleve-Bergendal von 1663.

ohne Prunk («sans appareil, sans faste, sans pompe») und ohne die geringsten Zeremonien. Ich will weder geöffnet noch einbalsamiert werden. Sterbe ich in Berlin oder Potsdam, so will ich der eitlen Neugier des Volkes nicht zur Schau gestellt und am dritten Tag um Mitternacht beigesetzt werden. Man bringe mich im Schein einer Laterne, und ohne daß mir jemand folgt, nach Sanssouci und bestatte mich dort schlicht auf der Höhe der Terrasse, rechterhand, wenn man hinaufsteigt, in einer Gruft, die ich mir habe herrichten lassen. Sterbe ich auf Reisen, so will ich, daß mein Körper an Ort und Stelle beigesetzt und bei Eintritt des ersten Frostes ohne jedwede Zeremonie nach Sanssouci geschafft werde. Dies darf meine Erben nicht überraschen: Prinz Heinrich oder Moritz von Oranien ist in gleicher Weise in einem Wäldchen bei Kleve bestattet worden[45], und so ist es mein Wille.»[46]

Friedrich wollte demnach auch in seinem Sterben und Tod daran gemessen werden, daß er als *Philosoph* gelebt und gehandelt hat. Diese Selbsteinschätzung war es offensichtlich, die ihn Abschied nehmen ließ von aller Prachtentfaltung, mit der sich die europäischen Dynastien, katholische wie protestantische, gerade aus Anlaß von Leichenbegängnissen zu umgeben pflegten. Er hat sich – wie viele seiner Äußerungen und die Schlichtheit seines Lebensstils bezeugen – an Prinzipien orientiert, die zur Charakterisierung einer neuen, grundlegend veränderten Herrschaftsauffassung mit der Aufklärung in Verbindung gebracht worden sind. Sie müssen darüber hinaus aus einem ausgeprägten antihöfischen und antikirchlichen Affekt erklärt werden. Seltsam mutet allerdings die Bezugnahme auf das Grabmal des Fürsten Johann Moritz von Nassau-Siegen in Bergendal an[47]. Denn es dokumentiert bei aller Eigenwilligkeit einen durchaus selbstbewußten und spektakulären Anspruch. So verfolgte Moritz sehr früh schon Pläne für eine achteckige Grabkapelle mit einem Pyramidendach, entschied sich dann aber für eine antikisierende Tumba in Eisenguß, auf die eine Exedra mit zwei Viertelkreisen hinführt, für eine Bestattung also in einem eigens für ihn errichteten Monument in der Natur. Auf den Brüstungen und eigens ausgesparten Nischen dieses halboffenen Rondells wurden antike Spolien aufgestellt, darunter Votivaltäre, Büsten, Eisengußvasen und Ascheurnen[48]. Das ganze Ensemble wurde aus Anlaß des dreihundertjährigen Todestages des Johann Moritz renoviert und in seinen ursprünglichen Zustand zurückversetzt[49]. Aber das Entscheidende in dem hier zu erörternden Zusammenhang ist, daß Ähnlichkeiten mit dem Gruftgewölbe in Sanssouci eigentlich beim besten Willen nicht zu erkennen sind. Auch hier also die offenbar assoziative Nachahmung einer Idee, einer Begräbnisstätte in freier Natur, die Friedrich auf seinen Inspektionsreisen ins Herzogtum Kleve Eindruck gemacht haben mochte. Johann Moritz, brandenburgischer Statthalter in den niederrheinischen Territorien und enger Vertrauter des Großen Kurfürsten, dessen richtiger Name dem König offenbar nicht geläufig war, wurde übrigens in Bergendal nur kurzzeitig beigesetzt und dann aufgrund einer letztwilligen

Verfügung des Verstorbenen in die Fürstengruft der Siegener Schloßkapelle, also in die traditionelle Grablege der Nassauer überführt[50].

Auf jeden Fall war von einer Urnenbestattung, die Friedrich ursprünglich vorgeschwebt hatte, keine Rede mehr. Aber wichtig war ihm offenbar vor allem, sowohl die Geistlichkeit wie die Familie von allem fernzuhalten, was sein Ableben und seine Beisetzung betraf. Beide Personenkreise hatten beim Tod Friedrich Wilhelms I. traditionsgemäß eine tragende Rolle gespielt und selbstverständlich zu jenen gehört, die das Sterben und die Bestattung des Vaters begleitet hatten[51]. Hier jedoch wurde bewußt ein anderes Konzept entworfen, das für alle unmittelbar Betroffenen, aber auch für das mit Verächtlichkeit beiseite geschobene Publikum – auch wenn es subjektiv nur um den König selbst ging – einem Affront gleichkam.

Anzumerken ist, daß in zeremonialwissenschaftlichen Standardwerken, wie dem 1733 in Berlin erschienenen von Julius Bernhard von Rohr, eine Beisetzung in aller Stille durchaus möglich erschien[52]. Da Rohrs mehrfach aufgelegtes Kompendium aber auf Deutsch abgefaßt war, ist höchst unwahrscheinlich, daß Friedrich von solchen Überlegungen Kenntnis hatte. In dem Kapitel über «Leichen-Begängnisse» findet sich der Hinweis, daß bei Fürsten, «die in ihrem Leben auf die Ceremonien und Solennitäten nicht gar viel gehalten, werden gar keine solennen Processionen gehalten, man spühret weder ein *Castrum doloris*, noch andern Ausputz in der Kirche; Die Hoch-Fürstlichen Leichen werden in aller Stille beygesetzt, die Hof-Bedienten gehen am Tag der Beerdigung Ihres Herrn nicht Processions-weise, sondern nur einzeln in die Kirche, um die Leichen-Predigt mit anzuhören, oder zu sehen, wie der Fürst in die Grufft werde gesenket werde. Wo aber solenne Exequien angestellet werden», sollte alles durch klare und gedruckte Reglements angeordnet werden, damit jeder «seinen gewissen Platz, auch seine ihm zukommende Pflicht wissen möge»[53]. Der Rahmen für schlichte wie festliche Exequien war aber auf jeden Fall die Kirche; das stand für Rohr offenbar außer Frage. Philippe Ariès hat in seiner wegweisenden Untersuchung über die Geschichte des Todes die Vermutung geäußert, daß die Verweigerung eines opulenten Leichenbegängnisses als Reaktion auf die in der Regel glanzvollen Prunkobsequien der Barockzeit gewertet werden müsse – eine Einschätzung, die wohl für den Bestattungswunsch Friedrichs des Großen in besonderer Weise zutrifft[54].

Auch in späteren Verfügungen des Königs wird die Gruft als Bestattungsort eindeutig benannt. So hat er in einem kurzen Testament vor der Schlacht von Leuthen, datiert vom 21. November 1757, noch einmal wiederholt, daß er in Sanssouci «ohne Prunk, ohne Pomp und bei Nacht» beigesetzt werden wollte[55]. Auch vor der Schlacht von Zorndorf am 22. August 1758 verfügte er, daß «nach seinem Tode keine Umstände» mit ihm gemacht werden sollten[56]. Das zweite *persönliche* Testament, datiert vom 8. Januar 1769, enthält Bestimmungen, die in bezug auf die Frage der Bestattung im wesentlichen mit denen des Testaments von 1752 übereinstimmen[57]. Auch hier wiederum der Hinweis auf das Grabmal des Prinzen Johann Moritz von Nassau bei Kleve, aber keine ausdrücklichen Bestimmungen mehr, wer von einem Leichenbegängnis ausgeschlossen werden sollte. Es ist schwer zu entscheiden, ob das als eine Abschwächung seiner ursprünglichen Intentionen gewertet werden kann oder angesichts seiner grundsätzlichen Verweigerungshaltung als unerheblich eingeschätzt werden muß. Es blieb jedenfalls bei der Verfügung, jedes «Gepränge» bei seiner Beisetzung zu unterlassen.

Giersberg/Krüger berichten nun, daß die Eröffnung des Testaments erst am Tage der Beisetzung am 18. August 1786 durch den Staatsminister von Hertzberg in Anwesenheit des Thronfolgers, der beiden jüngeren Brüder des Königs Hein-

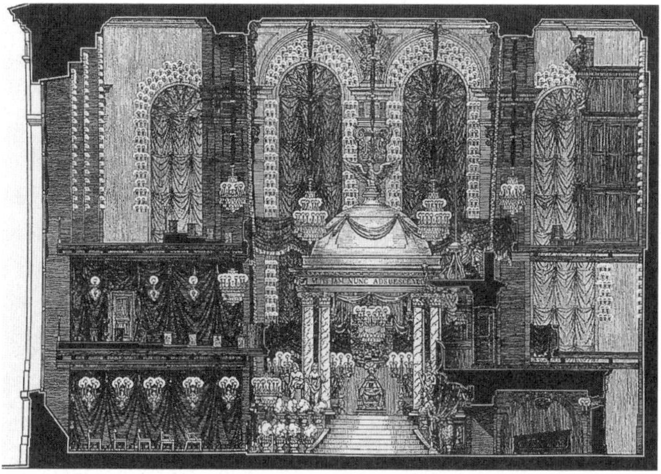

Ausschmückung der Hof- und Garnisonkirche beim Leichenbegräbnis Friedrichs des Großen am 9. September 1786, Rekonstruktion von Friedrich Laske, 1912

rich und Ferdinand, und des Staatsministers Graf Fink von Finkenstein im Berliner Schloß erfolgte, also erst jetzt der letzte Wille des Verstorbenen bekannt wurde. Als Testamentsvollstrecker hatte Friedrich den Herzog Karl von Braunschweig (vermutlich Karl Wilhelm Ferdinand von Braunschweig-Lüneburg, preußischer Generalfeldmarschall und Kampfgefährte im Siebenjährigen Krieg, ein Neffe seiner 1806 verstorbenen Gemahlin) eingesetzt[58]. Veröffentlicht wurde das Testament 1791 und in einer deutschen Version im folgenden Jahr. Erst spät trat demnach ans Tageslicht, welche Bestattungswünsche der König bereits seit den fünfziger Jahren gehabt hatte. Vom Ablauf der Bestattungszeremonie war in der Version von Günter de Bruyn bereits die Rede. Sie war würdig, aber zugleich in allen Gebärden und Ausdrucksformen auch überaus zurückgenommen – trotz der Öffentlichkeit, die man herzustellen offenbar für unumgänglich hielt. Es gab bei der Überführung des Leichnams in die Garnisonkirche am 18. August nur ein kleines militärisches Geleit. Nicht einmal der König war dabei anwesend.

Friedrich Wilhelm war gegen 3 Uhr in der Frühe in Sanssouci eingetroffen und hatte die Aufbahrung des Verstorbenen in dem neben dem Sterbezimmer gelegenen Konzertzimmer des Schlosses angeordnet. Am Abend wurde der Leichnam dann ins Potsdamer Stadtschloß überführt und ohne Einbalsamierung im Marmorsaal aufgebahrt. Offenbar hat der Thronfolger noch am Vormittag des Todestages auch die unterirdische Gruft besichtigt, die Friedrich als seine Begräbnisstätte bestimmt hatte, und unter dem Eindruck der Enge, des Unrats und der Särge einiger der dort bestatteten Hunde angeordnet, daß die Beisetzung in einem würdigen Rahmen in der Garnisonkirche erfolgen sollte. Sie wurde auf den 9. September 1786 festgesetzt und sollte so eingerichtet werden, «wie es bey den Exequien König Friedrich Wilhelms I. wäre gehalten worden. Wegen des feyerlichen Leichenbegängnisses aber, und zu den dazu erforderlichen Auszierungen, ernannte der nunmehr regierende König Friedrich Wilhelm der Zweyte den Cammerherrn Baron von der Reck und den Hauptmann [Carl] von Gontard, welche beyde mit Zuziehung der bey hiesigen Baucomtoir befindlichen Architecten und anderer Personen, das Nöthige veranstalten und besorgen sollten.»[59] Manger gibt sodann als einer der Mitbeteiligten eine detaillierte Beschreibung der Traugerüste und Dekorationen, mit denen das Stadtschloß für die Trauerfeierlichkeiten hergerichtet wurde[60]. Es handelte sich dabei um ephemere, ad hoc errichtete Einbauten, die wie immer bei solchen Anlässen nur auf entsprechenden Kupferstichen festgehalten und überliefert sind. Neben Mangers bis heute unentbehrlich gebliebenem Quellenwerk erschien aus Anlaß des großen Geburtstagsjubiläums von 1912 dann eine aufwendig ausgestattete Gedächtnisschrift von Friedrich Laske, «Die Trauerfeierlichkeiten für Friedrich den Großen. Mit Rekonstruktionen des *Castrum doloris* im Stadtschloß und der Auszierung der Hof- und Garnisonkirche zu Potsdam am 9. September 1786». Dieser Festschrift ist neben den entsprechenden Bildüberlieferungen auch ein Faksimile der Trauerkantate des letzten Hofkapellmeisters des verstorbenen Königs, Johann Friedrich Reichardt,[61] beigefügt, deren lateinischer Text vom Marchese Girolamo Lucchesini, einem Vertrauten des Königs in den letzten Lebensjahren, verfaßt wurde[62]; die deutsche Übersetzung stammte von Karl Wilhelm Ramler, der als «deutscher Horaz» als eine literarische Autorität in Preußen galt. Der Auftrag zu dieser Komposition stammte der Danksagung zufolge vom neuen König selbst. Immerhin wurde dabei jede religiöse Vereinnahmung Friedrichs vermieden. So blieb es, obwohl die Beisetzung entgegen den Anweisungen des Verstorbenen ja in einen kirchlichen Rahmen zurückgeholt worden war, bei einem Hymnus, der die Größe und Erhabenheit des Königs als solche zu würdigen versuchte. Auch über die Einzelheiten der Bestattung sind wir unterrichtet. Am 30. August wurde der Doppelsarg, in dem der König zunächst aufgebahrt worden war, in einen völlig schmucklosen Sarg «aus feinem englischen Zinn» gesetzt, der dann in der Garnisonkirche neben dem Sarg des Vaters aufgestellt wurde[63]. Zuvor hatte man zur Aufstellung des in die Garnisonkirche überführten Paradesarges einen Rundbau als Tempel der Unsterblichkeit errichten lassen und dabei auf ein Baumotiv zurückgegriffen, das der Verstorbene seit der Zeit in Neuruppin (Amalthea-Tempel) und dann im Park von Sanssouci (Freundschaftstempel, Antikentempel und Belvedere) mit offenkundiger Vorliebe verwendet hatte. Noch im Herbst 1786 wurde übrigens der zuvor in Wörlitz tätige Friedrich Wilhelm von Erdmannsdorff beauftragt, Pläne für die Renovierung und Umgestaltung des Sterbezimmers Friedrichs in Sanssouci vorzulegen. Er ließ zunächst die Rokokodekoration an Decke und Wänden des offenbar stark verwahrlosten Raumes entfernen. Vor allem aber stellte er ein äußeres Pfeiler- und ein inneres Säulenpaar zwischen die beiden Raumkompartimente und verwandelte den Alkoven, in dem der König gestorben war, in eine in sich geschlossene, reich dekorierte Weihestätte[64]. Auch hier also rigorose Eingriffe in die Lebenswelt des verstorbenen Königs, obwohl in dem von Erdmannsdorff außerordentlich beziehungsreich entworfenen ikonographischen Programm auf seine Vorstellungswelt und seine Vorlieben vielfach angespielt wurde[65].

Im übrigen erhielten auf Anordnung des Königs alle Pastoren im Lande den Auftrag, zum Ableben Friedrichs des Großen einen dem Anlaß gemäßen Gedächtnisgottesdienst abzuhalten. Die Predigten fanden – wie oben schon bei Günter de Bruyn erwähnt – in kleinen Privatdrucken weite Verbreitung. Als biblisches Motto hatte Friedrich Wilhelm II. einen Vers aus dem Alten Testament, dem ersten Buch der Chronik (Kap. 18.7) gewählt. Es handelte sich dabei um eine Sentenz des Propheten Nathan, der an David gewandt ausrief: «Ich habe dir einen Namen gemacht, wie die Großen auf Erden Namen haben.» Zu den Theologen, die sich in diesem Sinne äußerten, gehörten auch einige durchaus bedeutende Mitglieder des Berliner Oberkonsistoriums, unter ihnen Friedrich Samuel Gottfried Sack und Johann Joachim Spalding[66]. Sack, der Hofprediger, der die Ansprache bei dem Trauergottesdienst am 10. September, also einen Tag nach der Beisetzung des Königs, in der Oberpfarr- und Domkirche zu Berlin hielt, äußerte sich in bezug auf die Größe des Verstorbenen in Anwesenheit des neuen Königs und der königlichen Familie in einem Sinne, dem der Verewigte vermutlich nicht zugestimmt hätte. In seinen testamentarischen Verfügungen jedenfalls vertrat Friedrich eine Auffassung, in der «die wohltätige Natur» und «die Elemente» Regie führten. «Vergeßt nie», so dem gegenüber Sack in dogmatischer Strenge, «wer Ihm diesen großen Namen unter den Großen auf Erden gemacht hat. Was sind Könige anders, als Werkzeuge in der allmächtigen Hand Gottes, auszuführen, was der Rathschluß der Vorsehung von Ewigkeit bestimmt und beschlossen hat?» Größe sei kein menschliches Verdienst, sondern ein göttliches Geschenk. Deshalb solle der große Tote wohl bewundert, aber nicht «vergöttert» werden[67].

Auch an der Residenz der Königin, dem «Lustschloß Schönhausen» bei Berlin, fand am 10. September ein Trauergottesdienst statt, bei dem der königliche Hofprediger Carl Ludewig Conrad eine Ansprache hielt. Sie wurde wie die meisten der anderen Trauerpredigten mit einem Gebet eingeleitet. Auch hier der gleiche Grundakkord: «Gott, du allein bist groß und dein Name ist groß! [...] Durch dich regieren die Könige; du gibst ihnen ihre Weisheit und ihren Verstand [...].»[68] Das lief auf die Botschaft hinaus, das Leben und die Verdienste des Verstorbenen als ein allein heilsgeschichtlich zu verstehendes Ereignis aufzufassen. Friedrich wurde auf Anordnung des Thronfolgers und mit offensichtlicher Billigung des gesamten Hofes also wieder in einen religiösen Kontext gestellt und ungeachtet der allgemein bekannten Affekte des Verewigten gegenüber einem Offenbarungsglauben jedweder Provenienz in der vertrauten Tradition des Gottesgnadentums gewürdigt.

IV.

Obwohl das Gruftgewölbe also verwaist blieb und auch das auf einen nächtlichen Diogenes-Spuk reduzierte Bestattungsszenarium[69] beiseite geschoben wurde, ist in der neueren Forschung mehrfach über die Einbeziehung der Gruft in das Gesamtkonzept der oberen Schloßterrasse gerätselt worden. So hat Annette Dorgerloh dafür plädiert, die Grabstätte aus einem neuen «Naturverständnis» heraus zu verstehen, «das den Menschen als Teil derselben auffaßte». Als Vorbild hatten Friedrich die antiken Bestattungsbräuche mit ihren Friedhöfen vor den Toren der Stadt Rom gedient. «Insofern war die Wahl seiner künftigen Grabstätte keineswegs weniger ambi-

Halbrondell der Grabstätte mit der Marmorgruppe der Flora von François Gaspar Adam. Im Hintergrund die im Halbkreis angeordneten Kaiserbüsten und die Grabsteine des Königs und seiner Hunde.

tioniert als die seiner Vorgänger, im Gegenteil: Indem er antike Traditionen aufgriff, suchte er an ihren Ruhm anzuknüpfen, ihn zu aktualisieren, wie es vor ihm bereits Johann Moritz von Nassau-Siegen im Garten von Bergendal bei Kleve versucht hatte.»[70] Im übrigen schloß sich Dorgerloh in bezug auf die Hundegräber der kürzlich geäußerten und später noch zu erörternden These an, der zufolge «der Hund im Bettler den wahren König, nämlich den zurückgekehrten Odysseus» zu erkennen vermöge und deshalb das Grab des Königs neben denen seiner Hunde angeordnet werden sollte. Auch diese von einem «kynischen Denkmodell» geprägte Tradition spreche – so Dorgerloh – für ein bewußtes Anknüpfen an die Helden der Antike. Der Bezugsrahmen des Grabmahls bleibe demzufolge imperial, wie auch «die im Halbrund aufgestellten Kaiserbüsten signalisieren»[71].

In einer anderen kulturhistorisch inspirierten Untersuchung ist das ursprünglich vorgesehene Grab in den Kontext eines freimaurerischen Totenkultes gestellt worden[72]. Mir scheint indessen, daß hier der Schlüssel zum Rätsel des königlichen Bestattungswunsches nicht liegen kann. Zum einen trat – wie gerade in einer neueren Studie noch einmal herausgearbeitet worden ist[73] – die hermetisch verschlüsselte Vorstellungswelt der Freimaurer für Friedrich spätestens mit dem Regierungsantritt völlig in den Hintergrund; sie hatte vermutlich nicht einmal in der Kronprinzenzeit eine Bedeutung, die Rückschlüsse von solcher Tragweite zuließ. Zum anderen erscheint es mir überhaupt fragwürdig, das Figurenprogramm der oberen Terrasse und einiger anderer Partien der Gartengestaltung ikonologisch auf die Begräbnisstätte des Königs zu beziehen. Vielmehr spricht der Augenschein dafür, daß die Anlage als Bestandteil eines großflächig konzipierten, französisch inspirierten Barockgartens zu betrachten ist, in dem die Götterwelt der Antike in ihrer ganzen Vielfalt präsent sein sollte[74].

Plan des Parkes von Sanssouci, um 1750 –
ohne jeden Hinweis auf die bereits fertiggestellte Gruft

So muß der Bestattungswunsch Friedrichs losgelöst von einem in sich geschlossenen, eher als konventionell zu bezeichnenden Gartenszenarium betrachtet werden. In der oben angeführten Beschreibung des Historienbildes von Johann Christoph Frisch, auf dem die Floragruppe irrtümlicherweise schon während des Gruftbaus aufgestellt erscheint, wird als Raumbezug lediglich der Blick des Königs aus seinem Bibliotheks- und Arbeitszimmer angeführt. Die mehrere Jahre nach Einwölbung des Gruftbaus aufgestellte Floraskulptur ist jedoch auf die Terrasse ausgerichtet; sowohl Flora als auch Zephir zeigen sich zur Grablege des Königs lediglich mit ihrem großzügig entblößten Hinterteil – was bei Darstellungen dieses Genres übrigens die Regel war (Botticelli, Tizian). Die Skulptur ist spiegelbildlich zu der ebenfalls liegend konzipierten Figurengruppe der Kleopatra im westlichen Rondell, wiederum in der Mitte eines Halbkreises aus Kaiserbüsten, aufgestellt worden, während der Eingang zur Gruft von Anfang an seitlich versetzt und völlig unscheinbar, also ohne ein Monument, eine Pyramide oder einen Sarkophag, angeordnet war. Auch ein Bezug auf den berühmten «Betenden Knaben», der am Ende eines Laubengangs in der direkten Blickachse des Bibliothekszimmers des Königs aufgestellt wurde, scheint mir nicht plausibel, zumal es – soweit ich sehe – keine Äußerung des Königs in diesem Sinne gibt[75].

Ein anderer Deutungsversuch weist den Begräbniswunsch des Königs «kynischem Gedankengut» zu und bezieht sich dabei auf das Laternenmotiv in den Bestattungsanweisungen des Testaments von 1752[76]. Ein Nachtbegräbnis mit Fackeln oder Laternen gehörte jedoch zu den Grundelementen einer höfisch-barocken Funeralzeremonie, kann also für einen individuell zu deutenden Bestattungswunsch im Grunde nicht in Anspruch genommen werden[77]. Die Beisetzung neben seinen Hunden stellt Henning Wrede in eine im 17. Jahrhundert neubelebte Tradition der antiken *laus canis* und zieht daraus den Schluß, daß die auf den ersten Blick als paradox erscheinende Wahl des Bestattungsortes auf der Terrasse von Sanssouci «zumindest dem gedanklichen Anspruch nach» «doch nicht ganz schlicht» gewesen sein könne. Selbstverständlich kam Friedrich der Erwerb der Kaiserbüsten aus der Sammlung Polignac im Jahre 1742, die er im Halbkreis auf beiden Seiten der weitläufigen Schloßterrasse und damit im Halbkreis auch um sein Grab aufstellen ließ, nicht ungelegen[78]. Ob jedoch dieses Arrangement gleich als «Anspruch auf kulturelle Zugehörigkeit zu den führenden Nationen» gewertet werden muß, mag dahingestellt bleiben[79]. Mir scheint, daß ein solches Dekorum nicht überbewertet werden sollte, weil es an den Fürstenhöfen der Barockzeit geradezu inflationär in Erscheinung trat und überall als Unterpfand dynastischer Altehrwürdigkeit und Magnifizenz gewertet werden sollte. Hier konnte man im Konkurrenzgefüge der Mächte nichts falsch machen und sich zugleich in einer Tradition präsentieren, die jedem Betrachter vertraut war. Denn nach der durch die Aufklärung beschleunigten Abdankung religiöser Sinnbezüge blieb ja gar nichts anderes übrig, als sich der Magie antiker Ahnenreihen als Mittel dynastischer Selbststilisierung zu versichern. Überhaupt scheint mir, daß für einen immer sparsam kalkulierenden Herrscher wie Friedrich weniger die *fama* als der unmittelbar ins Auge springende Prestigegewinn, also das *symbolische Kapital* – wie man heute sagt[80] –, maßgeblich war. Wie anders wäre der Erwerb eines Bildes mit der Darstellung der Heiligen Familie von Rubens oder des grandiosen Caravaggio: Jesus und der ungläubige Thomas oder die Aufstellung der Bernini-Büste des Kardinals Richelieu zu erklären?[81] Vor keinem dieser Bildwerke, jeweils eine Zierde seiner Sammlungen, wird er in Andacht verharrt, oder von Gästen, die er in die Schatzkammer seiner Bildergalerie führte, erwartet haben, daß sie über den Inhalt dieser Kunstwerke entzückt waren.

Es handelte sich vielmehr um ein vordergründiges, absolut konventionelles Dekorum, mit dem sich ein Souverän mit dem Anspruch auf Zugehörigkeit zu den alten, erbeingesessenen Herrscherfamilien einfach ausstatten *mußte*. Insofern handelte Friedrich standesgemäß und ganz pragmatisch wie schon sein vielgeschmähter Großvater, von dessen Ehrgeiz und «Verschwendungssucht» sich Friedrich in moralischer Entrüstung glaubte distanzieren zu müssen[82]. Hier werden tiefe Brüche sichtbar. Denn auf der einen Seite profitierte er von der Herrscherwürde, die sein Großvater mit diplomatischem Geschick und «reichlich» angestrengter Verbissenheit[83] für das Haus Hohenzollern zu erwerben vermocht hatte; auf der anderen fühlte er sich in philosophischer Entrücktheit erhaben über Formen zeremonieller Selbstüberhöhung, wie sie Friedrich I. aus Anlaß der Königserhebung für unerläßlich gehalten hatte. Jener wurde 1713, schrieb er von einer Reise nach Ostpreußen an Voltaire, zu Grabe getragen, «mitsamt seiner falschen Größe (fausse grandeur), die nur aus leerem Gepränge und der Zurschaustellung (étalage) pompöser und frivoler Zeremonien bestand»[84]. Friedrich war, das hatte schon Carl Hinrichs, einer der wenigen Historiker mit einem ausgesprochenen Gespür für die «sinnfälligen» Aspekte historischer Analysen, in einem luziden Essay von 1944 unterstrichen, «von seinem Aufklärungsstandpunkt aus gar nicht in der Lage, den höfischen Absolutismus des Barock als eine historische Epoche eigenen Gepräges [...] zu begreifen, sondern er führte das ganze Pracht- und Repräsentationswesen, ja das ganze Streben nach der Königskrone auf die persönlichen Schwächen und Eitelkeiten Friedrichs I. zurück»[85]. Damit tastete er «die irrationalen Gründe» an, «die den Nährboden der alten Monarchien gebildet» hatten. «Könige», fährt Hinrichs fort, «in denen das Bewußtsein der Heiligkeit ihres Geblüts, ihrer Person, ihrer Autorität, die Überzeugung ihrer göttlichen Einsetzung nicht mehr lebendig war, die sich nur noch als Beamte eines abstrakten Staates betrachten, sie müssen im wahrsten Sinne des Wortes *unscheinbar* [...] werden. Für sie werden Formen unverständlich, mit denen sich das alte gottgeweihte Königtum umgeben hatte. Der Hof mit seiner strengen Hierarchie der Ränge, den heiligen Zwängen des Zeremoniells […], all das wird in seiner sakralen, magischen Bedeutung nicht mehr verstanden […]» und «als hohler Prunk, als leere Äußerlichkeit, als Standesstolz und Eitelkeit aufgefaßt».[86]

Auch die neuerdings geäußerten Deutungsversuche können nicht überzeugen, sondern bleiben in allegorisierender Beliebigkeit stecken. Schon den Zeitgenossen scheint das Bestattungskonzept Friedrichs so wenig eingeleuchtet zu haben, daß sie eine Beisetzung nach solchen Vorstellungen offenbar spontan verworfen haben. Immerhin kann festgehalten werden, daß es Friedrichs Selbsteinschätzung als Philosoph war, die ihn auf jeglichen Pomp und jede zeremonielle Prachtentfaltung verzichten ließ. Merkwürdig erscheint diese Eigenwilligkeit des Königs vor allem auch deshalb, weil das auffällig gesteigerte Repräsentationsbedürfnis als «die Kehrseite der für das Zeitalter des Absolutismus insgesamt kennzeichnenden Tendenz zur Enttheologisierung und Entkonfessionalisierung» betrachtet werden muß[87] und insofern geradezu kompensatorische Funktionen besaß. Denn selbst wenn der Tod des Regenten die dynastische Kontinuität nicht unmittelbar in Frage stellte, gab er im Regelfall doch Anlaß, diese vor der höfischen, besonders aber vor der europäischen Öffentlichkeit zu demonstrieren. Das schien nach dem Tode Friedrichs um so mehr geboten, als er seinem Nachfolger ein entschlossenes Fürstenregiment nicht zutraute und die Unantastbarkeit der Königswürde programmatisch hätte unterstreichen müssen. Aber auch dieser logischen und letztlich hochpolitischen Einsicht verschloß er sich.

So blieb er sich in der Ablehnung religiöser und familiärer Vereinnahmungsansprüche treu und vermied es mit rigoroser Konsequenz, sich in die Tradition der *éclats*, der großen Auftritte und der *pompes funèbres* zu stellen. Er entzog sich der zur Schau gestellten Würde und Erhabenheit des Sterbens, der *ars moriendi*, wie sie ihm aus der antiken Geschichte und dem Bestattungszeremoniell der französischen Könige bekannt gewesen sein muß[88]. Er blieb ein Souverän, der sich einem eigenen Verhaltenskodex verpflichtet fühlte und das Gottesgnadentum, wie es auch in der protestantischen Herrscherlegitimation verankert war[89], grundsätzlich und radikal in Zweifel zog. Kein Geistlicher, kein Familienmitglied, weder die Königin noch der Thronfolger, und nicht einmal ein Vertrauter aus dem Kreis seiner Generale sollte ihm in seiner Sterbestunde beistehen, wie es Friedrich beim Tode seines Vaters selbst so eindringlich erlebt hatte. Voltaire berichtete er damals, daß die Königin, seine Brüder und er dem Sterbenden beigestanden hätten. «Er [der Vater] starb mit dem Heldenmut eines großen Mannes; er ließ uns in aufrichtiger Trauer über seinen Verlust und mit dem Beispiel seines tapferen Sterbens zurück, ‹comme un exemple à suivre.›»[90]

Friedrich dagegen wandte sich wie so häufig in seinem Leben von allen verwandtschaftlichen und religiösen Konventionen ab und beharrte auf einem Ableben, das ohne jede Form der Selbststilisierung an der Autonomie seiner aufgeklärten Überzeugungen festhielt. Voltaire, der Marquis d'Argens, La Mettrie[91] und viele andere seiner Vertrauten und Geistesverwandten waren bereits gestorben; ihnen konnte er mit seiner Attitüde stoischer Todesergebenheit nicht mehr imponieren. Insofern war es offenkundig ein Wesenszug des in seiner Jugend tief Gekränkten, der in dieser ostentativen Verweigerung noch einmal dokumentiert werden sollte[92]. Bezeichnenderweise hatte er vor allem Voltaire bereits kurz nach seinem Herrschaftsantritt anvertraut, wie sehr er den «eitlen Glanz unnützer und frivoler» Förmlichkeiten verachtete und «ohne heiliges Salbgefäß» (sainte ampoule) und ohne das Zeremoniell, «welches die Unwissenheit und die Gewohnheit (coutume) befestigt hat», die Huldigung der (ost)preußischen Stände entgegenzunehmen entschlossen war[93]. Aber dann hat er nach der Beinahekatastrophe des Siebenjährigen

Krieges noch ein Schloß gebaut, das nur mit dem Blick auf das gesamteuropäische *theatrum praecedentiae* einen halbwegs nachvollziehbaren Sinn ergab. Seltsam ist im übrigen, daß Friedrich mit der Regression in ein schmuckloses, für niemanden zugängliches Gruftgewölbe die Praeeminenz aufs Spiel setzte, die seine Vorfahren und besonders der geradezu verhöhnte Großvater mühsam zu erreichen vermocht hatten. Denn ein Leichenbegängnis war für einen Monarchen eben keine Privatangelegenheit, sondern eine *Haupt- und Staatsaktion*, die sich vor einer gesamteuropäischen höfischen Gesellschaft abspielte. Goethe äußerte in einer Notiz von 1810 zur Fortsetzung von «Dichtung und Wahrheit» die Befürchtung, daß die neue Attitüde der Absonderung vom Hof und das Wegwerfen «der äußeren Form» bei Friedrich, Joseph II., der Königin von Frankreich und anderen «Großen» zum «Sansculottismus» führen werde: «Maxime, der Regent sey der erste Staatsdiener.»[94] Barbara Stollberg-Rilinger hat gerade am Beispiel Brandenburg-Preußens noch einmal nachgewiesen, daß kein Potentat, «der dazu gehören wollte», nach Belieben über das höfische Zeremoniell verfügen konnte[95]. Vielmehr war die Formalisierung der höfischen Umgangsformen im 18. Jahrhundert soweit vorangeschritten, daß vor den Augen einer von Etikette und Konvention geprägten Welt nichts verborgen bleiben konnte, schon gar nicht ein *éclat*, als der die Beisetzungsvorstellungen Friedrichs hätten aufgefaßt werden müssen. Insofern ist die Entscheidung Friedrich Wilhelms II., vom letzten Willen des Verstorbenen abzuweichen, als durchaus nachvollziehbar zu betrachten.

Verweigerung bestand auch darin, daß Friedrich bei der Abfassung seiner Testamente den Odem, der ihm bei seiner Geburt verliehen worden war, nicht einem Schöpfergott zu verdanken glaubte, sondern einer wohltätigen Natur. Und so war er auch mit stoischem Gleichmut bereit, seinen Leichnam den «Elementen», die ihn erschaffen hatten, zurückzugeben: ein scharfer Kontrast zu der Gottergebenheit, die er in der Sterbestunde seines Vaters erlebt hatte. Jeder Bezug auf einen Offenbarungsglauben war in seinem Bewußtsein getilgt. So schien es auch konsequent, daß er nicht in geweihter Erde oder in der Fürstengruft eines Gotteshauses beigesetzt werden wollte, sondern unspektakulär in einer Gruft ohne Grabmonument. Sie bedeutete für einen Herrscher wie den König von Preußen – bewußt oder unwillkürlich – den Abschied von der die abendländische Monarchiegeschichte prägenden Vorstellung von den «zwei Körpern des Königs», der zufolge der eine als irdische Kreatur aus dem Leben scheidet, dem anderen aber eine öffentliche Funktion auch über den Tod hinaus zugedacht war. Diesem letzteren kam es zu, die Kontinuität und Unantastbarkeit des *ius divinum* unabhängig von der Sterblichkeit eines einzelnen zu manifestieren. «Dignitas non moritur»: Das war eine in der vormodernen Staatslehre unumstößliche Devise[96]. Der Bruch mit diesen theologisch fundierten Traditionen ist unverkennbar und war offensichtlich intendiert.

Ging es hier um die Vorwegnahme der Französischen Revolution, um die programmatische Formulierung eines Konzepts jenseits monarchischer Traditionen?[97] In gewissem Sinne kann man den Bestattungswunsch des Königs tatsächlich als das zu Ende Denken eines Entwicklungsprozesses betrachten, der spätestens in der Aufklärung mit der Entzauberung der Monarchie von Gottes Gnaden begonnen hatte[98]. Diese «Sinnesart» ging nach Auffassung Goethes soweit, daß am Ende die Monarchen sich selbst für einen «Mißbrauch» hielten[99]. Dieser Auffassungswandel korrespondiert in auffälliger Weise mit dem Niedergang, ja dem «Gattungsverlust» der frühneuzeitlichen Zeremonialwissenschaft[100]. In der entsprechenden Forschung ist sogar von einer allgemeinen «Erosion» der höfischen Gesellschaft die Rede[101]. Dabei wurde darauf hingewiesen, daß zahlreiche «antihöfische Argumente und *Topoi*, die seit Jahrhunderten zum Arsenal gelehrter Hofkritik gehörten, in beträchtlichem Ausmaß Eingang in das

Bewußtsein der höfischen Akteure selbst fanden»[102]. Friedrich jedenfalls maß das Zeremonienwesen nicht mehr am Hochgefühl barocker Selbstdarstellungsversuche, sondern – sicherlich unbewußt – mit der Elle bürgerlicher Staatswissenschaftler und Theologen. Aber auch hier erneute Widersprüche: Denn er hat gerade in seinen späten Äußerungen zu Grundfragen der Staatstheorie die dezidierte Auffassung vertreten, daß die Erbmonarchie unter allen seit der Antike erprobten Staatsverfassungsmodellen die einzige funktionsfähige und krisensichere Regierungsform darstelle[103]. Insofern sind weder in seiner Herrschaftsauffassung noch in seinem Bestattungswunsch visionäre, das Königtum generell in Frage stellende Absichten erkennbar. Es war offensichtlich die Attitüde des Philosophen, des *homme de lettres,* die ihn seit seiner Jugendzeit begleitet und auch in den testamentarischen Anweisungen für seine Beisetzung geprägt hat. Die Vorgeschichte, die Beliebigkeit und Unschärfe seiner Referenzverweise und schließlich der eher peinlich anmutende Augenschein legen allerdings den Verdacht nahe, daß ein sonst so zweckrational und zielstrebig handelnder Monarch in der Frage seiner Beisetzung Impulsen gefolgt ist, die in der praktischen Umsetzung und der ästhetischen Wirkung kaum bedacht gewesen sein können. Jedenfalls sind die Sinnstiftungsangebote, die von der neueren Forschung gemacht worden sind, so wenig plausibel, daß von einem schlüssigen Konzept oder gar einer «Botschaft» keine Rede sein kann. So bleibt der Eindruck, daß in bezug auf die Bestattungsabsicht des Königs vieles als diffus und affektgesteuert erscheint und letztlich wohl als Manifestationen einer frei schweifenden Phantasie eingeschätzt werden muß. In jedem Fall kann festgehalten werden, daß nichts von den Einfällen des Königs Bestand gehabt und in den nachfolgenden Jahrzehnten irgendwie weitergewirkt hat, zumal sowohl die Französische Revolution (Ledoux, Boullée) als auch das nachfriderizianische Preußen (Gilly, Schinkel) grandiose und dann tatsächlich stilbildende Konzepte gerade im Bereich der Memorialkultur hervorgebracht haben[104]. Nur Kaiser Joseph II., der als Bewunderer und Nachahmer des Preußenkönigs eingeschätzt werden muß, ließ sich im Gegensatz zu Jahrhunderte alten Traditionen in einem schmucklosen, flachen Sarg bestatten, wobei er im übrigen verfügte, daß die bis dahin öffentlich zugängliche Schaugruft der gekrönten Häupter seines Hauses zugemauert wurde.[105]

Wie präzise eine Botschaft an die Nachwelt formuliert werden konnte, lehrt das Pigallesche Grabmonument für den Marschall Moritz von Sachsen in der Stadtpfarrkirche St. Thomas in Straßburg († 1750) oder das als Ruine konzipierte Pyramidengrab des Prinzen Heinrich in Rheinsberg, das allerdings erst nach Friedrichs Tod errichtet wurde[106]. Der Gedanke eines Grabmals unter freiem Himmel war zu Ende des *ancien régime* offenbar weit verbreitet. Jedenfalls erschien es selbst in Wien, wo kirchliche Bindungen noch ungleich ausgeprägter in Erscheinung traten, nicht undenkbar, einen hochverdienten Feldmarschall wie Ernst Gideon von Loudon unter schattenspendenden Bäumen am Rande eines ausgedehnten Gartenareals zu bestatten, allerdings im Unterschied zu den Bestattungsabsichten Friedrichs in einem aufwendig gestalteten Sarkophagmonument[107]. Die Kaiserbüsten in allen Ehren; aber was sagen sie im Umkreis einer unscheinbaren Gruft und beliebig angeordneter Hundegräber über den eigenwilligen Charakter eines Monarchen wie Friedrich aus? Deshalb griff der Thronfolger ungeachtet aller testamentarischen Verfügungen des Verstorbenen rigoros in das Geschehen ein und lenkte die Beisetzung in die Bahnen eines herkömmlichen Begräbnisses zurück. So wurde selbst ein Friedrich der *Einzige*, wie ihn Ramler genannt hatte, nach seinem Tode zurückversetzt in eine Welt, die die alte, sakralrechtlich bestimmte Ordnung zu bewahren versuchte[108].

Nun ist an der bewegten Bestattungsgeschichte des Königs überdies bemerkenswert, daß die Revision des ursprüng-

Grabstätte Friedrichs des Großen über der nicht sichtbaren Gruft. Links die Gräber der Hunde, rechts der Grabstein des Königs. In der Mitte die Marmorgruppe der Flora von der Rückseite.

lichen Bestattungswunsches durch den Thronfolger in der jüngsten Vergangenheit, also nach der Wiedervereinigung, wiederum revidiert worden ist. Bekannt ist, daß die Umbettung des Sarges im August 1991 unter einem beträchtlichen Presseecho und starker Anteilnahme der Bevölkerung genau zu jener Lösung geführt hat, die Friedrich sich selbst vorgestellt hatte. Während der Vater im Mausoleum Kaiser Friedrichs III., also im Atrium vor der Potsdamer Friedenskirche, seine letzte Ruhestätte fand, ist Friedrich nun an den Ort zurückgekehrt, den er sich frühzeitig schon als seine Begräbnisstätte hatte herrichten lassen. Alle Bedenken also, die Friedrich Wilhelm II. bewogen hatten, dem Wunsch des Verstorbenen nicht nachzukommen, wurden nun ihrerseits beiseite geschoben. Wir kennen die Gründe für diesen Umbettungsentschluß nicht im einzelnen, sondern können nur vermuten, daß er vom Hause Hohenzollern ausging und in Verbindung mit Bundeskanzler Helmut Kohl und dem Land Brandenburg durchgeführt wurde, wobei es dem brandenburgischen Kultusminister überlassen blieb, eine Verpflichtungserklärung für die Wahrung des Andenkens und des Respekts vor den historischen Leistungen der beiden Könige abzugeben. Die ganze Ratlosigkeit, die der rätselhafte Bestattungswunsch des Königs ausgelöst hat, mag jedoch auch darin zum Ausdruck kommen, daß nach der Umbettung des Königs für die Grabinschrift «Friedrich der Große» eine geschwungene Antiqua gewählt wurde, wie sie auch auf den Schmucktelegrammen der Bundespost verwendet wird. Das mag der Symmetrie mit den benachbarten Hundegräbern geschuldet sein, deren Namen mit einem ähnlichen Schriftzug bezeichnet sind. Aber welch ein Schicksal für einen Monarchen, der immerhin in Politik und Geistesleben eine Persönlichkeit von europäischem Format gewesen ist!

Friedrich der Große, Friedrich Wilhelm II. und das Problem der dynastischen Kontinuität im Hause Hohenzollern

I.

Wenn im folgenden von den Beziehungen König Friedrichs II. zu seinem Thronfolger die Rede ist, so könnte es den Anschein haben, als handele es sich um ein eher marginales Thema in einer an gewichtigen Aspekten ja beileibe nicht armen Biographie. Aber schon die Fülle der nicht einmal lückenlos überlieferten Quellen belegt auf eindrucksvolle Weise, daß es sich bei der Familien- und Thronfolgeproblematik des Hauses Hohenzollern im Zeitalter Friedrichs des Großen keineswegs um eine Angelegenheit handelt, die Staat und Staatsverfassung unberührt gelassen hätte. Bei einer die strukturgeschichtlichen Voraussetzungen einbeziehenden Analyse erweist sich vielmehr, daß hier die Fundamente des monarchischen Herrschaftssystems ebenso wie die Staatsmaximen des Preußenkönigs in höchst bemerkenswerter Perspektive zur Debatte standen. So ist hier ein Aspekt ins Auge zu fassen, der über den engeren Bereich von Personenbeziehungen hinaus Einblicke in die grundsätzlichen Probleme der Epoche ermöglicht.

Wie ich an anderer Stelle schon darzulegen versucht habe, ist der Prozeß frühmoderner Staatsbildung überall in Europa von Bestrebungen begleitet gewesen, die Kontinuität der Monarchie und die territoriale Integrität des Landes durch den Erlaß von Sukzessionsordnungen sicherzustellen[1]. Denn spätestens seit dem 17. Jahrhundert hatte man erkannt, daß eine dynastische Union einzelner, überaus disparater und häufig verstreut liegender Territorien nur durch die Versachlichung und verfassungsrechtliche Fixierung der Erbfolgemodalitäten des regierenden Hauses erreicht werden konnte. Nur so schien jenes Maß an innerer Kohärenz und Geschlossenheit herbeigeführt werden zu können, wie es dem Anspruch eines souveränen und unumschränkt regierenden Herrschers entsprach. In vielen der auf dynastische Erbfolge gegründeten Monarchien war lange Zeit noch die patrimoniale Auffassung maßgeblich, der zufolge die Landesherrschaft allen erbfähigen Familienmitgliedern zufallen sollte. Je mehr indessen offenkundig wurde, daß das Verfahren der Erbteilungen zu einer erheblichen Schwächung der Dynastie führte, trat an die Stelle des Teilungsgedankens das Primogeniturprinzip. Es sah vor, daß von mehreren Söhnen nur der erstgeborene und dessen männliche Nachkommenschaft mit dem Vorrang der Erstgeburt, bei dessen Ableben ohne männliche Nachkommen der Nächstgeborene mit seiner männlichen Deszendenz nachfolgen sollte, während die von der Herrschaft ausgeschlossene Nachkommenschaft mit standesgemäßen Apanagen zu entschädigen war.

Der Durchbruch zu einer verfassungsrechtlich verbindlichen Festlegung der Thronfolge vollzog sich vor dem Hintergrund einer durch Rechtsunsicherheit, Willkür und Anarchie gekennzeichneten Krise – der Krise des Ständestaates im 16. und 17. Jahrhundert. Erst jetzt entstand das Bewußtsein für die Notwendigkeit, die Modalitäten der Erbfolge aus einer Sphäre hausinterner, häufig testamentarischer Verfügungen in den Rang von öffentlich verkündeten Grundgesetzen zu erheben, denen nicht nur für Staat und Dynastie, sondern auch für die auswärtigen Mächte verfassungsrechtliche Verbindlichkeit zuerkannt wurde. Es bedurfte allem Anschein nach erst eines geschärften Bewußtseins dafür, daß der Fortbestand der «dynastischen Union von Ständestaaten», als die sich auch die Monarchien des 17. und 18. Jahrhunderts noch darstellten, nur durch eine dauerhafte Konsolidierung der einheitsstiftenden Klammer von Krone und Dynastie zu erreichen war[2].

Es mangelte den frühneuzeitlichen Fürstenstaaten an organisch gewachsenem Zusammenhalt. Sie hatten sich durch Heirats- und Erbschaftsspekulationen und die Machtkämpfe der Dynastien von Territorialstaaten zu zusammengesetzten Territorienstaaten entwickelt und waren ebenso leicht zu teilen, wie sie zusammengefügt werden konnten. Eine fortschreitende Intensivierung staatlicher Einflußnahme hatte sie zwar mit ihrer Population und wirtschaftlichen Leistungsfähigkeit allmählich zu festen, berechenbaren Größen gemacht, die ein in den Staat inkorporiertes Heerwesen, eine an Effektivität und Unbestechlichkeit orientierte Beamtenschaft und eine einheitliche Rechtsordnung besaßen. Doch blieben sie dynastische Gebilde, ungeachtet eines sich beschleunigenden Verstaatlichungsprozesses, und insofern bedroht von einem allgegenwärtigen «esprit de partage», der sich im Aufspüren von Besitzansprüchen und Tauschobjekten von unerschöpflichem Erfindungsreichtum erwies.

Das Gebot der Stunde war also Zusammenfassung und Kontinuität. Um diesem Ziel näherzukommen, bedurfte es in erster Linie entschiedener Anstrengungen zur Verrechtlichung jener eigentümlichen Konfiguration des dynastischen Verbandes, als die auch die Fürstenstaaten des Absolutismus unbeschadet aller Arrondierungsbestrebungen noch in Erscheinung traten. Die Gesetzgebung, die das Sukzessionsproblem der regierenden Häuser und damit zugleich auch die Unteilbarkeit des gesamten territorialen Besitzstandes zu regeln trachtete, berührte also ein vorrangiges Problem frühmoderner Staatsbildung. Sie betraf die Existenz der allmählich an innerer und äußerer Kontur gewinnenden Fürstenstaaten in zentraler Weise, weil die verfassungsrechtliche, nach innen wie außen verbindliche Grundlage für die unanfechtbare Fortdauer und territoriale Integrität der Staaten geschaffen werden mußte. Es galt, in einem klar umgrenzten Gebiet eine zusammenfassende, unwidersprochen legitimierte, verwaltungsfähige öffentliche Gewalt zur Geltung zu bringen, die als Kontinuität stiftende und verbürgende Ordnungsmacht den Konflikt der widerstreitenden Bürgerkriegsparteien zu überwinden und den inneren wie äußeren Frieden sicherzustellen befähigt war[3].

So unterschiedlich die Machtfülle der einzelnen Fürsten und die Formen ihrer politisch-sakralrechtlichen Stilisierung auch gewesen sein mögen: von entscheidendem Gewicht für die Vorstellungswelt des 17. und 18. Jahrhunderts war die überall verbindliche Überzeugung, daß der Herrscher nur Herrscher sein konnte, sofern er als solcher geboren war[4]. In § 15 der dänischen Lex regia von 1665, der einzigen umfassenden Gesetzeskodifikation des europäischen Absolutismus, wird unter dem Hinweis darauf, daß die Stände dem König und seinen herabsteigenden männlichen und weiblichen Linien die «unumschränkte Alleinherrschafts-Königsmacht [...] erblich zu besitzen einmal übertragen haben», proklamiert, daß «künftig sogleich wenn ein König mit dem Tode abgeht, dem Nächsten in der Erblinie Krone, Zepter und Titel sowie Macht eines Alleinherrschafts-Erbkönigs im selben Augenblick gehört und zukommt». Denn, so lautet die Begründung, die Könige zu Dänemark und Norwegen sind «künftig zu ewigen Zeiten, solange irgendeiner von unserem königlichen Erbstamm übrig ist, gezeugte und geborene, nicht aber gekorene und gewählte Könige»[5].

Die Monarchie des *ancien régime* steht am Ende einer langen Entwicklung, in deren Verlauf das Gottesgnadentum immer mehr von seinem lange Zeit noch wirksamen Einfluß verlor und schließlich die Erblegitimität zum entscheidenden Kriterium für die Begründung der Herrschaft geworden war. Auf dem Geburtsrecht der Fürsten und nicht mehr auf Königsheil und Königsglaube des Gottesgnadentums beruhte die fortwährende Kraft der Erbmonarchie und ihre besondere Funktionsfähigkeit im Vergleich zu jenen Staats- und Regierungsformen, die den Zufälligkeiten von Wahlen und Parteibildungen und der Einflußnahme auswärtiger Mächte unterworfen waren[6].

Bemerkenswert ist jedoch, daß die Erblegitimität nicht nur den stärksten Rechtsgrund der Monarchie bildete, sondern zugleich auch ihre wirksamste Beschränkung. Denn es galt nach hergebrachter Rechtsauffassung als unumstritten, daß dem Herrscher ein Verfügungsrecht in der Frage der Thronfolge nicht zustand. Lediglich Zar Peter der Große erhob in seinem «Statut über die Nachfolge auf dem Thron» vom 5. Februar 1722 den Anspruch, «zu seinem Nachfolger zu bestimmen, wen er will, und den Bestimmten, wenn seine Untauglichkeit offenkundig wird, wieder abzulösen»[7]. Er glaubte, einen unaufschiebbar drängenden Anlaß zu haben, um auch in der Thronfolgefrage auf seiner absoluten Entscheidungsfreiheit zu bestehen, «und hat mit Sicherheit niemals daran gezweifelt, daß ihm diese Entscheidungsfreiheit als Autokrator auch zustehe»[8]. Erzbischof Feofan Prokopovič, einer von Peters engsten Vertrauten, der diese Forderung staatstheoretisch zu untermauern versuchte, vertrat die Auffassung, daß die Erbmonarchie als nahezu vollkommene Staatsform zu gelten habe. Nur besitze sie den Fehler, daß bei der Gültigkeit des Primogeniturprinzips auch ein Taugenichts den Thron besteigen kann. So gelangte er zu der Schlußfolgerung, daß der Monarch nicht nur das Recht, sondern um des «Volksnutzens» willen auch die Pflicht habe, nicht dem ältesten, sondern dem fähigsten unter seinen Söhnen das Zepter zu vererben[9].

Im übrigen Europa indessen hatte die Sukzessionsordnung auch im Zeitalter des Absolutismus die Bedeutung eines geschriebenen oder ungeschriebenen Staatsgrundgesetzes, das über dem Fürsten stand. Er mochte tatsächlich oder dem Anspruch nach sich im Besitze aller *iura majestatis* und unumschränkter Herrschaft befinden: in der Frage der Erbsukzession des eigenen Hauses stießen seine Machtprätentionen an eine Barriere, die er um der Legitimität des ungeschmälerten Fortbestandes der Dynastie willen zu respektieren gezwungen war. «Es soll», heißt es in den Paragraphen 2 und 3 der dänischen Lex regia, «der Alleinherrschafts-Erbkönig von Dänemark und Norwegen künftig sein und von allen seinen Untertanen gehalten und geachtet werden [als] das oberste und höchste Haupt hier auf Erden über allen menschlichen Gesetzen, das kein anderes Haupt und keinen Richter über sich anerkennt, weder in geistlichen noch in weltlichen Sachen, denn Gott allein. Es soll daher auch der König allein die höchste Macht und Gewalt haben, Gesetze und Verordnungen zu machen nach seinem guten Willen und Wohlgefallen, sie zu erklären, verändern, vermehren, vermindern, ja früher von ihm selbst oder von seinen Vorfahren gegebene Gesetze auch ganz aufzuheben – dieses Königsgesetz allein ausgenommen, welches als der rechte Grund und das Grundgesetz des Königreiches durchaus unveränderlich und unerschütterlich bleiben muß.»[10]

Der König war also unbestritten der oberste Gesetzgeber in geistlichen wie weltlichen Angelegenheiten. Aber er blieb ebenso wie seine Nachfolger gebunden an das Grundgesetz der Lex regia, deren Kernstück die Einführung des Erbkönigtums und die Regelung der Thronfolge war. Das dynastische Erbrecht auf den Staat wurde so zum höchsten Ausdruck einer durch Herkommen und Tradition legitimierten Ordnung, in der auch dem absoluten Fürsten eine rechtlich umgrenzte Stellung zugewiesen war. Er mußte sie akzeptieren, weil die Stabilisierung des dynastischen Verbandes zum eigentlichen Ziel seiner gesetzgeberischen Maßnahmen geworden war. Ohne die verfassungsrechtliche Bindung auch des unumschränkt konzipierten Fürstenregiments war eine auf Dauer gesicherte Herrschaft nicht zu begründen. Die Unterscheidung von König und Tyrann, die tief im Bewußtsein der Zeit verankert war, hat sich hauptsächlich an dieser

Rechtsnorm ausgeprägt und zur scharfen Abgrenzung zwischen dem abendländischen Königtum und der Despotie des Orients geführt[11].

Vor diesem Hintergrund gewann die durch Geburt erworbene Legitimität des Herrschers eine über ihre staatsrechtliche Funktion hinausreichende Bedeutung. Sie blieb unabhängig vom Umfang der tatsächlich ausgeübten Macht, denn sie galt auch für Potentaten, die – wie der König von England – keine unumschränkte Herrschaftsbefugnis besaßen. Sie war zudem auch an keine Konfession gebunden. Vielmehr hat auch der Protestantismus an den Traditionen des *ius divinum* festgehalten und sich sakralrechtlich modifizierend an seiner Fortentwicklung beteiligt[12].

Dieser hier nur in wenigen Zügen skizzierte Prozeß verweist darauf, daß sich das Problem der grundgesetzlichen Regelung des Thronfolge- und Unteilbarkeitsprinzips mit unabweisbarer Dringlichkeit im 16. und 17. Jahrhundert stellte[13]. Die Hausgesetzgebung der europäischen Dynastien war damit ein Reflex auf jene Epoche der Rebellion und Anarchie in Staat und Gesellschaft, die man als die Krise des 17. Jahrhunderts zu bezeichnen pflegt, und insofern ein wesentliches Element jener umfassenden Entwicklung, die zur Ausprägung der absoluten Monarchie hinführte. Es hat den Anschein, als wenn erst in dieser Phase frühmoderner Staatsbildung Staat und Dynastie zu einer Einheit verschmolzen seien. Das Erbrecht blieb zwar ein dominierender Faktor; es stand noch immer selbstherrlich und gebieterisch über dem Staat und erzwang seine Respektierung. Aber es wurde nun bewußter als zuvor mit den spezifisch politischen Erfordernissen von Staat und Herrschaft verknüpft und durch den hohen Grad seiner rechtlichen Differenzierung zu einem wesentlichen Element gesamtstaatlicher Stabilität. So trat der Staat als Figuration aus eigenem Recht erstmals neben die Dynastie und brachte eine Staatsräson zur Geltung, die sich an den Prinzipien territorialer Integrität und rechtlich gesicherter Kontinuität der Herrschaft orientierte. Als Grundlage aller Entscheidungen in der Erbfolge galt nun, was die Einheit und den ungeschmälerten Fortbestand des durch die Dynastie zusammengefügten Territorienstaates gewährleisten konnte. Mit der fortschreitenden Verrechtlichung ging die Verstaatlichung des dynastischen Verbandes einher[14].

Im Heiligen Römischen Reich waren die Primogeniturerbfolge und das Unteilbarkeitsprinzip für die weltlichen Kurlande schon in der Goldenen Bulle von 1356 festgelegt worden. Sie regelte in eingehenden Bestimmungen die Erbfolge jeweils des ältesten unter den ehelich geborenen Söhnen der Kurfürsten, damit – wie es heißt – die Gerechtigkeit sich kräftige, die Untertanen sich des Friedens und der Ruhe erfreuten, am wenigsten aber die Säulen zu Schaden kämen, auf denen das Reich beruhte[15]. Im Verlaufe der frühen Neuzeit haben sich die in der Goldenen Bulle verankerten Grundsätze der Primogeniturerbfolge und der Unteilbarkeit des Landes dann auch in den meisten anderen Reichsterritorien durchgesetzt, obwohl es immer wieder noch zu Übertretungen dieser Prinzipien gekommen ist[16]. Württemberg schritt voran mit dem Herzogsbrief Kaiser Maximilians I. von 1495. Ihm folgten Bayern (1506), Hessen-Darmstadt (1606), Hessen-Kassel (1627) und neben vielen anderen zuletzt auch die sächsischen und mecklenburgischen Häuser. Einen eigenen Weg beschritt das Haus Österreich, das in der Pragmatischen Sanktion von 1713 die Primogeniturerbfolge in Verbindung mit dem Unteilbarkeitsprinzip endgültig festlegte, zugleich aber die Thronfolge der weiblichen Deszendenz ausdrücklich zu legitimieren versuchte[17]. In Brandenburg-Preußen schließlich ist die unumstößliche Regelung der Erbfolge im Geraischen Hausvertrag von 1603 verfügt worden, der die Bestimmungen der Dispositio Achillea von 1473 aufgriff und die endgültige Trennung von der fränkischen Linie bestätigte[18].

II.

Angesichts dieser die Handhabung der Thronfolge bindend vorschreibenden Verfassungssituation befand sich Friedrich der Große in einem Dilemma, das ihn mit zunehmendem Alter außerordentlich belastet hat. Denn es stand nicht nur sehr frühzeitig schon fest, daß er eigene Kinder nicht haben würde. Vielmehr war darüber hinaus auch unverkennbar, daß der Thronfolger, der erstgeborene Sohn des ältesten seiner Brüder, den Anforderungen, die er zur Bewahrung der Großmachtrolle Preußens für unerläßlich hielt, in keiner Weise gewachsen war. So konnte sich gerade bei einem macht- und energiebewußten Rationalisten wie Friedrich der Gedanke aufdrängen, das Prinzip dynastischer Kontinuität nach Maßgabe der geltenden Erbfolgeordnung preiszugeben und nach einer Thronfolgeregelung zu verfahren, die seiner Vorstellung von der Begabung und Arbeitskraft des Nachfolgers näher kam. Schließlich hatte sich auch Peter der Große dazu verstanden, die durch das Herkommen legitimierte Primogeniturerbfolge zugunsten eines sich an Verdienst und Leistung orientierenden Thronfolgeprinzips zu suspendieren.

Ein solcher Gedanke mußte umso näher liegen, als sich der König über die Prinzen von Geblüt generell sehr skeptisch und distanziert geäußert hat. Er betrachtete sie als eine Art von Zwitterwesen, «die weder Herrscher noch Privatleute sind und sich bisweilen schwer regieren lassen»[19]. Ihre hohe Abstammung flöße ihnen Hochmut ein und mache ihnen Gehorsam und Unterwerfung unerträglich. Das beste Verfahren, schrieb er in seinem Politischen Testament von 1752, bestehe darin, «daß man den ersten, der die Fahne der Unabhängigkeit erhebt, energisch in seine Schranken weist»[20]. Man müsse die Prinzen mit äußeren Ehren und ihrem Range gebührenden Auszeichnungen überhäufen, aber von allen

Staatsgeschäften fernhalten. Im Falle ausreichender Sicherheit könne man ihnen ein militärisches Kommando anvertrauen, aber nur, wenn sie Talent und Zuverlässigkeit besäßen[21]. August Wilhelm und Heinrich hat der König im Siebenjährigen Krieg dann tatsächlich hohe Kommandostellen übertragen, ohne ihnen jedoch Entscheidungsbefugnisse von politischer Tragweite einzuräumen.

Ungeachtet dieser Skepsis der eigenen Familie gegenüber hat der König aber offenbar in keinem Augenblick ernsthaft erwogen, die Prinzipien der überkommenen Sukzessionsordnung zur Disposition zu stellen und statt des rechtmäßigen Nachfolgers einen tatkräftigeren Thronprätendenten ins Auge zu fassen[22]. Vielmehr ist durch eine Äußerung des Königs am Vorabend der Schlacht von Mollwitz überliefert, daß er seinen Bruder August Wilhelm als legitimen Thronfolger betrachtete. «Du bist», schrieb er, «mein alleiniger Erbe.»[23] Der König war demnach schon 1741, also im Alter von 29 Jahren, der Überzeugung, keine eigene Nachkommenschaft zu haben, und offenkundig entschlossen, den Dingen ihren durch das Erbrecht vorgezeichneten Lauf zu lassen. Über die Gründe, die ihn zu diesem Schritt bewogen haben, sind wir nicht unterrichtet. Es gibt nach allem, was die Geschichtswissenschaft an Quellen zutage zu fördern vermocht hat, kein Dokument, das den medizinischen Befund, der zu dieser frühen und dezidierten Erklärung in der Thronfolgefrage geführt hat, eindeutig zu erkennen gibt[24]. Überliefert ist lediglich, daß er den Prinzipien, die seiner Entscheidung von 1741 zugrunde lagen, auch weiterhin gefolgt ist. Noch vor dem Ausbruch des zweiten Schlesischen Krieges (30. Juni 1744) erließ er eine Verfügung, derzufolge August Wilhelm der Titel eines Prinzen von Preußen beigelegt wurde, «ohne weder dero Tauff-Nahmen noch sonst dergleichen hinzuzufügen»[25]. Sie bedeutet, daß der ältere seiner Brüder nun auch offiziell als Thronfolger zu gelten hatte. Und in seinem Privattestament vom 11. Januar 1752 heißt es dann mit allem

Nachdruck: «Mein lieber Bruder August Wilhelm oder, im Falle seines Todes, der älteste seiner dann lebenden Söhne ist der legitime und natürliche Erbe der Krone. Ich hinterlasse ihm das Königreich, die Staaten, Domänen, Festungen, Schlösser, Plätze, Munitionsvorräte, Arsenale und die von mir eroberten oder ererbten Lande».[26] Er zählte dann alle weiteren Besitztümer, die Bibliotheken, Sammlungen usw., auf und fuhr schließlich fort: «Im übrigen hinterlasse ich meinem Bruder den Staatsschatz, so wie er ihn am Tage meines Todes vorfinden wird, als Eigentum des Staates und dazu bestimmt, diesen zu verteidigen, ihm Erleichterung zu verschaffen, ihn zu erhalten und zu vergrößern.»[27] Im Testament vom 8. Januar 1769, das sich an den inzwischen vierundzwanzigjährigen Neffen Friedrich Wilhelm richtete, finden sich diese Bestimmungen wieder. Nur in einem bezeichnenden Punkt erscheinen sie zugespitzt gegenüber den Verfügungen von 1752. Darüber hinaus, schrieb der König, «hinterlasse ich ihm den Staatsschatz, wie er ihn am Tage meines Todes vorfinden wird, als Eigentum des Staates, das nur dazu bestimmt ist, die Völker zu verteidigen und ihnen Erleichterung zu verschaffen»[28]. Allein in Hinsicht auf den Staatsschatz schien es also noch einen Spielraum zu geben, den der Thronfolger dazu nutzen konnte, Ziele zu verfolgen, die der Verteidigung des Landes und der Wohlfahrt seiner Einwohner abträglich waren. Alles übrige, der Staat mit seinen Provinzen und Institutionen, hatte sich dem Herrscher gegenüber so sehr verdinglicht und unverkennbar bereits den Charakter einer aus dynastischen Rahmenbedingungen sich lösenden Institution angenommen, daß es hier keiner Beschwörungen und Appelle mehr bedurfte.

III.

Die Frage der Befähigung des Thronfolgers dürfte sich bei August Wilhelm zunächst nicht gestellt haben. Der König hat ihn als Briefpartner und gelegentlichen Ratgeber offenkundig geschätzt[29]. Er war es ja im übrigen auch, den schon der Vater zum Kronprinzen zu machen beabsichtigte. Er hatte trotz musischer Neigungen Karriere als Stabsoffizier gemacht, war 1741, also im Alter von 19 Jahren, zum Generalmajor ernannt und am 1. Juli 1757 mit dem Kommando über ein Armeekorps von 34 000 Mann betraut worden[30]. Die Kritik indessen, die er fortwährend und in Übereinstimmung mit seinen Brüdern an der Politik und den militärischen Entscheidungen des Königs übte, und das eigene Versagen beim Rückzug der preußischen Armee aus Böhmen im Juli 1757 führten dann freilich zu einem Zerwürfnis, das sicherlich auch die Thronfolgefrage berührt hätte, wenn August Wilhelm nicht im Sommer des folgenden Jahres schon gestorben wäre[31]. «Sie werden», hatte der König ihm geschrieben, «immer ein kläglicher Heerführer bleiben. Kommandieren Sie einen Harem, wohlan; aber solange ich lebe, vertraue ich Ihnen keine zehn Mann mehr an. Wenn ich tot bin, können Sie so viel Dummheiten machen, wie Sie wollen; sie kommen dann auf Ihr Konto. Aber solange ich lebe, werden Sie keine mehr machen, die den Staat schädigen [...]. Mögen Ihre besten Offiziere jetzt die Schweinerei, die Sie angerichtet haben, wieder gut machen!»[32] Und wenige Wochen später: «Was? Sie wollen fliehen, während wir kämpfen, um Ihnen und Ihrer Familie den Staat zu erhalten? Sie wollen Feiglingen im Heer ein Vorbild geben, so daß sie sagen können: ‹Wir verlangen nichts, als was dem Prinzen von Preußen gewährt wurde?› [...] Sie reden von Ihrer Ehre. Sie lag darin, die Armee gut zu führen und nicht auf einen Hieb vier Bataillone, Ihr Magazin und Ihre Bagage zu verlieren [...]. Gehen Sie nach Berlin, so setzen Sie sich der Gefahr aus, über kurz oder lang von einem Streifkorps aufgegriffen zu werden oder sich mit den Weibern in eine Festung zu retten. Eine schöne Rolle für einen präsumtiven Thronfolger! [...] Tun Sie jetzt, was Sie wollen; aber seien Sie sich im klaren, daß ich Sie als meinen Bruder und Verwandten verleugne, wenn Sie nicht dem Gebot der Ehre folgen, dem einzigen, das sich für einen Thronfolger ziemt.»[33]

Ein Brief von offensichtlich grundsätzlicher Bedeutung an den Kronprinzen vom 24. Februar 1744 gibt Aufschluß über die Erwartungen, die der König in seinen Nachfolger gesetzt hatte. «Ich bin sehr froh», schrieb er damals, «daß Sie meinem Rat folgen und etwas an die ernsten Dinge denken wollen, die früher oder später Ihren Beruf ausmachen werden. Ich bin kinderlos, kann sterben und betrachte Sie als meinen Erben. Es stände Ihnen schlecht an, sich in Ränke und Kabalen im Staate zu verwickeln. Wohl aber steht es Ihnen an, sich von allem zu unterrichten, damit Sie sich richtige Vorstellungen von einer Regierung machen, zu der Sie das Schicksal mit der Zeit beruft. Ja, es wäre in Ihren Jahren sogar unwürdig, wenn Sie nicht einen Begriff davon hätten, was in Ihrem Vaterland geschieht. Ohne eine gute Finanzwirtschaft könnte das Heer weder bestehen noch sich auf der Höhe erhalten. Zwar glaube ich, daß Sie mich zu sehr lieben, um meinen Tod zu wünschen. Aber trotzdem haben Sie die Pflicht, sich die nötigen Kenntnisse zu erwerben, die Sie im Falle meines Todes zur Regierung und zur selbständigen Leitung aller Staatsgeschäfte befähigen. Unser Staat braucht einen Herrscher, der mit eigenen Augen sieht und selbst regiert. Wollte es das Unglück, daß es anders würde, so ginge alles zugrunde. Nur durch emsige Arbeit, ständige Aufmerksamkeit und viele kleine Einzelheiten wird bei uns Großes vollbracht. Deshalb muß man sich beizeiten damit abgeben, und wenn Sie nicht jetzt schon anfangen, sich daran zu gewöhnen, wird dieses Leben unerträglich sein, sobald Ihr Stand Sie zwingt, seine schweren Pflichten zu tragen. Aus diesen Gründen, lieber Bruder, wünsche ich, daß Sie sich über alles unterrichten. Wie Sie sehen, spreche ich nicht aus persönlichem Interesse, sondern ich meine es gut mit Ihnen und habe nichts anderes im Auge, als die künftige Wohlfahrt des Staates und den fortwährenden Ruhm des Hauses, der völlig davon abhängt, wer die Staatsmaschine in Gang hält. Ich bin davon überzeugt, daß Sie die Stärke dieser Argumente (‹la force des motivs›) selbst spüren und mir nach meinem Tode vielleicht dankbar dafür sind.»[34]

Es wird im folgenden noch augenfällig werden, daß dieses Dokument lange vor den Politischen Testamenten und den anderen großen Staatsschriften bereits alle Herrschaftsmaximen zu erkennen gibt, auf die der König den Thronfolger festzulegen versuchte. Es stellt den Entwurf einer Selbstherrschaftskonzeption dar, die sich dem Ziel verpflichtet fühlte, Großes («les grandes affaires») zu vollbringen. Dieser Auftrag aber schien dem König nur dann erfüllt werden zu können, wenn sich der Regent umfassende Kenntnisse verschaffte und mit ständiger Wachsamkeit und äußerster Hingabe regierte. Alles hänge deshalb davon ab, unterstrich er unter Verwendung einer für den Absolutismus bezeichnenden Metaphorik, wer die Staatsmaschine in Gang hält[35]. Nicht das Streben nach persönlichem Glück habe ihn dabei zu leiten, sondern die Wohlfahrt des Staates und das Ansehen der Dynastie.

Es hat den Anschein, als wenn der König über den völlig unerwarteten Tod seines Bruders tief erschüttert gewesen sei. De Catt zitiert ihn mit den Worten: «Der Himmel ist mein Zeuge, daß ich meinen Bruder aufrichtig geliebt habe, und Sie dürfen mir glauben, daß es wenige Männer gibt, die ihre Familie so lieben wie ich die meine.»[36] Mein Bruder wäre sicherlich zur Armee zurückgekehrt, «wenn die Schurken, die ich nur zu gut kenne, das Feuer nicht geschürt und ihm nicht täglich wiederholt hätten, daß es mit seiner Ehre unvereinbar sei, im Heer zu bleiben»[37]. Noch Wochen später kam der König auf dieses Thema zurück und vertraute de Catt an, daß es sein geheimster Plan gewesen sei, «dem Throne zu entsagen, meinem guten Bruder die Zügel der Regierung zu überlassen und ein ruhiges Leben zu führen». Er habe, äußerte der König nach dem Bericht de Catts, noch zehn oder zwölf Jahre zu leben. Und dann klingt es wie eine sehnsuchtsvolle Beschwörung der Rheinsberger Kronprinzenzeit, wenn er fortfährt: «Warum sollte ich nicht die Ruhe auskosten, die Ruhe im Schoße der Gemeinschaft einer kleinen Zahl aufgeklärter Freunde, die ich mir auswählen würde? Das war mein Plan, den dieser jammervolle Tod zerstört.»[38]

Es ist schwer zu entscheiden, welcher Realitätsgehalt solchen Träumereien tatsächlich zuzumessen ist. Sie enthüllen indes auf indirekte Weise, daß der König seinen Bruder August Wilhelm für befähigt hielt, die Regierungsgeschäfte zu übernehmen, und allem Anschein nach keine Bedenken trug, einen Thronverzicht ins Auge zu fassen. Sie müssen als Zeichen einer Wertschätzung betrachtet werden, die in scharfem Kontrast zu dem Urteil steht, das er schon frühzeitig über den neuen Thronfolger, den Sohn des Bruders, gefällt hat.

IV.

Dieser war, als der Vater starb, 14 Jahre alt, also noch unmündig. Alles spricht dafür, daß die Erbfolge ungeachtet der sich zuspitzenden Kriegssituation entsprechend der Tutelardisposition vom 15. August 1756 auf den neuen Kronprinzen übergegangen ist, wobei Prinz Heinrich im Falle eines vorzeitigen Thronwechsels die Vormundschaft und den Oberbefehl über die Armee übernehmen sollte[39]. Starb auch Prinz Heinrich, hatte der jüngste Bruder, Prinz Ferdinand, an seine Stelle zu treten. In einer Ordre für die Generäle seiner Armee vom 22. August 1758 hatte der König für den Fall seines Ablebens überdies festgelegt: «Es muß gleich nach meinem Tod die Armee in meines Neven Eid genommen werden, und da mein Bruder Heinrich Vormund desselben mit einer unbeschränkten Autorität ist, so muß die ganze Armee seine Befehle so respektieren, als die von dem regierenden Herrn.»[40] Am 4. Dezember 1758 schließlich erneuerte er die Tutelardisposition von 1756 und legte dem Thronfolger Friedrich Wilhelm am 11. Dezember in aller Form den Titel eines Prinzen von Preußen bei[41].

Bemerkenswert an diesen Verfügungen ist, daß der König ohne Zögern alle Bedenken zur Seite schob, die er erst 1752 gegen das Institut der Vormundschaftsregierung vorgebracht hatte. «Wenn die Gottheit», schrieb er damals, «sich um die menschlichen Erbärmlichkeiten kümmert, wenn die schwache Menschenstimme bis zu ihr vordringen kann, dann wage ich dieses unbekannte allmächtige Wesen anzuflehen, Preußen vor der Geißel einer Minorennitätsregierung gnädig zu bewahren. Es gibt kein Beispiel dafür, daß eine vormundschaftliche Regierung glücklich gewesen ist.»[42] Neben der Furcht vor Zwietracht und dem Verfall der inneren Ordnung waren es vor allem die außenpolitischen Gefahren, die ihn bei dem Gedanken an eine solche «Zeit der Schwäche» in Unruhe versetzten. «Das Haus Österreich würde sich beeilen, daraus Vorteil zu ziehen, und wenn sich je die Gelegenheit böte, wäre das der Augenblick, um die heranwachsende Macht unseres Staates niederzuwerfen.»[43] Doch sah er sich außerstande, Ratschläge zu geben, wie solchen Krisen vorgebeugt werden könne. Nur glaubte er, daß es für den Staat vorteilhafter sei, statt der Königin-Witwe «den nächsten männlichen Anverwandten des jungen Königs zum Vormund zu wählen»[44]. Und auf den Einwand, daß der König in die Abhängigkeit eines ehrgeizigen Onkels oder Vetters geraten könne, entgegnete er: «Das Heer und das ganze Land haben dem jungen König den Treueschwur geleistet. Der Vormund muß sich innerhalb der ihm vorgeschriebenen Grenzen halten und ebenso, wie nur ein einzelner einen Staat mit sicherer Hand zu leiten vermag, bedarf es auch eines unumschränkten Vormundes, damit ein für den Thron bestimmter Fürst eine gute Erziehung erhält. Der Vormund kann ihn wie seinen Sohn erziehen [...], seinen Hochmut unterdrücken und ihn zwingen, sich die Fähigkeiten anzueignen, die zu einer guten Regierung notwendig sind.»

Der Vormund müsse also während seiner Regentschaft eine unbeschränkte Herrschaft führen und dürfe nicht an die Zustimmung eines Ministerrates gebunden sein[45].

Diese ganz formalen, an Vorgaben der Sukzessionsordnung sich orientierenden Vorstellungen des Königs überraschen um so mehr, als sich der Widerstand der jüngeren Brüder gegen die Politik des Königs seit dem Ausbruch des Siebenjährigen Krieges immer mehr verschärft hatte[46]. Sie waren gegen die Eröffnung der Kampfhandlungen durch Preußen und gegen die Prinzipien, mit denen der König Krieg führte. Und als schließlich einer der Ihren öffentlich zur Rechenschaft gezogen wurde und nach einer niederschmetternden Zurechtweisung durch den König verbittert die Armee verließ, herrschte im Kreise der Brüder eine Atmosphäre lauernder Feindseligkeit, die sich gelegentlich zu offener Empörung steigerte[47]. Besonders Prinz Heinrich war es, der an den militärischen Entscheidungen des Königs immer wieder heftige Kritik übte und schließlich die Kapitulation des Finckschen Korps bei Maxen im November 1759 zum Anlaß nahm, um dem König entgegenzutreten[48]. In einem Brief an seine Schwester Amalie findet sich die berühmte Äußerung vom Sturz des Phaeton[49]. Und de Catt berichtet, daß Heinrich mit äußerstem Nachdruck von der Entsendung des Finckschen Korps abgeraten und den König auf die Verantwortung hingewiesen habe, die dieser für das Unglück trage, das dem Staate zustoßen werde[50]. Als die von vielen erwartete Katastrophe über das detachierte Armeekorps dann tatsächlich hereinbrach, machte er seiner Empörung in Äußerungen Luft, die er unter ein Schriftstück des Königs notierte: «Er hat uns in diesen grausamen Krieg gehetzt, und nur die Tapferkeit der Generäle und Soldaten kann uns herausziehen. Von dem Tage an, da er zu meinem Heer gestoßen ist, hat er nur Unordnung und Unglück verbreitet; all meine Mühen in diesem Feldzug und das Glück, das mich begünstigt hat, alles ist verloren durch Friedrich.»[51]

Wurde hier mit Gedanken gespielt, in deren Konsequenz ein Staatsstreich liegen mußte? Es besteht kein Zweifel, daß Prinz Heinrich mit seiner Kritik an der Kriegführung des Königs in der Armee nicht alleine stand und im Falle entschlossenen Handelns mit einer Gefolgschaft rechnen konnte, die weit über den Kreis der Geschwister hinausreichte. Aber unverkennbar ist zugleich, daß seine Loyalität ungeachtet der Vehemenz, mit der er die rücksichtslose und überstürzte Kriegführung des Königs und seinen Mangel an Vorsicht zu mißbilligen pflegte, in keinem Augenblick in Frage stand[52]. Das wurde besonders in jenen Tagen nach der Schlacht von Kunersdorf im August 1759 deutlich, als der König einem seelischen Zusammenbruch nahe war[53]. Er hatte in einer Instruktion für den General Finck Prinz Heinrich noch einmal als designierten Oberkommandierenden der Armee bestätigt und darüber hinaus verfügt, daß alles, was er befehlen werde, zu geschehen habe[54]. Auch in dieser Situation, als der Prinz dem Ziel selbständigen Handelns so nahe war, hat er zu seinem Bruder und der durch Erbfolge legitimierten Staatsordnung gestanden[55]. Das Äußerste, wozu er sich hinreißen ließ, war die ostentative Niederlegung seines Armeekommandos, obwohl er auch in diesem Punkt schließlich mit sich reden ließ[56].

Von ganz anderer Natur war das Verhältnis des Königs zu seinem Neffen. Seit der Mitte seines Lebens, seit den Entscheidungsjahren des Siebenjährigen Krieges, verfolgte ihn die Angst um den Fortbestand und die Konsolidierung Preußens. Die innere Schwäche und äußere Exponiertheit seines Staates erschienen ihm so bedrohlich, daß er alles daranzusetzen entschlossen war, was die Bewahrung des einmal Erreichten sicherstellen konnte. Diese sich von Jahr zu Jahr steigernden Befürchtungen wuchsen nicht zuletzt durch das Erscheinungsbild, das ihm der Kronprinz bot. Der König hatte zunächst versucht, den Thronfolger mit den Geschäften der verschiedenen Fachdepartements vertraut zu machen[57]. Er veranlaßte ihn, den Sitzungen des Generaldirektoriums und des Militärdepartements beizuwohnen, von denen er Protokolle anzufertigen hatte. Der Minister von der Horst sollte ihn darüber hinaus in die Steuerverwaltung, der Großkanzler von Fürst in die Rechtsprechung und der Kabinettsminister von Hertzberg in die Arcana der auswärtigen Politik einführen. Doch hatten diese Bemühungen wenig gefruchtet. Vielmehr zeigte sich sehr schnell, daß der Thronfolger weder die Energie noch das Format besaß, um den Staat seinen Vorstellungen gemäß regieren zu können.

Schon im Schlußkapitel seiner Geschichte des Hauses Brandenburg hatte sich der König eingestanden, daß die eigentliche Gefahr, die der Monarchie als Herrschaftssystem drohe, in einem strukturbedingten Mangel an Kontinuität liege. Die einzige Grundlage der Königreiche, schrieb er, «ist die souveräne Macht des Herrschers»[58]. Die Gesetze, das Heerwesen, Handel und Gewerbe und alle anderen Bereiche staatlicher Tätigkeit seien der Willkür eines einzelnen unterworfen. In der Aufeinanderfolge dieser einzelnen gleiche keiner dem anderen: auf einen Ehrgeizigen folge ein Müßiggänger, auf diesen ein Frömmler, auf ihn ein Kriegsmann, dann ein Gelehrter und auf diesen ein Genußsüchtiger. Daraus folge, daß beim Regierungsantritt eines neuen Fürsten der Staat gewöhnlich nach neuen Grundsätzen regiert werde: «Und das ist es», faßte er zusammen, «was gegen diese Regierungsform spricht.»[59]

Das Gottesgnadentum als Quelle und Bestandteil monarchischer Legitimität hatte er als Relikt vergangener Zeiten längst schon hinter sich gelassen[60]. «Die Könige», schrieb er in seinem «Examen de l'essai sur les préjugés» von 1770, «sind Menschen wie andere auch. In einer Welt, in der nichts vollkommen ist, genießen sie keineswegs das ausschließliche Vorrecht, vollkommen zu sein. Sie bringen ihre Verzagtheit oder Entschlossenheit, ihre Tatkraft oder Trägheit, ihre Laster oder Tugenden mit auf den Thron, wohin sie der Zufall der Geburt setzt.» So sei es, fuhr er fort, auch unausweichlich, daß in den Erbreichen Fürsten unterschiedlichsten Charakters aufeinanderfolgten[61].

Umso unerbittlicher erhob er deshalb die Forderung, daß der Fürst sich um seines Amtes willen anzustrengen habe. So klingt es wie eine Beschwörung des Thronfolgers, wenn er in seinem Essay über Regierungsformen und Herrscherpflichten von 1777 äußert: «Die Fürsten, die Herrscher, die Könige sind nicht etwa deshalb mit der höchsten Macht bekleidet worden, damit sie ungestraft in Ausschweifungen und Luxus aufgehen könnten. Sie sind nicht zu dem Zweck über ihre Mitbürger erhoben worden, daß ihr Stolz sich in eitler Selbstdarstellung brüste und über die schlichten Sitten, die Armut und das Elend sich verächtlich mache. Sie stehen keineswegs an der Spitze des Staates, um in ihrer Umgebung einen Schwarm von Nichtstuern zu unterhalten, die durch ihren Müßiggang und ihr unnützes Wesen alle Laster fördern.»[62] So gehe, heißt es an anderer Stelle desselben Textes warnend, «der Mittelpunkt, der Einheitspunkt» verloren. «Gleichwie alle Einzelteile einer Uhr vereint auf denselben Zweck, die Zeitmessung, hinwirken, so sollte auch das Getriebe der Regierung derartig angeordnet sein, daß all die einzelnen Teile der Verwaltung gleichmäßig zum besten Gedeihen des Staatsganzen zusammenwirken; denn dieses Hauptziel darf niemals aus dem Auge gelassen werden.»[63] «Der Fürst ist für den Staat, den er regiert, dasselbe wie das Haupt für den Körper: er muß für die Allgemeinheit sehen, denken und handeln, um ihr jeglichen wünschenswerten Vorteil zu verschaffen. Soll die monarchische sich der republikanischen Regierung überlegen erweisen, so ist die Richtschnur für den Herrscher vorgegeben: er muß tätig und rein von Charakter sein und all seine Kräfte zusammennehmen.»[64] «Die wahrhaft monarchische Regierung», heißt die entscheidende Sentenz dieses Textes, «ist die schlimmste oder aber die beste von allen, je nachdem sie gehandhabt wird.»[65]

Angesichts solcher Maximen und Erwartungen, die sich wie ein roter Faden durch das gesamte Œuvre ziehen, hatte es jeder Thronfolger schwer, vor den Augen des Königs zu bestehen. Aber es gab im Verhältnis des Königs zu seinem Thronfolger überdies auch Enttäuschungen, zu denen sich Friedrich in seinen «Denkwürdigkeiten» ausführlich und mit erstaunlicher Offenheit geäußert hat. Die Ehe des Prinzen von Preußen mit Prinzessin Elisabeth von Braunschweig, schrieb er, habe den Wünschen des Königlichen Hauses in keiner Weise entsprochen. «Der junge, sittenlose Gatte gab sich einem ausschweifenden Leben hin, von dem ihn seine Verwandten nicht abzubringen vermochten, und brach seiner Gemahlin täglich die Treue.»[66] Die Prinzessin habe sich durch diese Behandlung so sehr gekränkt gefühlt, daß sie sich Ausschweifungen hingab, die denen des Gemahls nicht im mindesten nachstanden. «Die daraus entstehende Abneigung zwischen dem Prinzen und der Prinzessin von Preußen vernichtete jede Hoffnung auf einen Thronerben. Prinz Heinrich, der Bruder des Prinzen von Preußen, begabt mit allen Eigenschaften, die man einem jungen Manne wünschen kann, war an den Blattern gestorben[67]. Die Brüder des Königs, die Prinzen Heinrich und Ferdinand, sagten unverhohlen, sie würden sich das Recht der Thronfolge nicht durch irgendeinen Bastard nehmen lassen. Alle diese gleich gewichtigen Gründe machten zuletzt die Scheidung der beiden Gatten unumgänglich. Der Akt wurde nach reiflicher Überlegung vollzogen» (21. April 1769), um Friedrich Wilhelm den Weg zu einem Neuanfang zu ebnen[68].

Dieser scheinbar unbeteiligte Bericht, den der König mit der erneuten Vermählung des Kronprinzen und der sehnlichst erwarteten Geburt eines Neffen (3. August 1770) fortführte, macht auf eindringliche Weise deutlich, daß es ihm nicht um die Erzählung einer Skandalgeschichte ging, sondern um eine Haupt- und Staatsaktion, von der das Schicksal von Staat und Dynastie abzuhängen schien. Alle Beteiligten treten lediglich als Funktionsträger in Erscheinung und stehen auch in ihrem Versagen im Dienste einer Staatsräson, zu deren Bewertungsmaßstäben weniger moralische Entrüstung als «reifliche Überlegung» gehörte. Insofern stellen auch diese Passagen seines großen Geschichtswerks ein Lehrstück dar. Denn ihnen liegt eine Geschichtsauffassung zugrunde, die nicht die Motive für das Tun und Lassen von Einzelpersonen aufzuspüren sucht, sondern einem Staatsinteresse zu dienen beabsichtigt, das unverkennbar eigenen Gesetzen verpflichtet ist[69].

Spätestens seit 1770 dürfte ein Vertrauensverhältnis zwischen Friedrich und seinem Neffen nicht mehr bestanden haben. Denn es ist ein Brief des Königs an seine Schwester Ulrike überliefert, in dem die Erbitterung über den Thronfolger mit kaum noch gezügelter Heftigkeit zum Ausdruck kommt. «Nichts hat er von der Erscheinung noch von dem Geiste seines Vaters; linkisch in allem, was er tut, plump, starrköpfig, launenhaft, liederlich und sittenlos, dumm und unerfreulich – das ist sein naturgetreues Porträt. Er verursacht mir hundertfältigen Kummer und verbittert meine alten Tage. – Er ist der Ausschuß der Familie.»[70] Zwar spreche er, fuhr der König fort, gewöhnlich nicht über dieses Thema und suche nach Möglichkeit auch, die Fehler des Neffen zu bemänteln. Aber dieser sei, schloß er seinen Brief, «ein trauriges Geschöpf, und auch in der Öffentlichkeit weiß man nur allzu gut Bescheid»[71]. Auch dem Thronfolger gegenüber äußerte er sich gelegentlich in Wendungen, die das Ausmaß seiner Skepsis und Sorge ahnen lassen. «Für Sie arbeite ich», ließ er ihn wissen, «aber Sie müssen darauf sehen, daß Sie bewahren, was ich schaffe. Wenn Sie träge und indolent sind, werden Sie unter Ihren Händen zerrinnen sehen, was ich mit soviel Mühe zusammengebracht habe.»[72]

V.

Als Ausweg aus diesem Dilemma verfiel der König schließlich auf den Gedanken, seinem Nachfolger einen Berater an die Seite zu stellen, der in den Staatsgeschäften erfahren war und die Sicherheit bot, daß nach seinem Tode das Schlimmste verhindert werden konnte. So beschloß er während eines schweren, lange nachwirkenden Gichtanfalls im Winter 1775/76 und beunruhigt durch die sich zuspitzende außenpolitische Lage, Prinz Heinrich in sein engstes Vertrauen zu ziehen, ohne in das Verfahren der durch das Erbrecht vorgezeichneten Thronfolge unmittelbar einzugreifen[73]. Der König traute Heinrich als einzigem zu, die Armee mit der gebotenen Kompetenz und Umsicht zu befehligen. Er betrachtete ihn zugleich als denjenigen unter seinen Weggefährten der letzten Jahrzehnte, der ungeachtet aller Meinungsverschiedenheiten im Konkreten Prinzipien verpflichtet war, die sich ebenso kompromißlos wie die seinen an der Erhaltung des preußischen Staates orientierten. So äußerte er sich erstmals am 3. Februar 1776 dem Prinzen gegenüber: Die Österreicher scheinen zu glauben, «daß ich mich meinem Ende nähere, und sie verstärken ihre Truppen in Böhmen, um sich Sachsens sofort bemächtigen und in unser Land einfallen zu können. Das wird mit Sicherheit geschehen, wenn ich sterben sollte, und meinem einfältigen Neffen wird es, falls er sich nicht augenblicklich zusammenreißt und einigen Nerv zeigt, schlecht ergehen. Doch nichts kann seine angeborene Faulheit überwinden, und so muß ich», wandte er sich an Heinrich, «die Sorge für die Zukunft dem überlassen, was Ihre Klugheit für das Wohl des Staates zu tun vermag, und den Rest den Unwägbarkeiten des Schicksals.»[74]

Schon drei Tage später schrieb er erneut an seinen Bruder: «Der Gichtanfall, unter dem ich gelitten habe, hat mich verlassen; aber ich muß mich vor einem Rückfall hüten. Allein

Ihre Freundschaft würde mich geheilt haben, mein lieber Bruder, ohne jede Medizin [...]. Ich kann Sie über alle unsere Angelegenheiten und ihre Zusammenhänge unterrichten, von denen niemand, auch keiner der Minister, etwas weiß. Das wird Sie persönlich so unentbehrlich machen, daß jedermann zu Ihnen kommen und Sie um Rat und Hilfe bitten muß. Ich halte», fuhr er fort, «diese Methode für unfehlbar, und ich hoffe, daß Sie aus Liebe zu diesem Staate, dem alle unsere Vorfahren gedient haben, sich nicht weigern werden, alle Anstrengungen zu seiner Erhaltung zu machen – um so mehr, als Sie der einzige sind, von dem der Staat wirkliche Dienste erwarten kann.»[75] «Können Sie das Vertrauen unseres Neffen gewinnen, werde ich es als meine Pflicht betrachten, dabei behilflich zu sein.»[76]

Noch klarer umrissen erscheinen seine Ziele in einem Brief vom 10. Februar 1776. «Ich werde», schrieb er, «im Blick auf die Interessen des Staates nicht ruhig sterben, wenn ich Sie nicht irgendwie als Vormund eingesetzt sehe. Ich betrachte Sie als den einzigen Menschen, der den Ruhm des Hauses aufrechterhalten und der in jeder Hinsicht der Halt und Stützpfeiler unseres gemeinsamen Vaterlandes werden kann. Wenn ich einmal das Vergnügen habe, mit Ihnen zu sprechen, kann ich Ihnen meine Ideen bezüglich der Mittel und Wege ausführlicher darlegen, um diesen Plan zum Erfolg zu führen.»[77]

Prinz Heinrich begab sich sofort nach Sanssouci. Über den Inhalt der offenkundig einvernehmlichen Gespräche gibt ein Schreiben Auskunft, das der König am 18. Februar an den Bruder richtete. Man kenne, äußerte Friedrich, den Zeitpunkt seines Todes nicht; «aber man ist verpflichtet, allem Unglück, das sich in Zukunft ereignen kann, soweit als möglich vorzubeugen. Mein Leben habe ich dem Staate gewidmet.» Er würde deshalb, fuhr er fort, einen unverzeihlichen Fehler begehen, wenn er nicht alles in seinen Kräften Stehende versuchen würde, um «zwar nicht nach meinem Tode noch zu regieren, wohl aber dafür zu sorgen, daß eine Persönlichkeit Ihrer Einsicht an der Regierung teilhat, so daß Sie durch Ihren guten Rat und Sachverstand die Nachlässigkeit, Dummheit und Schwäche eines Geschöpfes wettmachen, das unfähig ist, sich selbst zu regieren, geschweige denn andere. Dabei habe ich allein den Staat im Auge; denn mir ist wohl bewußt, daß mir alles, sollte selbst der Himmel einstürzen, im Augenblick nach meinem Tode völlig gleichgültig sein könnte. Überzeugt von Ihrer Freundschaft zu mir habe ich Ihnen mein Herz über diese Angelegenheiten ausgeschüttet, über die ich schon lange nachgedacht habe. Ich danke Ihnen tausendmal, daß Sie mir die Freude machen, auf meine Wünsche einzugehen.»[78]

Noch Monate später kam er auf diesen Plan zu sprechen. Noch immer quälte ihn die Angst vor einem österreichischen Angriff, den er im Falle seines Todes für unabwendbar hielt. Die Österreicher, schrieb er, «machen zweifellos den Versuch, uns mit den Russen in Streit zu verwickeln, damit sie, wenn sie durch meinen Tod freie Hand in dieser Richtung haben, sich mit um so größerem Gewicht auf unseren großen Narren stürzen können. Großer Gott, was soll nur daraus werden, wenn der gute Vater im Himmel Sie nicht bei Leben und Gesundheit erhält! Sie, mein lieber Bruder, werden wie der Schild der Minerva sein, der Räuber in Steine verwandelte, als sie Narren angreifen wollten.»[79]

Beinahe zur gleichen Zeit, als der König ein engeres Verhältnis zu Prinz Heinrich suchte, hatte er in seinem «Exposé du gouvernement prussien» noch einmal beschwörend gefordert, daß der Herrscher dieses Landes sparsam und darüber hinaus ein Mann sein müsse, «der die größte Ordnung in seinen Angelegenheiten hält»[80]. Die Politik müsse soweit als möglich vorausschauen und die Konjunkturen Europas berechnen, «sei es um Bündnisse zu schließen, sei es um die Projekte der Feinde zu durchkreuzen». Man dürfe nicht glauben, die Ereignisse herbeiführen zu können; aber wenn sie eintreten, müsse man zupacken und daraus Nutzen zu ziehen versuchen. Deshalb, unterstrich er, «müssen die Finanzen in Ordnung sein»[81]. Wenn der preußische Staat keinen festen Punkt besitze, in dem die verschiedenen Zweige der Politik miteinander verbunden werden, sei er verloren. Die großen Monarchien bestünden trotz aller Unordnung in der Staatsverwaltung fort und erhielten sich durch ihr Gewicht und ihre innere Kraft. Die kleinen Staaten dagegen würden schnell erdrückt, «wenn nicht alles in ihnen Kraft, Nervenanspannung und Lebensstärke ist». Preußen müsse demnach von Herrschern regiert werden, «die immer auf der Hut sind, die Ohren gespitzt, über ihre Nachbarn wachen und bereit sind, sich von einem Tag auf den anderen gegen die verderblichen Absichten ihrer Feinde zu wehren»[82].

Vor dem Hintergrund solcher Maßstäbe schätzte der König seinen Erben als einen Mann ein, der alles, was für den Rang des preußischen Staates im Rahmen des Mächtesystems hatte durchgesetzt werden können, sofort und restlos verspielen würde. Alle hochfliegenden Erziehungspläne, die er in seinen Politischen Testamenten für den präsumtiven Thronfolger entworfen hatte, schienen angesichts eines Charakters, der sich jeder Beeinflussung durch den königlichen Onkel zu entziehen wußte, längst hinfällig geworden zu sein[83]. Die Gefahren indes, die sich hier für Staat und Dynastie abzuzeichnen begannen, waren allem Anschein nach so offenkundig, daß auch der in Familienangelegenheiten sonst so eigenwillige Prinz Heinrich nicht zögerte, sich an Überlegungen zur Begrenzung des möglichen Schadens zu beteiligen. Dem König schwebte vor, dem Chaos in Staat und Verwaltung dadurch vorzubeugen, daß er den Thronfolger in allen Fragen von politischem und militärischem Gewicht an einen Ratgeber verwies, der nicht nur erfahren und kompetent, sondern auch mit den Staatsmaximen des regierenden Königs vertraut war. Sollte einmal der Fall eintreten, schrieb er an Prinz Heinrich, «daß jemand, dessen Namen ich hier nicht nennen will, irgendeine Dummheit beginge, so werden Sie stets in der Lage sein, die Dinge wieder einzurenken»[84].

Der König plante also, durch eine gezielte Informationspolitik eine Art inoffizieller Vormundschaftsregierung zu erzwingen. Der Thronfolger war mündig, und es gab nach den Prinzipien der Sukzessionsordnung keine Handhabe, ihn von der Regierung auszuschließen oder für regierungsunfähig zu erklären. So blieb nur die Möglichkeit einer verdeckten Regentschaft, die er nach seinen staatstheoretischen Äußerungen und dem eigenen Selbstverständnis freilich nur als Notlösung und allenfalls für begrenzte Zeit akzeptieren konnte. «Es gibt kein Beispiel dafür», hatte es im Politischen Testament von 1752 geheißen, «daß eine Vormundschaftsregierung glücklich gewesen ist»[85]. Ein König, der unter einer Regentschaft herrscht, war seiner Auffassung nach kein König, zumal er den Vormund – wie oben schon anzuführen war – mit weitreichenden, ja unumschränkten Herrschaftsbefugnissen ausgestattet wissen wollte. Gleichwohl legte es der König darauf an, den Handlungsspielraum des Thronfolgers auf ein Mindestmaß zu beschränken – wohlwissend, daß eine Vormundschaftsregierung ohne Rechtsgrundlage oder die Zustimmung des Betroffenen ein Notbehelf bleiben mußte.

Der König war sich über die Widersprüchlichkeit und Unzulänglichkeit dieses Verfahrens offenbar selbst im klaren[86]. So kann es nicht überraschen, daß er von seiner Vormundschaftskonzeption abgewichen ist und schließlich weder den Thronfolger noch Prinz Heinrich in seine Pläne und Absichten eingeweiht hat. Es war ja unwahrscheinlich von Anfang an, daß sich der neue König tatenlos und willfährig in die Rolle fügte, die ihm die beiden Onkel zugedacht hatten. Wenn der Plan einer Regentschaft des Prinzen Heinrich aber überhaupt eine Chance gehabt hätte, dann nur unter der Voraussetzung, daß er konsequent und bis zuletzt über die Angelegenheiten von Staat und Heer informiert worden wäre. Hier aber mangelte es nach erneuten Zerwürfnissen zwischen den Brüdern im Bayerischen Erbfolgekrieg erheblich[87]. Ja, es hat den Anschein, als wenn der König im selben Maße, wie er sich von Prinz Heinrich enttäuscht sah, den Thronfolger aufzuwerten versuchte. Jedenfalls schrieb er gewiß nicht ohne Hintersinn an seinen Bruder: «Ich sollte Ihnen auch mitteilen, daß [...] ich sehr erfreut bin über unseren Neffen. Er hat eine neue Seite aufgeschlagen und sich erstaunlich zum Besseren gewandelt. Ich werde langsam zuversichtlicher.»[88] So liegt die Vermutung nahe, daß der König von seinem Plan einer Vormundschaftsregierung allmählich abgerückt ist und sich mit der Thronfolgeregelung abgefunden hat, wie sie nun einmal unumstößlich war.

VI.

Selbst dieser, letztlich dann aufgegebene Versuch, die reguläre Thronfolgeregelung durch eine Art Regentschaft zu unterlaufen, macht aber deutlich, daß der König an eine prinzipielle Infragestellung der geltenden Sukzessionsordnung nicht gedacht hat. Vielmehr hat er in seiner 1770 veröffentlichten Auseinandersetzung mit Holbachs anonym erschienener Schrift über das «Système de la nature» schon das historisch begründete Resumé gezogen, daß die Erbmonarchie «unter allen denkbaren Staatsformen die am wenigsten nachteilige» sei. Denn in Staaten, wo die Untertanen das Recht hätten, ihre Herrscher abzusetzen, «bliebe ein Nährboden für Bürgerkriege, blieben Führer, die stets bereit wären, an die Spitze gefährlicher Parteien zu treten, um den Staat in Aufruhr zu versetzen». «Um eben diesen Mißständen vorzubeugen, wurde ja die Erbfolge geschaffen und in zahlreichen europäischen Staaten eingeführt.» Man habe gesehen, welche Unruhen durch Thronstreitigkeiten ausgelöst werden, und fürchte «mit Recht, eifersüchtige Nachbarn könnten die günstige Gelegenheit wahrnehmen, um das Land zu überwältigen und zu verwüsten»[89]. So dokumentiert gerade auch der Umweg, den der König in der Angelegenheit der Thronfolge einzuschlagen versuchte, daß er von der Notwendigkeit verfassungsgemäßen Handelns in dieser für Staat und Dynastie entscheidenden Frage zutiefst durchdrungen war. Die Legitimität dynastischer Herrschaft war auch seiner Überzeugung nach mit der Unantastbarkeit der Erbfolgegesetze so unzertrennlich verbunden, daß hier ein Handlungsspielraum nicht gegeben war – auch nicht für einen Monarchen, der sich eine «potestas legibus soluta» so rigoros wie kaum ein anderer zugute hielt. Anders als der Große Kurfürst, der 1687 – ein Jahr vor seinem Tode – mit dem Kurprinzen ebenfalls in einem gespannten und von tiefem Mißtrauen gekennzeichneten Verhältnis stand, scheint er an eine Enterbung und die entsprechende Änderung der Thronfolgeregelung nicht gedacht zu haben[90]. Er entsprach damit auch der von Montesquieu in seinem «Esprit des lois» vertretenen Auffassung, daß die Monarchie auf einer in Sitte und Herkommen gegründeten Legitimation beruhe und in ihrem Fortbestand gefährdet sei, wenn der Landesfürst eine Umgestaltung der bestehenden Sozial- und Verfassungsverhältnisse anstreben sollte[91]. Deshalb richteten sich seine Pläne von Anfang an auch auf das Ziel, die Regierungsgeschäfte dadurch in geordnete Bahnen zu lenken, daß der Kronprinz zwar der Sukzessionsordnung gemäß den Thron bestieg, durch einen inoffiziell bestellten Regenten aber gehindert wurde, den Staat zugrunde zu richten.

Ist diese Auskunft nun ein Ergebnis, das sich zu registrieren lohnt? Ist es nicht so naheliegend, daß sich jede weitere Erörterung darüber von selbst erübrigt? Das Problem der Thronfolge im friderizianischen Preußen gewinnt jedoch eine tiefere Dimension, wenn zugleich auch der Gesamtzusammenhang der Epoche in Betracht gezogen wird.

Die Forschung der letzten Jahrzehnte hat immer wieder die Frage aufgeworfen, welcher grundsätzlichen Perspektive denn jene spezifische Herrschaftsform gefolgt ist, die man mit dem Epochenbegriff des aufgeklärten Absolutismus zu kennzeichnen versucht hat[92]. Dabei ist die Auffassung vertreten worden, daß der aufgeklärte Absolutismus seiner Intention nach als die «Rückbildung» eines Herrschaftssystems eingeschätzt werden müsse, das ursprünglich die absolute Omnipotenz des Staates durchzusetzen trachtete. Er sei angetreten unter der programmatischen Zielsetzung, die politische Philosophie der Aufklärung von Staats wegen zu verwirklichen und durch bewußte Mäßigung einer liberaleren Form von Herrschaft den Weg zu ebnen. In der Konsequenz einer solchen Staatsräson hätte es dann liegen müssen, daß die Monarchen ihre überlieferten Machtpositionen freiwillig räumten und in eine konstitutionelle Begrenzung ihrer Herrschaftsbefugnisse einwilligten. Da jedoch eine Selbstbeschränkung der Fürsten aus wirklicher Einsicht und der Anerkennung individueller Freiheitsrechte am Beharrungsvermögen der bestehenden Verhältnisse gescheitert sei, biete der aufgeklärte Absolutismus ein Bild der Inkonsequenz und Widersprüchlichkeit.

Gerade an der hier zu erörternden Problematik der Erbfolgefrage erweist sich indes, daß auch ein aufgeklärter Herrscher wie Friedrich das Verfassungssystem der Monarchie niemals in Frage gestellt oder abzuschwächen versucht hat[93]. Nicht einmal der Gedanke höherer Qualifikation, der ihn in vielen Bereichen von Staat und Gesellschaft so sehr beschäftigt hat, konnte ihn wie Peter den Großen dazu bewegen, das Prinzip dynastischer Kontinuität zugunsten einer Thronfolgeregelung aufzugeben, die abweichend von den geltenden Normen einem Fähigeren den Vorzug gab. Vielmehr hat er gerade in den Anfangsjahren seiner Regentschaft, als er noch ganz im Banne der Aufklärungsphilosophie stand, keinen Zweifel daran gelassen, daß am Grundsatz der Primogeniturerbfolge unter allen Umständen festgehalten werden müsse. Das hohe Gut einer legitimen und über alle Anfechtungen erhabenen Sukzession hatte aus innen- wie außenpolitischen

Erwägungen einen so absoluten Vorrang, daß er alle ihn schwer bedrückenden Bedenken hinsichtlich der Eignung des Thronfolgers zurückzustellen bereit war.

Wenn also aus der Handhabung der Thronfolge durch Friedrich den Großen ein generelles Fazit gezogen werden kann, so muß mit Nachdruck unterstrichen werden, daß an eine Abschwächung oder Modifizierung monarchischer Herrschaftsstrukturen auch in der schwierigen Phase des Übergangs der Herrschaft an Friedrich Wilhelm II. nicht gedacht war. Aber offenkundig ist zugleich, daß die Versachlichung des Herrscheramtes gerade im Zeitalter Friedrichs soweit fortgeschritten war, daß zur Wahrung der Erbfolgegesetze die immer unabweisbarer hervortretende Forderung nach Eignung des Thronfolgers allen persönlichen Einsichten und aufgeklärten Überzeugungen zum Trotz beiseite geschoben werden mußte. Hier tat sich tatsächlich ein Dilemma auf, das womöglich als Kennzeichen der ganzen Epoche gelten muß.

Friedrich der Große und die preußische Königskrönung von 1701[*]

Allen, die sich mit dem Aufstieg Preußens in den Kreis der europäischen Königshäuser beschäftigen, dürfte das Verdikt vertraut sein, das Friedrich der Große in seinen «Mémoires pour servir à l'histoire de la Maison de Brandebourg» über den Großvater gefällt hat. Es hat zu lange und zu nachhaltig die Wahrnehmung des ersten Königs selbst in einer kritischen Historiographie geprägt, als daß es als eine zeitbedingte Äußerung, als die Meinung eines einzelnen, beiseite geschoben werden könnte. Ich muß diese Sentenzen deshalb an den Anfang meines Vortrags stellen, weil sie den Ausgangspunkt der Frage bilden, wie ein Urteil von solcher Unerbittlichkeit und Schärfe erklärt werden kann. Als Friedrich sicherlich mit dem Vorsatz stolzer Selbstvergewisserung den Entschluß faßte, eine Geschichte seiner Dynastie als Kontinuum zu schreiben, war es natürlich unerläßlich, auch Person und Lebenswerk seines Großvaters zur Sprache zu bringen. Umso nachdrücklicher muß die Frage gestellt werden, nach welchen Kriterien er eine Regentschaft beurteilte, die eine der Voraussetzungen für den Aufstieg Preußens in den Kreis der Großmächte schuf.

Er wolle, schrieb Friedrich zum Schluß des dem ersten König gewidmeten Kapitels seiner «Denkwürdigkeiten», noch einen kurzen Blick auf das Wesen seines Vorfahren und sein äußeres Erscheinungsbild werfen. «Er war klein und verwachsen, sein Gesicht trotz allen Stolzes gewöhnlich. Seine Seele glich einem Spiegel, der alles, was sich vor ihm zeigt, zurückwirft. Er ließ sich leicht beeinflussen, und wer dies zu tun vermochte, konnte ihn nach Belieben in Erregung versetzen oder beschwichtigen. Er brauste auf aus launenhaftem Impuls und war sanftmütig aus Trägheit.»[1] Das sind wahrlich keine sehr schmeichelhaften Töne, zumal sie der Hartnäkkigkeit und Umsicht, mit der Friedrich I. gerade das Krönungsvorhaben betrieben hat, in keiner Weise gerecht werden. Das hat die neueste Forschung eindringlich und überzeugend herausgearbeitet[2].

Wichtig für das im folgenden zu erörternde Thema ist jedoch die Einschätzung jener Formen, in denen der in den Königsrang Aufgestiegene seine Herrscherwürde darzustellen für nötig hielt. «Eitle Nichtigkeiten hielt er für echte Größe», schrieb Friedrich der Große über einen Mann, den er persönlich gar nicht gekannt hatte, «hing mehr an blendendem Glanz als nützlicher Gediegenheit; er opferte 30 000 Untertanen für verschiedene Kriege des Kaisers, um sich die Königswürde zu verschaffen, und strebte nach dieser nur so eifrig, um seinen Hang nach Zeremonien zu befriedigen [und] Vorwände für seine Verschwendungssucht zu finden. Die Vorurteile des Volkes schienen seine Prachtliebe zu begünstigen. Aber welch ein Unterschied herrscht doch zwischen der Freigiebigkeit eines Privatmannes und der eines Herrschers! Ein Fürst soll der erste Diener und erste Sachwalter seines Staates sein: diesem schuldet er Rechenschaft über die Verwendung der Steuern, er treibt sie nur ein, um den Staat durch seine Truppen verteidigen zu können [und] jene Würde zu wahren, Dienste und Leistungen zu belohnen und ein gewisses Gleichgewicht zwischen Arm und Reich herzustellen, aller Art Unglücklichen Erleichterung zu verschaffen und seine Prachtliebe für Dinge zu verwenden, die den Staat als Ganzes angehen. Besitzt der Herrscher einen aufgeklärten Geist und ist großherzig, so wird er seine Aufgaben nach den Bedürfnissen der Öffentlichkeit und zum größtmöglichen Wohle des Volkes aufwenden.

Dies jedoch war nicht die Form der Freigiebigkeit, wie Friedrich sie liebte. Vielmehr trieb er die Verschwendung eines eitlen Fürsten. Sein Hof war einer der prächtigsten in Europa, seine Gesandtschaften waren so prunkvoll wie die der Portugiesen. Er drückte die Armen [und] machte die Reichen reich. Während sein Volk im Elend umkam, verschlangen seine Günstlinge reiche Pensionen. Seine Bauten waren prächtig, seine Feste glanzvoll, Marstall und Dienerschaft entsprachen mehr asiatischem Prunk als europäischer Würde. Die Launenhaftigkeit, mit der er sein Geld vergeudete, wirkte um so bizarrer, wenn man seine Ausgaben mit seinen Einnahmen vergleicht. [...] Kurz, er war in Kleinigkeiten groß, im Großen klein. Sein Unglück war, daß er in der Geschichte seinen Platz zwischen einem Vater und einem Sohne fand, deren weit überlegene Begabung ihn verdunkelte.»[3]

Nun steht hier nicht zur Debatte, ob eine solche Beurteilung aus der Sicht der heutigen Geschichtswissenschaft haltbar erscheint[4]. Die Historie des 19. und 20. Jahrhunderts und gerade auch die bedeutendsten Vertreter der borussischen Schule sind übrigens der Auffassung Friedrichs des Großen gefolgt und haben den Großvater ähnlich kritisch beurteilt[5]. Sie konnten sich dabei auch auf einen theologischen Diskurs des 17. und 18. Jahrhunderts berufen, demzufolge es als unziemlich galt, sich der Hoffart und den Lustbarkeiten des höfischen Lebens hinzugeben. Ehrgeiz und Geltungssucht zählten neben Wollust und Eigennutz auch aus dieser Sicht zu den schlimmsten Verfehlungen eines Regenten[6]. Aber auch das Verschwendungsargument wurde in diesem Kontext ins Feld geführt und mit der Infragestellung eines sich immer pompöser in Szene setzenden Zeremoniells verknüpft: antihöfische Aversionen also, wie sie einer zutiefst bürgerlich geprägten Historiographie bei aller quellenkritischen Distanz einleuchten mußten[7]. Auch die zeitgenössischen, von kameralistischer Zweckrationalität durchdrungenen Traktate zur

Hofökonomie und die Hausväterliteratur der Zeit wandten sich immer nachdrücklicher gegen den Aufwand und die exzessive Prachtentfaltung der Fürsten und werteten sie als hemmungslose Verschwendung, die durch keinen moralisch vertretbaren Grund gerechtfertigt war[8]. Alles sprach demnach für das Verdikt Friedrichs des Großen und damit gegen den ersten König, der aus der Perspektive aufgeklärter Rationalität als eitel und selbstverliebt und deshalb despektierlich erschien.

Die Frage stellt sich nun, ob Friedrich der Große denn den Maßstäben, nach denen er den Großvater glaubte tadeln zu müssen, selbst gerecht geworden ist. Auffällig an den in diesem Kontext vorgetragenen Argumenten ist zunächst, daß sie mehr oder weniger alle durch die Postulate der inneren Prosperität und der Wohlfahrt der Untertanen definiert sind. Vor dem Hintergrund dieser in der bürgerlichen Hofkritik vielfach verwendeten Argumentationsmuster erhob er den Vorwurf der Verschwendungssucht und des eigennützigen und törichten Strebens nach selbstgefälligem Glanz. Vor allem aus landesväterlich ökonomischer Perspektive schien ihm also die Herrschaft seines Großvaters so bedenklich. Er mißbilligte seine Prunksucht, weil sie ihm eitel und dem Wohlergehen der Untertanen entgegengesetzt erschien. Vermutlich rechnete er den Großvater unter jene «Hermaphroditen von Herrschern», über deren «trunkenen Größenwahn» er sich schon im 10. Kapitel des Antimachiavell so verächtlich geäußert hatte. Sie spielten seiner Auffassung nach die Rolle von großen Herren nur ihrer Dienerschaft gegenüber, und er riet ihnen, von ihren Stelzen herunterzusteigen, auf die sie ihr Dünkel emporgehoben habe. Die Mehrzahl dieser «kleinen Fürsten» ruinierten sich dadurch, «daß sie im Überschwang ihrer vermeintlichen Größe viel zu viel ausgeben im Verhältnis zu ihren Einkünften; sie stürzen sich in den Abgrund, um die Ehre ihres Hauses aufrechtzuerhalten, und sie gehen aus Eitelkeit den Weg ins Elend und ins Armenhaus;

bis zum allerletzten Sproß einer Seitenlinie gibt es keinen, der sich nicht einbildet, so etwas wie Ludwig XIV. zu sein; jeder baut sein Versailles, unterhält Mätressen und verfügt über ganze Armeen.»[9]

Seine Vorbehalte gegen die Selbstdarstellungsprätentionen Friedrichs I. wiesen jedoch noch eine andere Facette auf. So vermutete er in seinen «Denkwürdigkeiten», daß sich der Großvater nur deshalb die Königswürde verschafft habe, um – wie es wörtlich heißt – »seinen Hang zu Zeremonien zu befriedigen [und] Vorwände für seine Verschwendungssucht zu finden». Auch in Briefen an Voltaire äußerte er mehrfach den elementaren Widerwillen gegen das Zeremoniell, wie es der Großvater für die Sanktionierung seiner Königswürde zu praktizieren für nötig hielt. Er breche zu einer Reise ins Herzogtum Preußen auf, schrieb er am 27. Juni 1740 aus Charlottenburg, «um ohne heiliges Salbgefäß und ohne die unnützen, lachhaften Zeremonien, die durch Unwissenheit und Gewohnheit eingeführt worden sind, die Huldigung [der Landstände] entgegenzunehmen»[10]. Und noch einmal mit dem Blick auf den Großvater: Damals – 1713 – starb Friedrich I. und «wurde mit seiner falschen Größe begraben, die nur in eitlem Prunk und pomphafter Zurschaustellung nichtiger Zeremonien bestand (dans l'étalage pompueux de cérémonies frivoles)»[11]. Friedrich der Große hat dem Zeremoniell und der höfischen Etikette auch in seinem Politischen Testament von 1752 ein kurzes Kapitel gewidmet und dabei mit Verächtlichkeit gegen «all die Scherereien königlicher Hoffart» polemisiert, die zwar an anderen Höfen genaueste Beachtung fänden, aber zugleich viel Zeit kosteten, die zweckmäßigerweise dem Wohle des Volkes zugute kommen sollte[12].

Auch hier also eine enge, ganz nach innen gewandte, pointiert utilitaristische Perspektive, die in seltsamer Verkürzung nur eine im Grunde unwesentliche Seite dieses vielschichtigen Phänomens zu erfassen vermochte. Schon Heinrich Rüdiger von Ilgen, der damals für die Außenpolitik zuständige Staatsminister in Preußen, hatte in einem Memorandum für den «Dignitätsconseil», dem die Vorbereitung des Krönungsvorhabens oblag, die in ihrer Nüchternheit außerordentlich überzeugende Auffassung vertreten: «Es ist nicht genug jekrohnt zu werden, man mus auch versichert seyn pro Rege erkandt zu werden.»[13] Das mochte in der Mitte des 18. Jahrhunderts schon wieder anders erscheinen. Ilgen als maßgeblicher Ratgeber des ersten Königs hatte jedoch erfaßt, daß ohne das der Königswürde entsprechende Dekorum – tatsächlich! – kein Staat zu machen war.

Gerade die jüngste Forschung hat in diesem Bereich Dimensionen historischer Wirklichkeit aufgedeckt, die der König wegen seiner affektgeladenen, ausschließlich an seiner Vorstellung vom Herrschaftsvertrag orientierten Betrachtungsweise offensichtlich verkannte[14]. Er konnte oder wollte nicht wahrhaben, daß neben materiellen Ressourcen und physischer Gewalt auch eine Sphäre von Staatlichkeit existierte, die mit dem Begriff des «symbolischen Kapitals» (Pierre Bourdieu), also der augenfällig in Szene gesetzten Reputation, bezeichnet worden ist. Dabei war der Bezugspunkt dieses Dignitätsanspruchs, der auf öffentliche Ostentation geradezu angewiesen war, weniger die eigenen Untertanen, die Friedrich der Große in seiner Kritik offensichtlich im Auge hatte, sondern die überterritoriale Adelsgesellschaft der europäischen Höfe und Potentaten. «Die Königswürde», führt Barbara Stollberg-Rilinger aus, «das entscheidende Kriterium der Zugehörigkeit [zum exklusiven Kreis der gekrönten Häupter], <u>bedurfte</u> nicht nur der zeremoniellen Sichtbarmachung, sondern sie <u>bestand</u> darin. In den ‹honores regios› […] fielen Zeichen und Bezeichnetes ineins.»[15] Immerhin räumte der König in einem Nebensatz seiner «Denkwürdigkeiten» ein, daß die Prachtentfaltung eines Fürsten dann einen Sinn ergeben könnte, wenn sie sich Dingen zuwende, «die den Staat als Ganzes betreffen»[16], also wohl auf Herrscherpflichten und nicht auf Eitelkeit und Selbstsucht zurückzuführen sind. Auch hier ohne Zweifel also eine Nützlichkeitserwägung als Argument, aber doch mit einer Tendenz, die dem in der frühen Neuzeit so tief verwurzelten Selbstdarstellungsstreben der Herrscher und Dynastien einen gewissen Spielraum beließ.

Das Zeremoniell war nach Auffassung der entsprechenden Traktatliteratur das eigentliche Medium, in dem sich Rang und Rangprätentionen manifestierten[17]. Insofern war das, was Friedrich I. mit der Königswürde und ihrer aufwendigen Inszenierung anstrebte, keineswegs eitel, selbstbespiegelnd und irrational, sondern im Gegenteil wohlkalkuliert und durchaus angemessen[18]. Es ist zu vermuten, daß Friedrich der Große Johann Christian Lünig, neben Julius Bernhard von Rohr einer der maßgeblichen Zeremonialgelehrten und Kompilatoren des frühen 18. Jahrhunderts, aus eigener Lektüre nicht kannte[19]. Aber die moralischen Kriterien, deren sich diese renommierten und vielfach rezipierten Autoren bedienten, waren ihm gleichwohl so vertraut, daß er sie gegen den demonstrativen Solennitätsanspruch des Großvaters polemisch ins Feld zu führen vermochte. Alle diese letztlich sogar herrschaftsstabilisierend und systemerhaltend gemeinten Argumente, die in den entsprechenden Traktaten und Kompendien vorgetragen wurden, schob er beiseite und verkannte dabei, daß die repräsentative Öffentlichkeit, wie sie für den frühmodernen Fürstenstaat unerläßlich war, an die Attribute einer Person, an Insignien und Habitus und an die bewußte Choreographie spektakulärer Auftritte gebunden war[20].

«Der gemeine Mann», äußerte etwa der von Friedrich sonst so sehr geschätzte Staatslehrer Christian Wolff, «welche bloß an den Sinnen hanget und die Vernunft wenig gebrauchen kan, vermag auch nicht zu begreifen, was die Majestät des Königs ist: aber durch die Dinge, so in die Augen fallen und seine übrigen Sinne rühren, bekommet er einen obzwar undeutlichen, doch klaren Begriff von seiner Majestät, oder Macht oder Gewalt. Und hieraus erhellet, daß eine [!] ansehnliche Hoff-Staat und die Hoff-Ceremonien nichts überflüssiges, viel weniger etwas tadelhafftes sind.»[21] Auch Lünig vertrat in seinem «Theatrum Ceremoniale» die Auffassung, daß sich große Herren «durch allerhand euserliche Marquen vor andern Menschen» distingieren müßten, «um sich dadurch bey ihren Unterthanen in desto grössern Respect und Ansehn zu setzen. Denn die meisten Menschen, vornehmlich aber der Pöbel, sind von solcher Beschaffenheit, daß bey ihnen die sinnliche Empfind- und Einbildung mehr, als Witz und Verstand vermögen, und sie daher durch solche Dinge, welche die Sinne kützeln und in die Augen fallen, mehr, als durch die bündig und deutlichsten Motiven commoviret werden.»[22] Die Überzeugung, daß ein Monarch seine Exklusivität sichtbar und spektakulär demonstrieren müsse, war demnach weitverbreitet. Allerdings hatten Äußerungen dieser Art in der Regel die Untertanen, ja sogar den Pöbel im Auge, argumentierten also aus einer machtfunktionalistischen Perspektive. Der außen- und mächtepolitische Horizont, der für einen um seinen Status besorgten Herrscher wie Kurfürst Friedrich III. ungleich wichtiger gewesen sein dürfte, spielte im zeremonialwissenschaftlichen Diskurs der Zeit eine untergeordnete Rolle. Er war jedoch der eigentlich maßgebliche.

Die brandenburgische Politik hatte während des ganzen 17. Jahrhunderts und in besonderem Maße seit dem Westfälischen Frieden ihre Geltungsansprüche, etwa in der hochsensiblen Frage des pommerschen Erbes, im Konkurrenzgefüge des europäischen Mächtesystems nicht durchzusetzen vermocht[23]. Sie war mit den entsprechenden Prätentionen noch im Jahre 1697 auf dem Friedenskongreß von Rijswijk gescheitert und hatte sich einmal mehr mit einem nachgeordneten Rang begnügen müssen[24]. Oberhalb der Souveräne Europas gab es eben keine Instanz, die über Präzedenz und Rangordnung unter Rivalen im Rahmen des Mächtesystems hätte entscheiden können[25]. Zwar hatte spätestens seit dem

Westfälischen Friedenskongreß eine theoretische Debatte über die Fragen der Ranghierarchien unter den europäischen Potentaten eingesetzt, die ihren publizistischen Niederschlag im 18. Jahrhundert in den bereits erwähnten Kompendien und systematisch gegliederten Nachschlagewerken fand[26]. Aber das Problem der Präzedenz blieb doch der Politik im eigentlichen Sinn vorbehalten. Jeder in der Gemengelage des europäischen Mächtesystems konnte versuchen, wie ein souveräner und machtpolitisch ambitionierter Herrscher aufzutreten: «Doch stand und fiel dieser Anspruch stets mit der Reaktion der anderen Mächte.» Das Zeremoniell war der untrügliche, allen Beteiligten vertraute Indikator für den eigenen Status in einem System, das vollkommen an äußerer Ostentation orientiert war. «Nach Rang zu streben hieß, bei jeder Gelegenheit zu versuchen, sichtbar und im wahrsten Sinne des Wortes weiter nach vorn zu kommen.»[27] Das Vorrecht etwa, sich in einer achtspännigen Kutsche der Öffentlichkeit zu präsentieren, war ein eindeutiges Zeichen für den Anspruch auf einen souveränen Fürstenrang.

Das gesamte Szenarium frühmoderner, d. h. monarchisch geprägter Staatlichkeit bestand in der Beachtung ritualisierter Umgangsformen und endete in manchmal auch handgreiflich ausgetragenen Streitigkeiten um Rang-, Sitz- und Vortrittsfragen[28]. Das Zeremoniell gehorchte nicht den Gepflogenheiten der Courtoisie, sondern der im Auftreten sich manifestierenden Durchsetzungsfähigkeit der Potentaten und ihrer diplomatischen Vertreter. Es war von Friedrich I. und seinen überaus versierten Ratgebern wie Christian Friedrich von Bartholdi[29], Ernst von Metternich[30] oder Heinrich Rüdiger von Ilgen[31] eben nicht – wie Friedrich der Große meinte – intendiert, mit seiner pompösen Selbstdarstellung den eigenen Untertanen Ehrfurcht und Respekt einzuflößen. Vielmehr war es die Anerkennung durch die auswärtigen Mächte – in der Regel Rivalen im Ringen um einen angemessenen Rang auf dem «theatrum praecedentiae» –, auf die es ankam[32]. Es ging um Statusdemonstration im Rahmen einer gesamteuropäischen höfischen Öffentlichkeit[33].

In diesem Bereich gab es in Brandenburg im 17. Jahrhundert noch erheblichen Nachholbedarf[34]. Seit jeher wurde von den Kurfürsten der Anspruch erhoben, in einem konkreten oder imaginären Hofzeremoniell unmittelbar hinter den Königen, d. h. vor den übrigen Reichsfürsten und auch vor den Republiken Venedig, Holland und der Eidgenossenschaft, zu rangieren. Diese Präeminenz war nach dem Westfälischen Frieden jedoch trotz der bewußt herbeigeführten Aufwertung, die gerade die größeren Reichsterritorien erfahren hatten, ins Wanken geraten. Um in dieser Erosion der Machthierarchien im Reich nicht weiter zurückzufallen, mußte die brandenburgische Politik nach Auffassung schon des Großen Kurfürsten energische Versuche unternehmen, um in den Kreis der eigentlich ernstzunehmenden Mächte vorzudringen[35]. Die Kurwürde war ein altehrwürdiges und immer noch nicht ganz verblaßtes Dekorum und das verfassungsrechtlich verbriefte Unterpfand reichspolitischer Geltung[36]. Um jedoch im Gesamtrahmen europäischer Politik bestehen zu können, bedurfte es eines «éclats», der die auf Ranghierarchien und Präzedenzrecht fixierten Höfe aufhorchen ließ. Insofern war das Streben Friedrichs I. nach einer spektakulär in Szene gesetzten Rangerhöhung ein überaus rationales Ziel, dem eigentlich auch ein in besonderer Weise auf seine Geltung bedachter Monarch wie Friedrich II. seinen Respekt nicht hätte versagen können. Aber hier treten Aporien zutage, die im Erscheinungsbild des Königs auch sonst so auffällig sind und letztlich wohl kaum aufgelöst werden können[37].

Friedrich der Große hat die der Standeserhöhung als angemessen erachteten Bauvorhaben und die nicht weniger ehrgeizigen Sammlungen des Großvaters in seinen «Denkwürdigkeiten» nicht im einzelnen gewürdigt, sondern sich auf die schon angeführte Behauptung beschränkt, daß Friedrich I. sich nur durch den äußeren Glanz des Königtums habe blenden lassen. Allerdings würdigte er am Ende doch auch die außenpolitische, jedenfalls überregionale Dimension, die mit der Anerkennung der Königswürde verknüpft war und von der er selbst so sehr profitieren sollte. Sie stellte sich später, schrieb er seltsam widersprüchlich und lakonisch, «als ein staatsmännisches Meisterstück heraus (un chef-d'oeuvre de politique)». Denn mit dem Königtum habe das Haus Brandenburg das Joch abgeschüttelt, unter das Österreich alle Fürsten Deutschlands zu zwingen gewohnt war. Friedrich I. habe seinen Nachkommen einen verlockenden Bissen hingeworfen, der zu sagen schien: hier ist ein Titel; zeigt nun, daß ihr dieses Anspruchs würdig seid. «Ich habe Eure Größe begründet, vollendet nun dieses Werk!»[38].

In der Tat, darin lag Größe und Weitblick und eine über persönliche Eitelkeiten hinausweisende Perspektive. Nur war, und das verkannte Friedrich der Große in der doktrinären Enge seines Denkens vollkommen, zur Etablierung und Festigung dieser neuen Würde jener äußere Glanz und jenes eher von asiatischem Prunk als europäischer Würde geprägt erscheinende Zeremonienwesen unerläßlich, ein Dekorum also, dem auch persönliche Motive zugrunde gelegen haben mögen, das zugleich aber einer Staatsräson verpflichtet war, wie sie sich im höfischen Ambiente des 17. und 18. Jahrhunderts rationaler nicht denken läßt[39].

Seine Affekte gegen jede Form zeremonieller Reglementierung hat er sein ganzes Leben beibehalten. Er trug als König wie schon sein Vater Uniform und legte – wie allgemein bekannt ist – wenig Wert auf Sauberkeit und auf sein äußeres Erscheinungsbild. Zu den Eigenwilligkeiten dieses Lebensstils mag im übrigen beigetragen haben, daß er seit der Thronbesteigung Damen aus seiner Umgebung fernzuhalten wußte, eine Lebensführung also, die sich mit außerordentlicher Konsequenz allem verweigerte, was in der Sphäre höfischer Repräsentation auch im *ancien régime* noch üblich war.

Nur wenige Zelebritäten wie die Tänzerin Barberina, die auf seinen ausdrücklichen Wunsch von Antoine Pesne porträtiert wurde, oder die Gesangsvirtuosin Mara, Künstlerinnen von europäischem Rang, hat er verehrt und in seiner Gesellschaft zu haben gewünscht[40].

Sehr früh hat er im übrigen verfügt, daß sein Begräbnis allen Gepflogenheiten der Zeit zuwider in äußerster Zurückgezogenheit und unter Verzicht auf jedes Zeremoniell vonstatten gehen sollte. Nach entsprechenden Anweisungen vor der Schlacht von Leuthen hatte er auch am 22. August 1758, als ein Waffengang mit der russischen Armee unmittelbar bevorstand, ausgerechnet in Küstrin angeordnet, daß bei seinem in einer Schlacht niemals auszuschließenden Tod keine Umstände mit ihm gemacht werden sollten. «Man soll mir [!]», heißt es in einer königlichen Ordre wörtlich, «nicht öffnen, sondern still nach SansSouci bringen und in meinem Garten begraben lassen.»[41] Er wünschte, hatte er in seinem persönlichen Testament vom 8. Januar 1769 verfügt, wie ein Philosoph beigesetzt zu werden, ohne Blendwerk, ohne Prachtentfaltung und ohne Pomp. Er wolle weder seziert noch einbalsamiert werden. Man möge ihn auf der oberen Terrasse von Sanssouci begraben. Falls er im Krieg oder auf Reisen sterben sollte, möge sein Körper an Ort und Stelle beigesetzt und im Winter dann nach Sanssouci gebracht werden[42]. Angesichts der «pompes funèbres», wie sie auch in Preußen bis zum Ende der Monarchie den gesamteuropäischen Konventionen gemäß üblich waren[43], zeugt auch diese Anweisung von ausgeprägter Eigenwilligkeit. Sie belegt noch einmal eindrucksvoll seine tiefe Aversion gegen das protokollarisch festverankerte und selbstverständlich liturgisch geprägte Dekorum eines fürstlichen Leichenbegängnisses und damit gegen jede Form höfischer Prachtentfaltung.

Als Vorbild in dieser Haltung galt ihm der Vater, über den er in seinen «Denkwürdigkeiten» durchaus anerkennend äußerte, daß ihm jeder Prunk und alles königliche Gepränge verhaßt gewesen seien. Ob ihm dabei die dumpfe, von Derbheit und peinlichen Auftritten geprägte Atmosphäre von Königs Wusterhausen gar nicht in den Sinn kam, unter der er zusammen mit seiner Schwester Wilhelmine so sehr gelitten hatte? Aber es war offenbar allein der so seltsam hausväterlich und antiquiert wirkende, aber womöglich auch ganz modern einzuschätzende Sparsamkeitsgedanke, der ihn in seinem Urteil leitete.

Schwierig ist im übrigen auch zu bewerten, daß Friedrich der Große die Förderung der Künste und Wissenschaften durch den ersten König in einem der systematischen Kapitel seiner «Denkwürdigkeiten» nachdrücklich hervorgehoben hat. Alle neuen Impulse des Großen Kurfürsten auf diesen Gebieten, schrieb er, hätten ihre eigentliche Blüte erst unter Friedrich I. entfaltet. So habe unter dem ersten König die einheimische Gobelinweberei, die Bortenfabrikation, die Spiegelherstellung und die Tuchproduktion erstmals europäische Standards erreicht. Aber erstaunlich ist vor allem, daß Friedrich an dieser Stelle seiner «Denkwürdigkeiten» auch dem höfischen Szenarium anerkennende Seiten abzugewinnen vermochte. So führte er mit offensichtlich verhaltenem Stolz aus, daß die Hofhaltung unter dem ersten König groß und glanzvoll gewesen sei. Ausländische Subsidien, heißt es da ganz sachlich und unbefangen, hätten den Geldumlauf befördert. In Livreen, Kleidern, Tafelgerät, Pferden und Bauwerken sei großer Luxus getrieben worden. Auch hätte der König zwei der geschicktesten Architekten Europas (Jan de Bodt und Johann Friedrich Eosander Frhr. von Göthe) gewinnen können, um Berlin zu verschönern und die Lustschlösser in Oranienburg, Potsdam und Charlottenburg auszubauen[44]. «Die schönen Künste», schrieb Friedrich II. wiederum ökonomisch argumentierend, «die Kinder des Reichstums, begannen zu blühen.» Auch eine Kunstakademie wurde ins Leben gerufen. Das bemerkenswerteste und für den Fortschritt des menschlichen Geistes bedeutsamste Ereignis sei freilich die

Gründung der Königlichen Akademie der Wissenschaften gewesen, deren Leitung Gottfried Wilhelm Leibniz übertragen wurde[45]. Hier gab es also auch nach Auffassung Friedrichs des Großen Anstöße, die in der zivilisatorischen Erfolgsgeschichte Brandenburg-Preußens, die er ja offensichtlich zu schreiben vorhatte, hochgeschätzt und gewürdigt zu werden verdienten.

Nun hat Friedrich der Große – wie jedermann geläufig ist – selber gebaut und geradezu exzessiv gesammelt, also seinerseits jenen Luxus betrieben, den er dem Großvater so heftig zum Vorwurf gemacht hat[46]. Dabei kann der forcierte Bau der Sommerresidenz Sanssouci im ersten Jahrzehnt seiner Herrschaft durchaus noch der programmatischen Absicht zugeordnet werden, sich von allen Formen offizieller Staatsrepräsentation und höfischer Etikette abzuwenden und für sich und seine Tafelrunde ein Ambiente zu schaffen, das einem heiter-epikuräischen Lebensgefühl verpflichtet war[47]. Auch die Bilderkäufe der frühen Jahre mit ihrer Vorliebe für die «fêtes galantes» Antoine Watteaus oder Nicolas Lancrets entsprachen noch ganz der wehmütig-empfindsamen Vision von einem Dasein jenseits der gravitätischen Zwänge einer dem neuerworbenen Fürstenrang entsprechenden Selbstdarstellung. Von Lancret besaß er allein 26 Gemälde.

In dieser Frühphase also gab es starke Affinitäten zwischen dem Streben nach einem neuen, auch vom Vater sich abkehrenden Lebensstil und dem auftrumpfenden Gestus, mit dem er in den letzten Lebensjahrzehnten als Bauherr und Sammler aufgetreten ist. Von Prachtliebe und eitler Selbstbespiegelung, die er seinem Großvater glaubte vorwerfen zu müssen, konnte dabei sicherlich nicht die Rede sein. Vielmehr ging es ihm, wie auch beim Bau des Berliner Opernhauses Unter den Linden deutlich wird, um die Verwirklichung von durchaus eigenständigen Konzeptionen, die bereits auf die Kronprinzenzeit und die ersten Bauvorhaben in Rheinsberg zurückgingen und die er der Reputation seines Staates als einer Metropole der schönen Künste und des aufgeklärten Denkens schuldig zu sein glaubte. Es waren Vorstellungen, die weniger an höfischen Konventionen als an Formen eines neuen Herrschaftsverständnisses orientiert waren. Auch das Verschwendungsargument, das er dem Großvater entgegengehalten hatte, konnte hier im eigentlichen Sinne nicht vorgebracht werden. Denn die Kosten für seine Bauten und sein mäzenatisches Engagement blieben eindeutig den militärischen und administrativen Erfordernissen des Staates untergeordnet.

Bemerkenswert ist nun jedoch, daß er mit zunehmendem Alter diese Einstellung aufgegeben und sich Projekten zugewandt hat, die sich immer weiter von der Herrschaftsauffassung und den Stilprinzipien der frühen Jahre entfernten. An herausragender Stelle ist hier das Neue Palais zu nennen, das in den Dimensionen und den Formen einer spektakulären Herrschaftsinszenierung offenbar ganz bewußt eine Rückkehr zu älteren Formen höfischer Repräsentation darstellte[48]. Jedenfalls trat hier die Beschwingtheit und Grazie seiner Sommerresidenz Sanssouci hinter einer gigantischen Dreiflügelanlage mit einer Gartenfront von 26 Achsen, einer Kolossalordnung aus korinthischen Pilastern und einer mächtig aufragenden Tambourkuppel in den Hintergrund. Alle Fassaden dieses noch um Wirtschaftsgebäude extremen Zuschnitts und wiederum kuppelbekrönte Eckpavillons erweiterten Areals wurden durch ein allegorisches Skulpturenprogramm ergänzt. Die Gartenfront war beziehungsreich den Schrecken des Krieges und den Heldentaten der Antike gewidmet, die nach Westen gewandte Hofseite den Göttern und Musen und damit den Segnungen und Freuden des Friedens – Themen also, die das vielfältig abgewandelte und so eigentümlich widerspruchsvolle Leitmotiv seines ganzen Lebens noch einmal aufnahmen. Aber unverkennbar war zugleich, daß hier in mythologischem Gewand zugleich auch die Apotheose des am Ende siegreichen preußischen Staates und die Selbstbehauptung des Hauses Brandenburg ganz im Stile des barocken Herrscherlobes in Szene zu setzen beabsichtigt war. Die Ikonographie des Figurenprogramms und das Dekorationsprinzip langer, überreich bestückter Skulpturenreihen vor den Fassadenpilastern und im Bereich der Attikazone gehörten zu den Vorlieben des Königs. Aber sie knüpften ebenso wie viele Details der Innendekoration auch ganz unübersehbar und sicher nicht unabsichtlich an Ausdrucksformen des Hochbarock an und sind insofern ein Beleg für die Rückwendung des Königs zu einem fürstlichen Ostentationsbedürfnis, das er mit dem Schloßbau von Sanssouci hinter sich gelassen zu haben schien[49].

Gewiß hatte er bei diesen und zahlreichen anderen Bauvorhaben der letzten Lebensjahrzehnte immer wieder Sparsamkeit angemahnt und gelegentlich in kleinlicher Manier der billigeren Lösung den Vorzug gegeben. Unverkennbar ist aber gleichwohl, daß mit dem Bau des Neuen Palais eine gewaltige und selbstverständlich auch kostspielige, alle Raumerfordernisse ignorierende Manifestation eines elementaren Machtanspruchs ganz im Sinne des Großvaters intendiert war. Zwar behielt Friedrich der Große auch in diesen Jahren den hohen Finanzbedarf von Staat und Armee im Auge und stellte insofern immer wieder eine rational kontrollierte Relation zwischen dem Wohlfahrtsanspruch der Allgemeinheit und den Selbstdarstellungsgelüsten des Landesherrn her. Das monumentale Bauvorhaben des Neuen Palais rückt dennoch in die Nähe dessen, was Friedrich dem Großvater anzukreiden für nötig hielt, zumal die Landesfinanzen nach dem soeben erst beendeten Siebenjährigen Krieg außerordentlich angespannt waren. Es ist nicht überliefert, an wen sich diese prahlerisch auftrumpfende Geste eigentlich richtete. Den «philosophes», den Aufklärern aus Prinzip wie Voltaire und den Bezugspersonen seiner frühen Jahre, konnte er mit solchen «éclats» gewiß nicht imponieren. Insofern spricht manches dafür, daß sich seine Absichten mittlerweile von einer engen ökonomischen, nach innen gewandten Einschätzung fürstlicher Selbstdarstellung zu einer Auffassung weiterentwickelt hatten, die auch die Höfe der konkurrierenden Mächte, also die außenpolitische Dimension höfischen Glanzes wahrzunehmen vermochte.

Ein ähnliches Bild bietet der Blick auf seine Sammlungen. Durchgehend hat er Antiken, vor allem Porträtbüsten, Skulpturen und mit großer Leidenschaft Gemmen gesammelt und zwar auch zu Zeiten, wo er sich – bedingt durch die schnell ins Extreme steigenden Kriegskosten – in finanziellen Engpässen befand[50]. Er verfolgte offenbar von Anfang an den Plan, möglichst schnell einen gewichtigen Sammlungsbestand vorweisen zu können. Und so zögerte er trotz der militärischen Auseinandersetzungen um Schlesien nicht, bereits 1742 eine kostbare Kollektion antiker Bildwerke zu erwerben, die ihm aus dem Nachlaß des französischen, an der Kurie akkreditierten Kardinals Melchior de Polignac angeboten worden war. Zu dieser Kollektion zählte übrigens auch die monumentale Bernini-Büste des Kardinals Richelieu, die heute in der Bildergalerie von Sanssouci steht. Eine weitere Sammlung antiker Skulpturen konnte er 1766/67, also ebenfalls in einer finanziell durchaus krisenhaften Zeit, in seinen Besitz bringen. Hinzu kamen exzeptionelle Einzelstücke wie der berühmte «Betende Knabe», den er am Ende des Laubengangs vor seinem Bibliothekszimmer in Sanssouci aufstellen ließ[51].

Noch wichtiger für den hier zu erörternden Zusammenhang sind freilich die Gemäldesammlungen, die der König nach ersten Erwerbungen in der Kronprinzenzeit während seines ganzen Lebens nicht gerade mit ausgeprägter Kennerschaft, aber doch mit dem Orientierungsvermögen eines versierten und gebildeten Dilettanten auszubauen und zu vervollständigen bestrebt war[52]. Dabei ist bemerkenswert, daß sich bei den Bilderkäufen im Gegensatz zu seiner Sammelleidenschaft auf dem Gebiet der antiken Skulptur ein Geschmackswandel nachweisen läßt, der offensichtlich auch mit einem Wandel seiner Herrschaftsauffassung in Verbindung steht. Schon an den Dimensionen und dem stilistischen Dekor des Neuen Palais war erkennbar, daß sich der König mit fortschreitendem Alter eigentümlich rückwärtsgewandt an einer Ausdruckswelt orientierte, die er gerade auch mit dem Blick auf den Großvater als eitel, selbstgefällig und steif empfunden hatte.

Ähnlich verhält es sich mit den Erwerbungen für seine Bildersammlung. Sein ursprüngliches, offenbar auch sehr persönlich motiviertes Interesse galt der galanten Malerei der Franzosen der nachludovizianischen Zeit, also Watteau, Lancret und Chardin. In den fünfziger Jahren, zu einem Zeitpunkt, als erste, schließlich dann verworfene Überlegungen für die Erweiterung des Potsdamer Schloßareals um ein «Neues Palais» angestellt wurden, wandte er sich dann der «großen», also der auch an den Höfen seiner Rivalen geschätzten Tafelmalerei zu und kaufte die Meister des klassischen Repertoires, unter ihnen Rubens, Rembrandt, Correggio, Caravaggio und Poussin[53]. In einem Brief vom 6. November 1755 schrieb er an seine Schwester Wilhelmine, daß er in erstaunlich kurzer Zeit «eine ziemlich reichhaltige Sammlung bekannter und von den Kennern geschätzter Bilder» zusammenzutragen vermocht habe[54]. Nur wenige Wochen später berichtete er, daß er noch fünfzig Gemälde benötige, um seine Galerie zu vervollständigen. Aber die Bildernarrheit, setzte er hinzu, werde bei ihm nur kurz dauern; denn wenn das Maß voll sei, werde er nichts mehr kaufen[55].

Mir sind keine Veröffentlichungen bekannt, in denen die Preise für die entsprechenden Bilderkäufe dokumentiert sind[56]. Zu vermuten ist jedoch, daß die Anschaffungen der späten Jahre ein Vielfaches dessen gekostet haben, was er für den Ankauf der französischen Genrebilder aufgewendet hat. Es wäre sicherlich verfehlt, hier von Verschwendungssucht und übertriebenem Luxus zu sprechen. Auch bei seinen Bilderkäufen hat Friedrich sehr eigenwillig und einfach nicht gut informiert hochrangige Angebote ausgeschlagen, die ihm zu teuer oder nicht angemessen zu sein schienen. Gleichwohl ist unverkennbar, daß er seit den fünfziger Jahren auch im Bereich seiner Sammlungen bestrebt war, sich einem Standard anzupassen, wie er den Ansprüchen höfischer Repräsentation überall in Europa entsprach. Das Erstaunliche ist aus heutiger Sicht, daß sich diese ästhetischen Maßstäbe des *ancien régime* durchgesetzt haben und auch heute noch in einer gänzlich anders geprägten Welt maßgeblich geblieben sind.

Schon vor dem Siebenjährigen Krieg plante Friedrich der Große eine eigene Bildergalerie in unmittelbarer Nähe seiner Sommerresidenz Sanssouci zu bauen, die dann aber erst 1763 fertiggestellt werden konnte[57]. Sie gehört zu den ältesten ausschließlich als Gemäldegalerie konzipierten Museumsbauten im Umfeld einer fürstlichen Residenz. Bei der wie in allen Sammlungen der Zeit dichtgedrängten Hängung der Bilder war bereits eine systematische Gliederung intendiert, die freilich die Eleganz des langgestreckten, durch eine kuppelüberwölbte, nach innen eingezogene, nach außen vorspringende Mittelpartie gegliederten Raumeindrucks nicht beeinträchtigen durfte. Die Genese und Aufeinanderfolge der Epochen und Stilentwicklungen waren ja kein Thema, das die ästhetischen Vorstellungen von Sammlern und Mäzenen des *ancien régime* beeinträchtigte. Vielmehr ging es hier um die Demonstration dessen, was man auf diesem für die Selbstdarstellung fürstlicher Reputation so außerordentlich wichtigen Gebiet vorzuweisen hatte, also einmal mehr um Macht und Statusfragen in überregionalem Maßstab, um Perspektiven, die er seinem Großvater offensichtlich nicht zuzubilligen bereit war.

Friedrich der Große orientierte sich bei den Ankäufen der Gemälde an der von den tonangebenden Kunstakademien propagierten Hierarchie der Bildgattungen und bevorzugte demnach Historiengemälde antiken und biblischen Inhalts[58].

Er vernachlässigte nun das, was ihn in den Empfindungen und Visionen seiner Jugendzeit so sehr beflügelt hatte, und verfolgte offensichtlich das Ziel, im Kreise der europäischen Potentaten als ein Fürst zu erscheinen, der nach seinen militärischen Erfolgen auch den musischen, sich in den Künsten manifestierenden kulturellen Ansprüchen einer Monarchie von Rang gerecht wurde.

Friedrich hat sich zu seinen Ambitionen als Bauherr und Sammler auffälligerweise nur beiläufig – vor allem in privaten Briefen an seine Schwester Wilhelmine – geäußert[59]. Insofern bleibt auch im dunklen, was ihn zu dem Wandel seines Selbstdarstellungsstils bewogen hat. Programmatisches jedenfalls ist hier nicht zu erkennen. Dabei hat er das so engherzig ökonomisch begründete Urteil über den Großvater auch in späteren Fassungen der «Denkwürdigkeiten des Hauses Brandenburg» nicht revidiert, sondern mit einem an Borniertheit grenzenden Hochmut an seiner Aufklärungsdoktrin festgehalten. Was sind die Gründe für diese Diskrepanz? Möglicherweise war ihm zumindest die Welt der Gemälde, mit denen er seine Schlösser und seine eigens als Schausammlung errichtete Bildergalerie auszustatten wünschte, nicht wichtig genug, um die Rückwendung zum Geschmack höfisch geprägter Selbstdarstellung wahrnehmen zu können. Seiner Schwester gegenüber hat er seine Bilderkäufe einmal lakonisch als eine «Torheit (folie)» bezeichnet[60]. Das Neue Palais hatte als Ausdruck eines trotzigen Selbstbehauptungswillens gewiß einen anderen Stellenwert. Aber auch hier könnte zutreffen, daß ihm Parallelen zum Schloßbau des ersten Königs in Berlin und zu allem Aufwand, den dieser zu seiner Selbstinszenierung betrieben hat, nicht in den Sinn gekommen sind. Vielleicht hielt er sich im Gegensatz zu den «principini», von denen Machiavelli schon so abfällig gesprochen hatte, für einen «großen Fürsten», dem vor dem Areopag europäischer Potentaten auch Schloßbauten, Sammlungen und Armeen zuzugestehen waren.

Entscheidend dürfte jedoch gewesen sein, daß er ungeachtet der zahlreichen Bauaufträge und dem seinem Fürstenrang gebührenden Mäzenatentum ein außerordentlich sparsamer Regent war, dem die mächtepolitische Gemengelage und die fortbestehende militärische Bedrohung, der sich Preußen auch nach dem Siebenjährigen Krieg noch ausgesetzt sah, immer gegenwärtig war[61]. In Frankreich, England und Österreich, hatte er dem Thronfolger in seinem Politischen Testament von 1768 einzuschärfen versucht, mache man Schulden, man mißbrauche den Staatskredit und häufe Abgaben auf Abgaben, um die Zinsen bezahlen zu können. «Ist es», fragte er, demgegenüber «nicht vernünftiger, gerechter, menschlicher, seine Ausgaben in Friedenszeiten zu beschränken und jedes Jahr eine Summe beiseite zu legen [...], als in Kriegszeiten seine Zuflucht zu Anleihen, Gaunereien und üblen Praktiken zu nehmen, die einen Privatmann seine Reputation kosten würden, und die Steuern beim ersten Kanonenschuß zu verdoppeln und zu verdreifachen?»[62]

Es muß als ein in der europäischen Staatenwelt einzigartiges Phänomen gelten, daß der preußische Staatshaushalt trotz der Kriege Friedrichs des Großen immer ausgeglichen war und keine langfristigen Verbindlichkeiten zu Buche standen. Großmachtpolitik zu betreiben, bedeutete im *ancien régime* – vielleicht nicht weniger als in anderen Epochen der neueren Geschichte –, Schulden zu machen und über seine Verhältnisse zu leben[63]. Das war in Preußen anders, auch wenn einzuräumen ist, daß die Erfolge des friderizianischen Merkantilsystems mit einer überaus repressiven Staatsomnipotenz erkauft worden sind. Ungeachtet der enormen Ausweitung des Haushaltsvolumens und trotz der zunehmenden Verschachtelung der Finanzverwaltung läßt sich der Nachweis führen, daß Friedrich mit dem Instrumentarium eines rigorosen Fiskalismus Kassenüberschüsse zu erwirtschaften vermochte, die nach der Beendigung des Siebenjährigen Krieges noch einmal gesteigert werden konnten. Immer unverhüllter traten nun jene Prinzipien zutage, mit denen schon der Vater seine unerbittliche Staatsschatzpolitik durchzusetzen gewußt hatte[64].

Bereits in seinem Politischen Testament von 1752 bekannte sich Friedrich zu dem Plan, einen Kriegsschatz von 20 Mill. Talern anzusparen[65]. Nach den offensichtlich traumatischen Erfahrungen des Siebenjährigen Krieges forcierte er dann seine Thesaurierungspolitik mit dem Ergebnis, daß er dem Thronfolger einen Staatsschatz in der kaum faßlichen Höhe von gut 51 Mill. Talern hinterlassen konnte – ein Kapital, das Friedrich Wilhelm II. – wie es Friedrich der Große befürchtet hatte[66] – während seiner nur elf Jahre währenden Regentschaft aufgebraucht und vergeudet hat[67]. Die Motive für diese mit allen Mitteln vorangetriebene Einnahmesteigerungspolitik Friedrichs beruhten im Grunde auf keinem theoretisch durchdachten wirtschafts- und finanzpolitischen Konzept, obwohl vor allem die beiden Politischen Testamente höchst eindrucksvoll belegen, wie detailliert und problembewußt der König über die Finanzlage und das Wirtschaftspotential seiner Territorien Bescheid wußte. Auch die fiskalischen Maßnahmen waren immer und in jedem Bereich seines politischen Handelns von der Sorge um die militärische Handlungs- und Expansionsfähigkeit seines Staates bestimmt[68].

Insofern konnte er für sich legitimerweise eine völlig andersartige Herrschaftsauffassung als die des ersten Königs in Anspruch nehmen. Er war ein Fürst, der ohne Zweifel einer im Sinne der Aufklärung geläuterten Vision von Sinn und Zweck monarchischer Herrschaft verpflichtet war. Deshalb müssen auch seine Bautätigkeit und seine zahlreichen Sammlungen in einem anderen Kontext gesehen werden. Sie waren sicherlich schon seit der Kronprinzenzeit und dem Ausbau seines Rheinsberger Refugiums wichtige und eine Zeitlang auch überaus eigenständige Betätigungsfelder. Aber sie waren im Gegensatz zu seinem Großvater nicht der Mittelpunkt seines Selbstdarstellungsstrebens.

In diesen vielleicht nicht einmal in sein Bewußtsein vorgedrungenen Unterschieden und Differenzen mögen die Gründe für das vernichtende Urteil liegen, das er über den ersten König, sein Ostentationsbedürfnis und seine angebliche Verschwendungssucht gefällt hat. Es waren eben wirklich schon Welten, die zwischen den beiden Generationen lagen. Viele Ausdrucksformen fürstlicher Selbstdarstellung waren trotz eines offenkundigen Wandels in Geschmack und Habitus unverändert geblieben; Friedrich II. selber ist ein sinnfälliges Beispiel dafür. Aber die Prioritäten bei der Ausübung eines Herrscheramtes hatten sich – übrigens nicht nur in Preußen – deutlich verschoben. Die Unterordnung unter die Anforderungen des Gemeinwohls und der wie immer definierten Staatsnotwendigkeiten hatte ein solches Gewicht erlangt, daß ältere Formen der Herrschaftslegitimation obsolet geworden waren. Aus dieser Perspektive konnte das Königtum des ersten Königs tatsächlich als eine Inszenierung erscheinen, die den Eindruck der Eitelkeit und des unangemessenen Aufwandes vermittelte. Im Umfeld solcher Gedankengänge müssen also die Gründe für das Verdikt vermutet werden, das der Enkel auch über die Königskrönung von 1701 zu äußern für berechtigt hielt.

Anmerkungen

1. Thomas Mann und Friedrich der Große

* In einer kürzeren Version zunächst erschienen in: Historische Zeitschrift 283 (2006), 79–101.

1 *Thomas Mann*, Carlyle's Friedrich, in: *ders.*, Gesammelte Werke in zwölf Bänden, hier Bd. X: Reden und Aufsätze, Frankfurt/Main 1960, 567.

2 *Ders.*, Betrachtungen eines Unpolitischen, in: *ders.*, Gesammelte Werke in zwölf Bänden, Bd. XII, Frankfurt/Main 1960, 160. Zu den bibliographischen Details der beiden Schriften: *Thomas Mann*, Essays, hrsg. von Hermann Kurzke und Stephan Stachorski, Bd. 1: Frühlingssturm 1893–1918, Frankfurt/Main 1993, 382–385 und 399–401.

3 *Kurt Sontheimer*, Thomas Mann und die Deutschen, München 1961, 21. Vgl. auch *Andreas Fischer*, Studien zum historischen Essay und zur historischen Porträtkunst an ausgewählten Beispielen, Berlin 1968, 125 f.

4 Vgl. *Alfred Kantorowicz*, Heinrich und Thomas Mann. Die persönlichen, literarischen und weltanschaulichen Beziehungen der Brüder, Berlin 1956, 14 f.

5 Thomas Mann – Heinrich Mann. Briefwechsel 1900–1949, hrsg. von Hans Wysling, 3., erweiterte Aufl. (Taschenbuchausgabe), Frankfurt/Main 2005, 170.

6 Thomas Mann, Carlyle's Friedrich (Anm. 1), 568 f. Ähnliche Formulierungen auch in den Betrachtungen eines Unpolitischen (Anm. 2), 188 und 200 ff. Vgl. zur Rezeptionsgeschichte des Essays *A. Fischer*, Studien zum historischen Essay (Anm. 3), 150. Wie angesichts solcher Sentenzen Helmut Koopmann zu der mehrfach wiederholten Überzeugung gelangte, daß es sich bei Thomas Manns Friedrich-Essay um ein «Selbstbildnis» des Autors handele, ist mir nicht nachvollziehbar. «Das war», schreibt Koopmann, «ein Hochglanz-Ego, ein Selbstbildnis, in dem sich alles versammelte, was für Thomas Mann zum eigenen Selbstverständnis gehörte,

verbunden mit Lebensdistanz und ‹Skepsis› [...]»; vgl. *Helmut Koopmann*, Thomas Mann – Heinrich Mann. Die ungleichen Brüder, München 2005, 457 ff.

7 *Joachim Fest*, «Verwandtschaft und Affront». Thomas Mann und der Westen, in: *ders.*, Bürgerlichkeit als Lebensform. Späte Essays, Reinbeck 2007, 191–214, hier 206 f. Ferner *Georg Bollenbeck*, Politik drängt sich auf. ‹Bürgerliches Künstlertum› und reflexives Sonderwegbewußtsein bei Thomas Mann, in: Dichter und ihre Nation, hrsg. von Helmut Scheuer, Frankfurt/Main 1993, 392–410, hier bes. 398 f.

8 *Harald Weinrich*, «Ironie», in: Historisches Wörterbuch der Philosophie, hrsg. von Joachim Ritter, Bd. 4, Darmstadt 1976, Sp. 577–582.

9 *Thomas Mann*, Altes und Neues. Kleine Prosa aus fünf Jahrzehnten, Frankfurt/Main 1953, 12 f.; vgl. auch *A. Kantorowicz*, Heinrich und Thomas Mann (Anm. 4), 23. Joachim Fest kommt in seinem Essay «Verwandtschaft und Affront» auf den Friedrich-Traktat nicht ausdrücklich zu sprechen, zieht aber in dem angeführten Rückblick eine ähnliche Gesamtbilanz wie Thomas Mann; vgl. *J. Fest*, «Verwandtschaft und Affront» (Anm. 7).

10 Zu Aschenbachs fiktivem Vorhaben *Klaus Weissenberger*, Friedrich der Große und der Bruderzwist im Hause Mann, in: Geist und Macht. Friedrich der Große im Kontext der europäischen Kulturgeschichte, hrsg. von Brunhilde Wehinger, Berlin 2005, 143–156. Vgl. ferner *Anna Ruchat*, Das Roman-Projekt über Friedrich den Großen im Spiegel der Notizen. Edition und Interpretation, Bonn 1989.

11 Brief vom 5. Dezember 1905 an Heinrich Mann, in: Thomas Mann – Heinrich Mann. Briefwechsel 1900–1949, hrsg. von Hans Wysling, 3. Aufl., Frankfurt/Main 1994, 112. Vgl. auch *Hermann Kurzke*, Thomas Mann. Das Leben als Kunstwerk. Eine Biographie, München 1999, 180, und *H. Koopmann*, Thomas Mann – Heinrich Mann (Anm. 6), 455 f. – Carlyle hat sich zu seiner Auffassung von Heldentum und Heldenverehrung auch grundsätzlich geäußert: *Thomas Carlyle*, Helden und Heldenverehrung, [hier neu] übersetzt von Ernst Wicklein, Jena 1913.

12 *Thomas Mann*, Betrachtungen eines Unpolitischen (Anm. 3), 203.

13 *Thomas Mann*, Friedrich und die große Koalition, Berlin 1915, 116. Zu den bibliographischen Details: *Thomas Mann*, Essays (Anm. 2), 387–399. Zum Grundsätzlichen auch: Thomas Mann und seine Quellen. Festschrift für Hans Wysling, hrsg. von Eckhard Heftrich und Helmut Koopmann, Frankfurt/Main 1991. In der Untersuchung von *Eckart Koester*, ‹Kultur› versus ‹Zivilisation›. Thomas

Manns Kriegspublizistik als weltanschaulich-ästhetische Standortsuche, in: Kultur und Krieg. Die Rolle der Intellektuellen, Künstler und Schriftsteller im Ersten Weltkrieg, hrsg. von Wolfgang J. Mommsen (Schriften des Historischen Kollegs, Kolloquien 34), München 1996, 249–258, bleibt der Friedrich-Essay ausgespart.

14 *Thomas Mann*, Friedrich (Anm. 13), 48.

15 Ebd., 49.

16 Ebd., 115.

17 Ebd., 52 f.

18 Ebd., 55 f.

19 Ebd., 47, oder beinahe wörtlich übereinstimmend auch 110.

20 *Hermann Kurzke*, Thomas Mann. Epoche – Werk – Wirkung, München 1985, 123.

21 *A. Fischer*, Studien zum historischen Essay (Anm. 3), 139 f.

22 Vgl. ebd., 95–121, und *Thomas Mann*, Essays (Anm. 2), 390. Ferner *Walter Bussmann*, Friedrich der Große im Wandel des europäischen Urteils, in: Deutschland und Europa. Historische Studien zur Völker- und Staatenordnung des Abendlandes. Festschrift für Hans Rothfels, hrsg. von Werner Conze, 375–408, hier, 385 f., und *Julia Groß*, Das Bild Friedrichs II. im England des 19. Jahrhunderts anhand von Macaulay und Carlyle, in: FBPG NF 2 (1992), 47–121.

23 *Thomas Mann*, Carlyle's Friedrich (Anm. 1), 568.

24 Vgl. *Theodor Schieder*, Friedrich der Große. Ein Königtum der Widersprüche, Frankfurt/Main 1983, 482.

25 Nach Auskunft von Kurzke/Strachorski benutzte Thomas Mann die einbändige, gekürzte Ausgabe von Karl Linnebach, erschienen 1905; vgl. *Peter-Michael Hahn*, Friedrich der Große und die deutsche Nation. Geschichte als politisches Argument, Stuttgart 2007, 102. Ferner *Thomas Mann*, Essays (Anm. 2), 390.

26 *Thomas Mann,* Carlyle's Friedrich (Anm. 1), 570.

27 Ebd.

28 *A. Fischer*, Studien zum historischen Essay (Anm. 3), 131.

29 Zum Grundsätzlichen *Walter Hinck*, Historie und Literatur. Hat Geschichtsdichtung Zukunft?, in: *ders.,* Geschichtsdichtung [Ausgewählte Aufsätze], Göttingen 1995, 11–60. Vgl. auch *Christoph Gradmann*, Geschichte, Fiktion und Erfahrung – kritische Anmerkungen zur neuerlichen Aktualität der historischen Biographie, in: Internationales Archiv für die Sozialgeschichte der deutschen Literatur 17 (1992), 1–16.

30 *Thomas Mann*, Betrachtungen eines Unpolitischen (Anm. 2), 162.

31 Vgl. das Zitat bei *George P. Gooch*, Friedrich der Große. Herrscher

– Schriftsteller – Mensch, Göttingen 1951, 385. Zu Gooch und seinem Friedrich-Bild ausführlicher auch *J. Kunisch*, Der Historikerstreit (in diesem Band, 48–105).

32 *P.-M. Hahn*, Friedrich der Große und die deutsche Nation (Anm. 25), 65.

33 *Thomas Mann*, Friedrich (Anm. 13), 109 f.

34 *Max Jähns*, Friedrich der Große und der Ursprung des siebenjährigen Krieges, in: Militär-Wochenblatt 80 (1895), Sp. 211–218, hier 217. Vgl. mit ähnlichen Formulierungen auch *Otto Herrmann*, Lehmann über Friedrich den Großen und den Ursprung des Siebenjährigen Krieges, in: FBPG 8 (1895), 238–246, hier 242.

35 Zitiert nach *Michael Salewski*, «Praevenire quam praeveniri». Zur Idee des Präventivkrieges in der Späten Neuzeit, in: Historische Mitteilungen. Im Auftrag der Ranke-Gesellschaft hrsg. von Jürgen Elvert und Michael Salewski, 18 (2005), 88–100, hier 96.

36 Umfassend vor allem *Martin Raschke*, Der politisierende Generalstab. Die friderizianischen Kriege in der amtlichen deutschen Militärgeschichtsschreibung 1890–1914, Freiburg i. Br. 1993. Vgl. ferner *Markus Ingenlath*, Mentale Aufrüstung. Militarisierungstendenzen in Frankreich und Deutschland vor dem Ersten Weltkrieg, Frankfurt/Main – New York 1998.

37 *Thomas Mann*, Friedrich (Anm. 13), 85.

38 Einzelheiten dazu in: *Thomas Mann*, Essays (Anm. 2), 388–391. «Da», schreiben die Herausgeber Kurzke und Strachorski, «die Friedrich-Literatur vor allem in den Kriegsjahren [welchen?] einen enormen Umfang erreichte (dazu kommen noch zahlreiche Feuilleton-Beiträge), ist es nahezu unmöglich, sämtliche von Thomas Mann benutzten Quellen zu ermitteln» (391).

39 *Thomas Mann*, Friedrich (Anm. 13), 84.

40 Ebd., 82.

41 Ebd., 85 f.

42 Ebd., 86.

43 Ebd., 86 f. [die Sperrungen wie im Text!]. Schon um dieser einen Wendung willen sei Thomas Mann «der Lorbeer sicher», schreibt der als linksliberal geltende Veit Valentin im Anhang zu seiner Friedrich-Biographie von 1927 in Kenntnis der gesamten Friedrich-Literatur. Er nennt den Essay Thomas Manns an anderer Stelle «prachtvoll» und rühmenswert wegen seines «grandiosen Humors». Aber auch das «Menschlich-Problematische» des Königs habe Thomas Mann «zum ersten Mal adäquat erfaßt»; *Veit Valentin*, Friedrich der Große, Berlin 1927, 136.

44 Die angeführte Stelle findet sich im Schlußkapitel der 1871 erstmals

erschienenen Abhandlung: *Leopold von Ranke*, Der Ursprung des Siebenjährigen Krieges, Leipzig 1871, 234.

45 *Thomas Mann*, Friedrich (Anm. 13), 109f. [die Sperrungen wie im Text!].

46 Ebd., 57.

47 *Klaus Harpprecht*, Thomas Mann. Eine Biographie, Hamburg 1995, 385.

48 *Thomas Mann*, Friedrich (Anm. 13), 57.

49 Ebd., 71.

50 Ebd., 114.

51 Ebd, 56. Vgl. dazu, allerdings ohne Bezugnahme auf Thomas Mann: *Marion Kobelt-Groch*, Friedrich II. und Maria Theresia. Der Siebenjährige Krieg – ein Kampf der Geschlechter?, in: Historische Mitteilungen, im Auftrage der Ranke-Gesellschaft hrsg. von Jürgen Elvert und Michael Salewski, 18 (2005), 72–87.

52 *Thomas Mann*, Friedrich (Anm. 13) 59.

53 Ebd., 60 [die Sperrung wie im Text].

54 Ebd., 22f.

55 *K. Sontheimer*, Thomas Mann (Anm. 3), 24.

56 Ebd., 23. Vgl. auch die Einschätzung Veit Valentins in seinem Besprechungsartikel von 1927: *Veit Valentin*, Der Kampf um Friedrich den Großen, zuletzt in: Perspektiven und Profile. Aus Schriften Veit Valentins, hrsg. vom Frankfurter Verein für Geschichte und Landeskunde, ausgewählt und eingeleitet von Will Schaber, Frankfurt/Main 1965, 179–194, hier 184.

57 *A. Fischer*, Studien zum historischen Essay (Anm. 3), 150f.

58 Ein jüngstes Beispiel für eine Friedrich-Satire *Hermann Peter Piwitt*, Jahre unter ihnen. Roman, Göttingen 2006, darin vor allem das Kapitel «Kunersdorf», 5ff. Vgl. zu den bildlichen «Stützpfeilern» der Friedrich-Legende *P.-M. Hahn*, Friedrich der Große und die deutsche Nation (Anm. 25), 212–239.

59 *Thomas Mann*, Friedrich (Anm. 13), 91.

60 Ebd., 98.

61 Ebd., 100.

62 Vgl. etwa *Carl Schmitt*, Der Nomos der Erde im Völkerrecht des Jus Publicum Europaeum, Köln 1950. Als Überblick neuerdings auch *Dieter Wyduckel*, Recht, Staat und Frieden im Jus Publicum Europaeum, in: Zwischenstaatliche Friedenswahrung in Mittelalter und Früher Neuzeit, hrsg. von Heinz Duchhardt, Köln – Wien 1991, 185–204 (mit zahlreichen Einzelnachweisen).

63 Vgl. neben der einschlägigen Literatur der Altertumswissenschaften auch den Hinweis bei *Carlo Ginzburg*, Die Wahrheit der Ge-

schichte. Rhetorik und Beweis, Berlin 2001, 12 ff. Zur Bedeutung Mommsens jetzt *Josef Wieschöfer – Henning Börm* (Hrsg.), Theodor Mommsen. Gelehrter, Politiker und Literat, Stuttgart 2005, darin vor allem *Gerrit Walther*, «... mehr zu den Künstlern als zu den Gelehrten». Mommsens historischer Blick, 229–241.

64 *Le Comte de Mirabeau* [Gabriel Honoré Riqueti de Mirabeau], De la Monarchie Prussienne sous Frédéric le Grand, 8 Bde., London 1788, hier Bd. 1, 97–101, das Zitat, 98; die deutsche Übersetzung in: Friedrich der Große im Spiegel seiner Zeit, hrsg. von Gustav Berthold Volz, 3 Bde., Berlin 1926, hier Bd. 3, 158 f. Vgl. auch *Th. Schieder*, Friedrich der Große (Anm. 24), 465–472, und *Hanns Reißner*, Mirabeau und seine «Monarchie Prussienne», Berlin – Leipzig 1926.

65 *Thomas Mann*, Friedrich (Anm. 13), 99 f.

66 Ebd., 114.

67 Ebd., 111.

68 Ebd., 112 f.

69 Ebd., 113.

70 Ebd., 114.

71 *Johannes Kunisch*, Friedrich der Große. Der König und seine Zeit, 5. Aufl., München 2005.

72 Zitiert nach *K. Harpprecht*, Thomas Mann (Anm. 47), 383.

73 *Thomas Mann*, Betrachtungen eines Unpolitischen (Anm. 2), 201 f.

74 Vgl. auch *Manfred Görtemaker*, Thomas Mann und die Politik, Frankfurt/Main 2005, 32.

75 *Thomas Mann*, Friedrich (Anm. 13), 16.

76 *K. Harpprecht*, Thomas Mann (Anm. 47), 387.

77 Vgl. im einzelnen: «Reden zum Zeitgeschehen», in: *Thomas Mann*, Gesammelte Werke in zwölf Bänden, Bd. XI, Frankfurt/Main 1960, 809–1150. Siehe auch *M. Görtemaker*, Thomas Mann und die Politik (Anm. 74), 125–142, und *J. Fest*. «Verwandtschaft und Affront». Thomas Mann und der Westen (Anm. 7).

78 Dazu aufschlußreich *Hans-Christof Kraus*, Vom «Unpolitischen» zum Poeta politicus? Thomas Mann im Spiegel seines Briefwechsels mit Agnes E. Meyer (1937–1955), in: HZ 260 (1995), 449–489.

79 Zitiert nach *K. Harpprecht*, Thomas Mann (Anm. 47), 389.

80 Vgl. *E. Koester*, ‹Kultur› versus ‹Zivilisation› (Anm. 13), 254 f.

81 Thomas Mann – Heinrich Mann. Briefwechsel (Anm. 11), 172.

82 Vgl. in diesem Sinne auch *P.-M. Hahn*, Friedrich der Große und die deutsche Nation (Anm. 25), 83 f.

83 *Thomas Mann*, Friedrich (Anm. 13), 33.

84 Ohne erkennbare apologetische Tendenz allerdings die fundierte,

im Auftrag der Preußischen Archivverwaltung erschienene Aktenedition von Gustav Berthold Volz und Georg Küntzel (Hrsg.), Preußische und Österreichische Acten zur Vorgeschichte des Siebenjährigen Krieges, Leipzig 1899 (ND Osnabrück 1965).
Die umfangreiche Kontroversliteratur um den Ausbruch des Siebenjährigen Krieges dokumentieren Herzeleide und Eckhardt Henning, Friedrich der Große 1786–1986. Das Schrifttum des deutschen Sprachraums und der Übersetzungen aus Fremdsprachen, Berlin – New York 1988, 252–278. Vgl. darüber hinaus *Winfried Baumgart*, Der Ausbruch des Siebenjährigen Krieges. Zum gegenwärtigen Forschungsstand, in: Militärgeschichtliche Mitteilungen 11 (1972), 157–165, und *J. Kunisch*, Der Historikerstreit (in diesem Band, 48–105).

85 *Thomas Mann*, Friedrich (Anm. 13), 118.

86 *Thomas Mann*, Betrachtungen eines Unpolitischen (Anm. 2), 148. Vgl. auch *K. Weissenberger*, Friedrich der Große und der Bruderzwist im Hause Mann (Anm. 10), 151 ff. Zum Grundsätzlichen: *Wolfgang J. Mommsen*, Der Geist von 1914. Das Programm eines politischen Sonderweges der Deutschen, in: Der autoritäre Nationalstaat. Verfassung, Gesellschaft und Kultur im deutschen Kaiserreich, hrsg. von dems., Frankfurt/Main 1990, 407–421, und *Reinhard Rürup*, Der «Geist von 1914» in Deutschland. Kriegsbegeisterung und Ideologisierung des Krieges im Ersten Weltkrieg, in: Ansichten vom Krieg. Vergleichende Studien zum Ersten Weltkrieg in Literatur und Gesellschaft, hrsg. von Bernd Hüppauf, Königstein/Ts. 1984, 1–30.

87 Im einzelnen *Gerhard Ritter,* Der Schlieffenplan. Kritik eines Mythos, München 1956. Vgl. sehr pointiert auch *Sebastian Haffner*, Die sieben Todsünden des Deutschen Reiches im ersten Weltkrieg, Bergisch Gladbach 2001, 27–45. Zum gegenwärtigen Forschungsstand *Terence M. Holmes*, Der Schlieffenplan des Friedrich von Bernhardi. Zur Beilegung eines mythischen Streitfalls, in: Militärgeschichtliche Zeitschrift 63 (2004), 429–443. Ferner: Der Schlieffenplan. Analysen und Dokumente, im Auftrag des Militärgeschichtlichen Forschungsamtes und der Otto-von-Bismarck-Stiftung, hrsg. von Hans Ehlert, Michael Epkenhaus und Gerhard P. Groß, Paderborn u. a. 2006.

88 *K. Sontheimer*, Thomas Mann (Anm. 3), 23.

89 *Thomas Mann*, Friedrich (Anm. 13), 17. Zu dem Friedrich – Voltaire Vergleich und seinem biographisch-literarischen Hintergrund *K. Weissenberger*, Friedrich der Große und der Bruderzwist im Hause Mann (Anm. 10), 146 f.

90 Vgl. *Ernst Keller,* Der unpolitische Deutsche. Eine Studie zu den «Betrachtungen eines Unpolitischen» von Thomas Mann, Bern und München 1965, hier vor allem 17 ff.; ferner *M. Görtemaker,* Thomas Mann und die Politik (Anm. 74), 33 ff. Übrigens hat sich auch der Städteplaner und Publizist Werner Hegemann, der in den zwanziger Jahren mit zwei umfangreichen Publikationen zu Friedrich dem Großen hervorgetreten ist und besonders auch unter Historikern für beträchtlichen Wirbel sorgte, intensiv mit dem Friedrich-Essay Thomas Manns auseinandergesetzt. Besonders im vierten seiner insgesamt sechs fiktiven Gespräche läßt Hegemann seinen Protagonisten auch persönlich auftreten und legt ihm dabei in offensichtlich inquisitorischer Absicht Sentenzen in den Mund, die wörtlich aus dem Friedrich-Essay übernommen sind: *Werner Hegemann,* Fridericus oder das Königsopfer, neue, veränderte, erweiterte Aufl., Hellerau 1926, 295 ff. Vgl. dazu *V. Valentin,* Der Kampf um Friedrich den Großen (Anm. 56), bes. 186 ff., *Christoph Gradmann,* Historische Belletristik. Populäre historische Biographie in der Weimarer Republik, Frankfurt/Main – New York 1993, 58–136, und *P.-M. Hahn,* Friedrich der Große und die deutsche Nation (Anm. 25), 84 ff. Ferner *J. Kunisch,* Der Historikerstreit (im vorliegenden Band, S. 48–105).

91 Vgl. zur publizistischen Bedeutung Emile Zolas in der Dreyfus-Affäre und danach auch in der politischen Debatte in Deutschland *Dietz Bering,* Die Intellektuellen. Geschichte eines Schimpfwortes, Stuttgart 1978, 32 ff.

92 *Hanjo Kesting* in der Vorbemerkung zu: Heinrich Mann und Thomas Mann. Ein deutscher Bruderzwist. Aus den Quellen dokumentiert von dems., Göttingen 2003, 5. Zum Grundsätzlichen auch *Wolfgang J. Mommsen,* Bürgerliche Kultur und künstlerische Avantgarde 1870–1918. Kultur und Politik im deutschen Kaiserreich, Frankfurt/Main 1994. Vgl. ferner: Kultur und Krieg. Die Rolle der Intellektuellen, Künstler und Schriftsteller im ersten Weltkrieg, hrsg. von Wolfgang J. Mommsen (Anm. 13), mit mehrfachen Hinweisen auf Thomas Mann. Obwohl der Konflikt der Brüder über ihre Grundsatzpositionen hier nicht ausdrücklich zur Sprache kommt, sind die Analyse von Joachim Fest über die Ambivalenz und den politischen «Wankelmut» Thomas Manns gerade in diesem Zusammenhang überaus aufschlußreich; vgl. *J. Fest,* «Verwandtschaft und Affront». Thomas Mann und der Westen (Anm. 7).

93 Zitiert nach: Heinrich Mann und Thomas Mann, dokumentiert von H. Kesting (Anm. 92), 54 f.

94 *K. Sontheimer*, Thomas Mann (Anm. 3), 25; vgl. auch *A. Kantorowicz*, Heinrich und Thomas Mann (Anm. 4), 16 ff.

95 Fragment vom 5. Dezember 1903, zitiert nach: Heinrich und Thomas Mann, dokumentiert von H. Kesting (Anm. 92), 23.

96 Thomas an Heinrich Mann in einem Brief vom 3. Januar 1918, abgedr. in: Thomas Mann – Heinrich Mann. Briefwechsel (Anm. 5), 175.

97 Zitiert nach: Heinrich Mann und Thomas Mann, dokumentiert von H. Kesting (Anm. 92), 57. Zum Grundsätzlichen auch *Barbara Beßlich*, Wege in den «Kulturkrieg». Zivilisationskritik in Deutschland 1890–1914, Darmstadt 2000, hier vor allem 176 ff.

98 *Heinrich Mann*, Zola, in: *ders.*, Macht und Mensch, München 1919, 35–131, hier 114 f. Vgl. auch *K. Weissenberger*, Friedrich der Große und der Bruderzwist im Hause Mann (Anm. 10), 150 f.

99 *Heinrich Mann*, Zola (Anm. 98), 84 f. Vgl. *A. Kantorowicz*, Heinrich und Thomas Mann (Anm. 4), 18.

100 *Heinrich Mann*, Zola (Anm. 98), 115.

101 *H. Kurzke*, Thomas Mann (Anm. 20), 248.

102 *Thomas Mann*, Betrachtungen eines Unpolitischen (Anm. 2), am unmißverständlichsten vielleicht 187–190. Vgl. zum begriffsgeschichtlichen Instrumentarium in der Auseinandersetzung mit dem Bruder auch *D. Bering*, Die Intellektuellen (Anm. 91), 88–91.

103 *A. Kantorowicz*, Heinrich und Thomas Mann (Anm. 4), 29.

104 *Thomas Mann*, Betrachtungen eines Unpolitischen (Anm. 2), 203.

105 Vor allem *A. Kantorowicz*, Heinrich und Thomas Mann (Anm. 4); Eckhard Heftrich, Peter-Paul Schneider, Hans Wißkirchen (Hrsg.), Heinrich und Thomas Mann. Ihr Leben und Werk in Text und Bild, Lübeck 1994. Vgl. neben *Joachim Fest*, Die unwissenden Magier. Über Thomas und Heinrich Mann, Berlin 1998, vor allem auch die Anthologie von Hanjo Kesting (Anm. 92), und neuerdings *H. Koopmann*, Thomas Mann – Heinrich Mann (Anm. 6).

106 *Thomas Mann*, Betrachtungen eines Unpolitischen (Anm. 2), 469. Vgl. auch *H. Kurzke*, Thomas Mann (Anm. 20), 255 f.

107 *Thomas Mann*, Weltfrieden? [Antwort auf die Rundfrage: Das künftige Europa], zuerst erschienen im *Berliner Tageblatt* vom 27. Dezember 1917, jetzt in: *Thomas Mann*, Essays (Anm. 2), 296–299, das Zitat 298 f. [Kommentar, 408–410]. Vgl. auch *A. Kantorowicz*, Thomas und Heinrich Mann (Anm. 4), 33 ff., hier bes. 34.

108 Die Einzelheiten bei *H.-Chr. Kraus*, Vom «Unpolitischen» zum Poeta politicus? (Anm. 78), 459.

109 *Heinrich Mann*, Die traurige Geschichte von Friedrich dem Großen. Ein Fragment, Hamburg 1962. Dazu *Marei Konow*, Heinrich Mann

und Friedrich der Große. ‹Die traurige Geschichte von Friedrich dem Großen›, ‹Der König von Preußen› – Studien zur Genesis und Gestaltung des Friedrich-Stoffs bei Heinrich Mann, Heidelberg 1989. Vgl. auch *H. Koopmann*, Thomas Mann – Heinrich Mann (Anm. 6), 455 und 459 ff.

110 *Heinrich Mann*, Die traurige Geschichte (Anm. 109), 123 ff. Vgl. zur Einordnung dieses unvollendeten Manuskripts in die DDR-Geschichtsauffassung *P.-M. Hahn*, Friedrich der Große und die deutsche Nation (Anm. 25), 198 und 275.

111 *Heinrich Mann*, Die traurige Geschichte (Anm. 109), 138 f.

112 Ebd., 141–159.

113 *K. Weissenberger*, Friedrich der Große und der Bruderzwist im Hause Mann (Anm. 10), 156.

114 *J. Fest*, Heinrich Mann. Ein Unpolitischer wird besichtigt, in: *ders.*, Die unwissenden Magier (Anm. 105), 114.

115 *Heinrich Mann*, Die traurige Geschichte (Anm. 109), 158 f.

116 Vgl. mit Hinweisen auf eine Fülle weiterer Untersuchungen *Otto Gerhard Oexle*, Von Fakten und Fiktionen. Zu einigen Grundsatzfragen der historischen Erkenntnis, in: Johannes Laudage (Hrsg.), Von Fakten und Fiktionen. Mittelalterliche Geschichtsdarstellungen und ihre kritische Aufarbeitung, Köln – Weimar – Wien 2003, 1–42.

2. Der Historikerstreit über den Ausbruch des Siebenjährigen Krieges

* Erweiterte Fassung eines Vortrags, den der Verf. im September 2006 auf dem 36. Deutschen Rechtshistorikertag in Halle gehalten hat. Vgl. die Vortragsfassung in: Akten des 36. Rechtshistorikertages in Halle an der Saale, hrsg. von Rolf Lieberwirth und Heiner Lück, Baden-Baden 2008, 80–98. Die Bezeichnung «Historikerstreit» stammt, wie nach einem Hinweis von Konrad Repgen mit Recht einzuräumen ist, nicht aus dem hier zu erörternden Zusammenhang, sondern wird mit der publizistischen Kontroverse assoziiert, die Jürgen Habermas 1976 mit dem Vorwurf einer manipulierenden «Entsorgung der deutschen Geschichte» ausgelöst hat. Da aber auch im 19. Jahrhundert – allerdings über die Interpretation historischer Texte – mit großer Erbitterung gestritten wurde, verwende ich die Bezeichnung hier in einem übertragenen Sinn.

1 *Thomas Mann*, Friedrich und die große Koalition. Ein Abriß für den Tag und die Stunde, Berlin 1915; vgl. dazu *Manfred Messerschmidt*, Nachwirkungen Friedrichs II. in Preußen-Deutschland,

in: Europa im Zeitalter Friedrichs des Großen. Wirtschaft, Gesellschaft, Kriege, hrsg. von Bernhard R. Kroener, München 1989, 269–288, hier 279 ff. Neuerdings auch *Johannes Kunisch,* Thomas Manns Friedrich-Essay von 1915, in: HZ 283 (2006), 79–101, mit den entsprechenden Einzelnachweisen, eine erweiterte Fassung dieser Studie in diesem Band, S. 11–47.

2 *Th. Mann*, Friedrich und die große Koalition (Anm. 1), 98.

3 Vgl. zu der im Vorfeld des Ersten Weltkriegs geführten Debatte den Militärhistoriker *Martin Raschke*, Der politisierende Generalstab. Die friderizianischen Kriege in der amtlichen deutschen Militärgeschichtsschreibung 1890–1914, Freiburg i. Br. 1993, 103–115.

4 *Th. Mann*, Friedrich und die große Koalition (Anm. 1), 114. In ähnlichem Sinne auch *Georg Küntzel*, Die drei großen Hohenzollern und der Aufstieg Preußens im 17. und 18. Jahrhundert, Stuttgart und Berlin 1922, 129. Grundlegend dazu auch *Ludwig Dehio*, Gedanken über die deutsche Sendung, 1900–1918, zuletzt in: *ders.,* Deutschland und die Weltpolitik im 20. Jahrhundert [Gesammelte Aufsätze], München 1955, 71–106, hier bes. 75 f.

5 *George P. Gooch*, Friedrich der Große. Herrscher – Schriftsteller – Mensch, Göttingen 1951, 385.

6 *Thomas Carlyle*, Geschichte Friedrichs II. von Preußen genannt Friedrich der Große, hier 3. Aufl., neu bearb. von Karl Linnebach, 6 Bde., Berlin 1916–1918. 1905 war bereits eine gekürzte Version erschienen. Vgl. auch Thomas Mann und seine Quellen. Festschrift für Hans Wysling, hrsg. von Eckhard Heftrich und Helmut Koopmann, Frankfurt/Main 1991, und bibliographische Einzelheiten in: Bibliographie Friedrichs des Großen 1786–1986, bearb. von Herzeleide und Eckart Henning, Berlin – New York 1988, 78 f.

7 *Thomas Mann*, Carlyle's «Friedrich» (Besprechung in der Frankfurter Zeitung vom 24.12.1916), jetzt in: *ders.,* Gesammelte Werke in zwölf Bänden, hier Bd. X, Frankfurt/Main 1960, 567–573.

8 *Th. Mann*, Friedrich und die große Koalition (Anm. 1), 109. Wahrscheinlich kannte er Rankes kleine Monographie: *Leopold von Ranke*, Der Ursprung des Siebenjährigen Krieges, Leipzig 1871 (wiederabgedruckt in: *ders.*, Sämtliche Werke, Bd. 40, Leipzig 1875, 61–270); dazu unten noch Einzelheiten.

9 *Max Jähns*, Friedrich der Große und der Ursprung des Siebenjährigen Krieges, in: Militär-Wochenblatt 80 (1895), Sp. 211–218, hier 217. Vgl. mit ähnlichen Formulierungen auch *Otto Herrmann*, Lehmann über Friedrich den Großen und den Ursprung des Siebenjährigen Krieges, in: FBPG 8 (1895), 238–246, hier 242. Ferner *M. Raschke*, Der politisierende Generalstab (Anm. 3), 98 ff. mit

weiteren Äußerungen zu einer situationsbedingten Notwendigkeit von Eroberungskriegen. – Zur Bedeutung des Militärhistorikers Max Jähns (1837–1900): *Ursula von Gersdorff*, in: NDB 10 (1974), 284.

10 Zitiert nach *Michael Salewski*, «Praevenire quam praeveniri». Zur Idee des Präventivkrieges in der Späten Neuzeit, in: Historische Mitteilungen. Im Auftrag der Ranke-Gesellschaft, hrsg. von Jürgen Elvert und Michael Salewski, 18 (2005), 88–100, hier 96 f. – Zu Person und Publizistik Bernhardis *Walter Hubatsch*, Friedrich Adam Julius von Bernhardi, in: NDB 2 (1955), 122.

11 *M. Raschke*, Der politisierende Generalstab (Anm. 3), 102 f.: In den hier angeführten Beispielen spiegele sich «ein ganz bemerkenswerter Konsens zugunsten kriegerischer Expansion». Die Kriegsgeschichtsschreibung der damaligen Zeit mußte «in ihrem Enthusiasmus für die Eroberungen des ‹großen Königs› keine Tabus» brechen. Vgl. ferner *Markus Ingenlath*, Mentale Aufrüstung. Militarisierungstendenzen in Frankreich und Deutschland vor dem Ersten Weltkrieg, Frankfurt/Main – New York 1998.

12 *Th. Mann*, Friedrich und die große Koalition (Anm. 1), 85.

13 Ebd., 84 [die Sperrungen wie im Text!].

14 Ebd., 82.

15 *G. P. Gooch*, Friedrich der Große (Anm. 5), 25. Zu Gooch und seinem Urteil über den Preußenkönig vgl. vor allem *Walter Bußmann*, Friedrich der Große im Wandel des europäischen Urteils, in: Deutschland und Europa. Historische Studien zur Völker- und Staatsordnung des Abendlandes. Festschrift für Hans Rothfels, hrsg. von Werner Conze, Düsseldorf 1951, 375–408, hier 405–407. Ferner *Leonhard von Muralt*, George P. Gooch, Friedrich der Große, in: Göttingische Gelehrte Anzeigen 207 (1953), 49–61; *Gerd Heinrich*, Friedrich der Große und die deutsche Geschichte. Betrachtungen zum ahistorischen Affekt in neueren biographischen Arbeiten, in: Actio formans. Festschrift für Walter Heistermann, Berlin 1978, 155–184, hier 162. Vgl. auch *Erika Bosbach*, Die Rêveries politiques in Friedrichs des Großen Politischem Testament von 1752. Historisch-politische Erläuterungen, Köln – Graz 1960, 9, und *M. Messerschmidt*, Nachwirkungen Friedrichs II. (Anm. 1), 285. – Vgl. zur Selbsteinschätzung des englischen Historikers auch den frühen autobiographischen Essay, der bemerkenswerterweise bereits 1926 in einer deutschsprachigen Anthologie erschien: Die Geschichtswissenschaft der Gegenwart in Selbstdarstellungen, hrsg. von Sigfrid Steinberg, Bd. 2, Leipzig 1926, 111–132. Zu Bussmanns Einschätzung der Friedrich-Literatur *Peter-Michael Hahn*, Friedrich der

Große und die deutsche Nation. Geschichte als politisches Argument, Stuttgart 2007, 149 ff.

16 *G. P. Gooch*, Friedrich der Große (Anm. 5), 25.

17 Ebd., 123. Vgl. dazu *W. Bussmann*, Friedrich der Große im Wandel des europäischen Urteils (Anm. 15), 406 f. Einen Überblick über die Präventivkriegsproblematik bis in die Zeitgeschichte vermittelt *M. Salewski*, «Praevenire quam praeveniri». Zur Idee des Präventivkriegs in der Späten Neuzeit (Anm. 10), 88–100. Zu den traditionsbildenden Aspekten der friderizianischen Expansionspolitik auch *M. Raschke*, Der politisierende Generalstab (Anm. 3), vor allem 115.

18 *Johannes Burkhardt*, Vom Debakel zum Mirakel. Zur friedensgeschichtlichen Einordnung des Siebenjährigen Krieges, in: Menschen und Strukturen in der Geschichte Alteuropas. Festschrift für Johannes Kunisch, hrsg. von Helmut Neuhaus und Barbara Stollberg-Rilinger, Berlin 2002, 299–318.

19 Ebd., 301.

20 *Theodor Schieder*, Friedrich der Große. Ein Königtum der Widersprüche, Frankfurt/Main 1983, 179. – Eine ähnliche Bemerkung auch auf S. 203, wo es nach dem Hinweis auf einen resümierenden Rückblick des Königs auf den Siebenjährigen Krieg sinngemäß heißt: Diese Passage unterschlägt, daß Friedrich selbst zu denen zählte, die mit Eroberungsabsichten in den Krieg gezogen waren. Aus mächtepolitischer Sicht anders gewichtend *Heinz Duchhardt*, Balance of Power und Pentarchie (1700–1785) (Handbuch der Geschichte der Internationalen Beziehungen, 4), Paderborn 1997, 335 f.

21 *J. Burkhardt*, Vom Debakel zum Mirakel (Anm. 18), 311.

22 Ebd., 308 f.

23 Vgl. etwa *Hans Schleier*, Die kleindeutsche Schule (Droysen, Sybel, Treitschke), in: Studien zur deutschen Geschichtswissenschaft, hrsg. von Joachim Streisand, Bd. 1, Berlin (Ost) 1969, 271–310; zu Schleier wiederum und zum Wandel des Preußenbildes der DDR-Historiographie *P.-M. Hahn*, Friedrich der Große und die deutsche Nation (Anm. 15), 188–211, bes. 198 ff. Ferner *Wolfgang Hartwig*, Von Preußens Aufgabe in Deutschland zu Deutschlands Aufgabe in der Welt. Liberalismus und borussianisches Geschichtsbild zwischen Revolution und Imperialismus, in: HZ 231 (1980), 265–324, zuletzt auch in: *ders.*, Geschichtskultur und Wissenschaft, München 1990, 103–160. Maßgeblich ferner *Wolfgang Neugebauer*, Die preußische Staatshistoriographie des 19. und 20. Jahrhunderts, in: Das Thema «Preußen» in Wissenschaft und Wissenschaftspolitik des 19. und 20. Jahrhunderts, hrsg. von dems., Berlin 2006, 17–60.

24 *Werner Hegemann*, Fridericus oder das Königsopfer, 2., erweiterte Aufl., Hellerau 1926, 197; Näheres dazu unten 71 ff.
25 *Alfred Ritter von Arneth*, Geschichte Maria Theresia's, 10 Bde., hier Bd. 4: Maria Theresia nach dem Erbfolgekriege, 1748–1756, Wien 1870.
26 *Adolf Beer*, Zur Geschichte des Jahres 1756, in: MIÖG 17 (1896), 109–160. Vgl. ferner ders. (Hrsg.), Aufzeichnungen des Grafen William Bentinck über Maria Theresia, Wien 1871.
27 *L. v. Ranke*, Der Ursprung des Siebenjährigen Krieges (Anm. 8), VII. In ähnlichem Sinne zuvor schon *Max Duncker*, Der siebenjährige Krieg [Rezension des zweibändigen Werkes von Arnold Schaefer zur Geschichte des Siebenjährigen Krieges], in: HZ 19 (1868), 103–180.
28 *Theodor Schieder*, Die deutsche Geschichtswissenschaft im Spiegel der Historischen Zeitschrift, in: ders. (Hrsg.), Hundert Jahre Historische Zeitschrift 1859–1959. Beiträge zur Geschichte der Historiographie in den deutschsprachigen Ländern, München 1959, 1–104, hier 38 f., und mit Bezugnahme auf Max Lehmann, 41. Vgl. auch *Ulrich Muhlack*, Ranke und die politische Schule der deutschen Geschichtswissenschaft im 19. Jahrhundert. Zum Verhältnis von Geschichte und Politik, in: Comparativ 3 (1993), 92–113.
29 *P.-M. Hahn*, Friedrich der Große und die deutsche Nation (Anm. 15), 13.
30 Ebd., 41.
31 *Veit Valentin*, Der Kampf um Friedrich den Großen (1927), zuletzt in: Perspektiven und Profile. Aus Schriften Veit Valentins, hrsg. vom Frankfurter Verein für Geschichte und Landeskunde, ausgewählt und eingeleitet von Will Schaber, Frankfurt/Main 1965, 179–194, hier 182. Ähnlich auch *ders.*, Friedrich der Große, Berlin 1927, 130 f. Zu Person und Werk Valentins *Elisabeth Fehrenbach*, Veit Valentin, in: Deutsche Historiker, hrsg. von Hans-Ulrich Wehler, Göttingen 1973, 69–85.
32 *L. v. Ranke*, Der Ursprung des Siebenjährigen Krieges (Anm. 8), 209 ff., das Zitat 229.
33 Vgl. zu den Auffassungen der offiziellen Kriegsgeschichtsschreibung im Kaiserreich *M. Raschke*, Der politisierende Generalstab (Anm. 3), 97 ff.
34 Diesen Ausdruck verwendet Gerhard Ritter ausdrücklich: *G. Ritter*, Friedrich der Große. Ein historisches Profil, 3., gegenüber der Erstausgabe unveränderte Aufl., Heidelberg 1954, 116 ff.
35 Vgl. im einzelnen die Einleitung zu: Die politischen Testamente der Hohenzollern, bearb. von Richard Dietrich (Veröffentlichun-

gen aus den Archiven Preußischer Kulturbesitz, 20), Köln – Wien 1986, 1–176, hier 3 ff., mit ausführlichen Einzelnachweisen.

36 Zur quellenkritischen Einschätzung der Rêveries *E. Bosbach*, Die «Rêveries Politiques» (Anm. 15); s. dazu ausführlicher unten, 84 ff.

37 Vgl. hier und im folgenden den aufschlußreichen autobiographischen Abriß: *Max Lehmann*, Max Lehmann, in: Die Geschichtswissenschaft der Gegenwart in Selbstdarstellungen, hrsg. von Sigfrid Steinberg, Leipzig 1925, 207–226, hier 207.

38 *P.-M. Hahn*, Friedrich der Große und die deutsche Nation (Anm. 15), 43.

39 Vgl. im einzelnen *Rüdiger vom Bruch*, Max Lehmann, in: NDB 14 (1983), 88–90. Umfassender auch *Wolfgang Neugebauer*, Gustav Schmoller, Otto Hintze und die Arbeit an den Acta Borussica, in: Jbf. brandenbg. LG 48 (1977), 152–202. Ferner *Waltraud Reichel*, Studien zur Wandlung von Max Lehmanns preußisch-deutschem Geschichtsbild, Göttingen 1963, 22–46.

40 Von Band 62 (1889) bis Band 70 (1893). Vgl. auch *M. Lehmann*, Max Lehmann, in: Die Geschichtswissenschaft (Anm. 37), 217.

41 *Th. Schieder*, Die deutsche Geschichtswissenschaft im Spiegel der Historischen Zeitschrift (Anm. 28), 12; vgl. ebd. 13 (Anm. 3) mit Hinweisen auf die Selbstherrlichkeit Lehmanns bei der Redaktionstätigkeit für die HZ.

42 Zitiert ebd., 40 bzw. Anlage 3 und 4.

43 *Werner Hegemann*, Das Jugendbuch vom Großen König oder Kronprinz Friedrichs Kampf um die Freiheit, Hellerau 1930, IX ff.

44 Der erste Band seiner mehrbändigen Friedrich-Biographie (Friedrich der Große als Kronprinz) war 1886 erschienen. Vgl. im einzelnen *Gustav Berthold Volz*, Reinhold Koser als Geschichtsschreiber Friedrichs des Großen, in: Hohenzollern-Jahrbuch 18 (1914), 166–173. Zur Biographie Kosers insgesamt (als Auswahl aus den zahlreichen Würdigungen zu seinem Tode am 25. August 1914): *Otto Hintze*, Reinhold Koser. Ein Nachruf, in: HZ 114 (1915), 65–87; *Melle Klinkenborg*, Reinhold Koser. Ein Nachruf, in: FBPG 28 (1915), 285–310. Vgl. ferner *Eckart Hennig*, Der erste Generaldirektor der Preußischen Staatsarchive Reinhold Koser, in: Neue Forschungen zur Brandenburg-Preußischen Geschichte 1 (1979), 259–293, und *Ludwig Biewer*, Reinhold Koser, in: Berlinische Lebensbilder. Geisteswissenschaftler, hrsg. von Michael Erbe, Berlin 1989, 253–268.

45 *Reinhold Koser*, Zum Ursprung des siebenjährigen Krieges, in: HZ 74 (1895), 69–85, und – ausführlicher – *ders.*, Neue Veröffentlichungen zur Vorgeschichte des Siebenjährigen Krieges, in: HZ 77

(1896), 1–40. Er erstatte, schrieb Koser in seiner Sammelrezension, diesen Bericht «über den nunmehrigen Stand der Streitfrage» im Auftrag der Herausgeber der Historischen Zeitschrift, und zwar in der Weise, «daß ich schlicht die meiner Ansicht nach jetzt gesicherten Thatsachen aufführe» und nur zum Schluß eine persönliche Bemerkung anfüge (6). Koser gibt im selben Zusammenhang auch einen bibliographischen Überblick über den «Stand der Streitfrage» im Jahre 1896. Vgl. auch *O. Herrmann*, Lehmann über Friedrich den Großen und den Ursprung des Siebenjährigen Krieges (Anm. 9). Ferner *M. Raschke,* Der politisierende Generalstab (Anm. 3), 99f.

46 *V. Valentin*, Der Kampf um Friedrich den Großen (Anm. 31), 182.

47 *Ders.*, Friedrich der Große (Anm. 3), 133.

48 Vgl. etwa den Sammelband: «Historikerstreit». Die Dokumentation der Kontroverse um die Einzigartigkeit der nationalsozialistischen Judenvernichtung, München – Zürich 1987, oder als Überblick *Klaus Große Kracht*, Die zankende Zunft. Historische Kontroversen in Deutschland nach 1945, Göttingen 2005.

49 *Friedrich Meinecke*, Max Lehmann, in: *ders.*, Preußen und Deutschland im 19. und 20. Jahrhundert. Historische und politische Aufsätze, München und Berlin 1918, 436–438. Grundlegend zu Meinekke: *Carl Hinrichs*, Der Historismus als ein Lebensproblem Friedrich Meineckes, zuletzt in: *ders.*, Preussen als historisches Problem. Gesammelte Abhandlungen, hrsg. von Gerhard Oestreich, Berlin 1964, 360– 397; *Ernst Schulin*, Friedrich Meineckes Stellung in der deutschen Geschichtswissenschaft, in: HZ 230 (1980), 3–29, wiederabgedruckt in: Friedrich Meinecke heute, hrsg. von Michael Erbe, Berlin 1981, 25–49, und *Gerhard A. Ritter*, Friedrich Meinekke, die Gründung der Freien Universität Berlin und das Friedrich-Meinecke-Institut, in: Friedrich Meinecke in seiner Zeit. Studien zu Leben und Werk, Stuttgart 2006, 193–210, mit zahlreichen Einzelnachweisen.

50 *F. Meinecke*, Max Lehmann (Anm. 49), 436f.

51 Ebd., 437, in der Schlußsentenz offenbar in Anlehnung an die *Carmina* des Horaz (3.30). Ich danke Albrecht Diehle für den entsprechenden Hinweis. Vgl. mit ähnlichen Charakterisierungen auch *F. Meinecke*, Erlebtes 1862–1901, Leipzig 1941, 184f.

52 In einem Brief an Rudolf Stadelmann vom 20. Februar 1940, abgedruckt in: *Friedrich Meinecke*, Ausgewählter Briefwechsel, hrsg. von Ludwig Dehio und Peter Classen, Stuttgart 1962, 190.

53 Ebd., 260.

54 *Max Lehmann*, Friedrich der Große und der Ursprung des siebenjährigen Krieges, Leipzig 1894.

55 *M. Lehmann*, Max Lehmann, in: Die Geschichtswissenschaft (Anm. 37), 218 ff., das Zitat 222.

56 Ebd., 218. Vgl. dazu auch die eindeutig für Lehmann Partei ergreifende Bemerkung von *P.-M. Hahn*, Friedrich der Große und die deutsche Nation (Anm. 15), 101.

57 *Albert Naudé*, Friedrich der Große vor dem Ausbruch des Siebenjährigen Krieges, 2 Teile, in: HZ 55 (1886), 425–462, und 56 (1886), 402–462. Vgl. ferner *ders.*, Aus ungedruckten Memoiren der Brüder Friedrichs des Großen. Die Entstehung des Siebenjährigen Krieges und der General Winterfeld, in: FBPG 1 (1888), 231–265.

58 *M. Lehmann*, Friedrich der Große (Anm. 54), 129.

59 Ebd., VII. Vgl. auch das im Anhang abgedruckte Kapitel «Zur Kritik der Vorgänger», 129–140; vor allem auf S. 139 finden sich Verunglimpfungen seines Kontrahenten Naudé, die einem «Autodafé» nahekommen – jener atavistischen Form von Ketzerverbrennungen, wie sie Lehmann im Vorwort im Falle Hans Delbrücks beklagt.

60 Vgl. *M. Lehmann*, Max Lehmann, in: Die Geschichtswissenschaft (Anm. 37), 222 f.: «Die Erregung der Fachgenossen innerhalb und außerhalb der Universitäten war so groß, daß einer dem Kultusministerium nahe legte, die Disziplinierungsuntersuchung gegen den Missetäter zu eröffnen: was dann freilich eine dem Ankläger sehr unerwartete Wirkung auslöste. Derjenige, an den der Antrag erging – es war Althoff – wies nicht nur dem Übereifrigen die Tür, sondern legte das Exemplar meines Buches [...] dem Minister vor [...].»

61 Als «eine Lebenstragödie» sieht auch der Zeitzeuge Friedrich Meinecke den «Fall Naudé»; vgl. *F. Meinecke*, Erlebtes (Anm. 51), 182. Bezeichnenderweise nennt Lehmann in seiner Autobiographie von 1925 den Namen seines Kontrahenten nicht. Auch Reinhold Koser und Friedrich Meinecke werden mit Schweigen übergangen. Schon in Lehmanns Aufsatzsammlung: Historische Aufsätze und Reden, Leipzig 1911, fehlt jeder Hinweis auf die Kontroverse mit Naudé; das Thema Friedrich wurde hier völlig ausgespart.

62 Im einzelnen *Gustav Schmoller*, Zum Andenken an Albert Naudé, in: FBPG 9 (1897), V–XVIII, hier VIII, wiederabgedruckt in: *ders.*, Charakterbilder, München und Leipzig 1913, 222–232 (Zitate nach «Charakterbilder»). Vgl. auch *Fritz Hartung*, Gustav Schmoller und die preußische Geschichtsschreibung (1938), zuletzt in: *ders.*, Staatsbildende Kräfte der Neuzeit. Gesammelte Aufsätze, Berlin 1961, 470–496, und *Rüdiger vom Bruch*, Gustav Schmoller, in: Deutsche

Geschichtswissenschaft um 1900, hrsg. von Notker Hammerstein, Stuttgart 1988, 219–238.

63 *G. Schmoller*, Zum Andenken an Albert Naudé (Anm. 62), 225. Vgl. auch *Erich Marcks*, Albert Naudé, in: ADB 52 (1906), 592–597.

64 So die Einschätzung *G. Schmollers*, Zum Andenken an Albert Naudé (Anm. 62), 226.

65 *Th. Schieder*, Die deutsche Geschichtswissenschaft im Spiegel der Historischen Zeitschrift (Anm. 28), 40f. Vgl. auch *G. Schmoller*, Zum Andenken an Albert Naudé (Anm. 62), 226f.

66 *G. Schmoller*, Zum Andenken an Albert Naudé (Anm. 62), 230.

67 Ebd., 232.

68 *Friedrich Meinecke*, Nekrolog auf Max Lehmann, in: HZ 141 (1930), 449f.

69 *F. Meinecke*, Ausgewählter Briefwechsel (Anm. 52), 199.

70 *M. Lehmann*, Friedrich der Große (Anm. 54), 139, in Auszügen auch zitiert bei *Th. Schieder*, Die deutsche Geschichtswissenschaft im Spiegel der Historischen Zeitschrift (Anm. 28), 41.

71 Vgl. *Ernst Walter Zeeden*, Die katholische Kirche in der Sicht des deutschen Protestantismus im 19. Jahrhundert, in: HJb 72 (1953), 448–456, und das Kapitel «Universitäten und Katholiken» in: *Notker Hammerstein*, Antisemitismus und deutsche Universitäten 1871–1933, Frankfurt/Main 1995, 27–39. Aufschlußreich auch das Kapitel «Geschichtsschreibung und Konfessionalität» in: *P.-M. Hahn*, Friedrich der Große und die deutsche Nation (Anm. 15), 45–53 und 246–248. Hahn kommt in seiner Untersuchung mehrfach auf dieses Thema zu sprechen und bietet überdies weitere Literaturhinweise.

72 Vgl. dazu die offenbar beiläufig niedergeschriebene Passage aus einem Brief des Bonner Kunsthistorikers Carl Justi an den Marburger Studienfreund und Bibliothekar Otto Hartwig vom 3. Juli 1893: «Am unrechten Ort scheinen die Marburger einmal Opposition gemacht zu haben, bei der Berufung des Historikers [Albert Naudé]. Auf eine ihnen zugegangene Postkarte hin haben sie eine Deputation an den Minister geschickt, um gegen Herrn Naudé zu protestieren; nachher stellte sich heraus, daß der ihnen als geringer Streber geschilderte Mann nicht nur eine sehr vortreffliche und liebenswürdige Persönlichkeit ist, sondern auch, daß der Minister noch gar nicht an ihn gedacht hatte.» Siehe Carl Justi/Otto Hartwig. Briefwechsel 1858–1903, hrsg. von Rupprecht Leppla, Bonn 1968, 363.

73 *F. Meinecke*, Erlebtes (Anm. 51), etwa 55f.

74 Ebd., 34.

75 So die Zusammenfassung der Lehmannschen These bei *R. Koser*, Neue Veröffentlichungen zur Vorgeschichte (Anm. 45), 3, unter Hinweis auf die Replik Naudés auf die Unterstellungen Lehmanns in den FBPG.

76 *M. Lehmann*, Friedrich der Große (Anm. 54), 85.

77 Ebd., Vf.

78 Ebd., VI.

79 Vgl. zu Leben und Werk Delbrücks *Gordon A. Craig*, Der Militärhistoriker Hans Delbrück, zuletzt in: *ders.*, Krieg, Politik und Diplomatie [Gesammelte Aufsätze], Wien – Hamburg 1968, 81–117; *Annemarie Thimme*, Hans Delbrück, in: NDB 3 (1971), 577f., und *Andreas Hillgruber*, Hans Delbrück [1972], zuletzt in: *ders.*, Deutsche Großmacht- und Weltpolitik im 19. und 20. Jahrhundert [Gesammelte Aufsätze], Düsseldorf 1977, 122–134.

80 *Th. Schieder*, Die deutsche Geschichtswissenschaft im Spiegel der Historischen Zeitschrift (Anm. 28), 39.

81 *Friedrich Meinecke*, (Nachruf auf Hans Delbrück), in: HZ 140 (1929), 702–704, hier 703.

82 *F. Meinecke*, Erlebtes (Anm. 51), 186.

83 Ebd., 184. Vgl. auch seinen Nachruf (Anm. 81), 702 ff.

84 Dazu vor allem *G. A. Craig*, Der Militärhistoriker (Anm. 79), 104 ff. Die entsprechenden Artikel in den Preußischen Jahrbüchern, die Delbrück von 1883 bis 1919 herausgab, finden sich zusammengefaßt in dem dreibändigen Kompendium: *Hans Delbrück*, Krieg und Politik, Berlin 1918–1919. Vgl. dazu *Klaus Schwabe*, Wissenschaft und Kriegsmoral. Die deutschen Hochschullehrer und die politischen Grundfragen des Ersten Weltkrieges, Göttingen 1969.

85 So der Titel seines Hauptwerks: *Hans Delbrück*, Geschichte der Kriegskunst im Rahmen der politischen Geschichte, 4 Bde., (Erstausgabe:) Berlin 1900–1920, ND der revidierten Auflagen mit einer Einleitung von Otto Haintz, Berlin 1962. Zu den Grundsätzen seines universalgeschichtlichen Ansatzes und zur Abgrenzung gegenüber dem Fach der Militärgeschichte im engeren Sinne vor allem Bd. 1, V.

86 *Johannes Ziekursch*, Hans Delbrück, in: Deutsches Biographisches Jahrbuch 11 (1929), 89–95, hier 90.

87 *G. A. Craig*, Der Militärhistoriker (Anm. 79), 103 (Zitat) und 115.

88 *M. Lehmann*, Max Lehmann, in: Die Geschichtswissenschaft (Anm. 37), 223.

89 Vgl. *Julius Franz*, Friedrich der Große und der Ursprung des siebenjährigen Krieges, in: Die Grenzboten 55/3 (1896), 19–30 und 57–69, hier 57.

90 *Hans Delbrück*, Der Ursprung des Siebenjährigen Krieges, in: Preußische Jahrbücher 79 (1895), 254–282. Auf eine ähnliche Kontroverse hatte sich Delbrück auch mit Otto Hintze eingelassen. Vgl. dessen Einspruch: *O. Hintze*, Delbrück, Clausewitz und die Strategie Friedrichs des Großen. Eine Erwiderung, in: FBPG 33 (1920), 131–177, das Schlußwort, ebd., 417 f.; Delbrücks Replik, ebd. 412–417. – Johannes Burkhardt zählt Delbrück neben Lehmann zu den autonomen Vertretern der älteren deutschen Historikerzunft – jenen «großen Ausnahmen», die die offensive Komponente der friderizianischen Kriegspolitik nicht geleugnet haben: «Lehmann eher kritisch, Delbrück in einer Art Flucht nach vorn, indem er die Glaubwürdigkeit einer solchen Aktion aus dem Genie Friedrichs des Großen und der preußischen Staatsräson abzuleiten versuchte»; vgl. *J. Burkhardt*, Vom Debakel zum Mirakel (Anm. 18), 308 f.

91 Gemeint ist offensichtlich die Kontroverse um «Knesebeck und Schön», so der Titel einer Abhandlung von 1875, die neben anderen Äußerungen Lehmanns das Mißfallen der betreffenden Nachkommen erregte. Lehmann hat auch in seiner Autobiographie zu diesen Vorwürfen Stellung genommen: *M. Lehmann*, Max Lehmann, in: Die Geschichtswissenschaft (Anm. 37), 217 f.

92 *H. Delbrück*, Der Ursprung des Siebenjährigen Krieges (Anm. 90), 254.

93 Ebd., 278.

94 Ebd., 276.

95 Ebd., 255.

96 Ebd., 259.

97 *A. Naudé*, Beiträge zur Entstehungsgeschichte des Siebenjährigen Krieges, in: FBPG 8 (1895), 523–618 und 9 (1896), 101–328; *R. Koser*, Neue Veröffentlichungen (Anm. 45). Vorbehaltlos hat sich dieser Einschätzung auch *G. Küntzel*, Die drei großen Hohenzollern und der Aufstieg Preußens im 17. und 18. Jahrhundert (Anm. 4), 130 ff. und 152, angeschlossen. «Um des Friedens, nicht um einer Eroberung willen», schreibt Küntzel, «ist der Krieg von preußischer Seite geführt worden» (133). Vgl. auch *P.-M. Hahn*, Friedrich der Große und die deutsche Nation (Anm. 15), 73 ff. – Ausgespart bleibt das Problem bei *Stephan Skalweit*, Das Problem von Recht und Macht und das historiographische Bild Friedrichs des Großen (1951), zuletzt in: *ders.*, Gestalten und Probleme der frühen Neuzeit. Ausgewählte Aufsätze, Berlin 1987, 155–172; zu den Grundauffassungen Skalweits jetzt *P.-M. Hahn*, Friedrich der Große und die deutsche Nation (Anm. 15), 149 ff.

98 *Reinhold Koser*, Geschichte Friedrichs des Großen, 4 Bde., Nach-

druck der jeweils letzten Aufl., Darmstadt 1963, hier Bd. 1 [Stuttgart und Berlin 1921], 537 f. Ganz in diesem Sinne auch *Gerhard Ritter*, Staatskunst und Kriegshandwerk. Das Problem des «Militarismus» in Deutschland, Bd. 1: Die altpreußische Tradition (1740–1890), 3. Aufl., München 1965, 45. Die Liste entsprechender Äußerungen ließe sich beliebig verlängern. Vgl. ferner *M. Raschke*, Der politisierende Generalstab (Anm. 3), 98 f.

99 *G. P. Gooch*, Friedrich der Große (Anm. 5), 317 f. Vgl. dazu auch *E. Bosbach,* Die «Rêveries politiques» (Anm. 15), 81–96.

100 *V. Valentin*, Friedrich der Große (Anm. 31), 134.

101 So nennt Augstein ihn im Gegensatz zu den «Auslegungsmühlen deutschtümelnder Professoren» (24) «unvoreingenommen» und an anderer Stelle «vorzüglich»: *Rudolf Augstein*, Preußens Friedrich und die Deutschen, Frankfurt/Main 1968, 173 und 299; zur Kontroverse um den Ausbruch des Siebenjährigen Krieges, ebd. 172–176.

102 Ebd., 173.

103 *Th. Mann*, Friedrich (Anm. 1), 85 f.

104 Ebd., 86 [Sperrungen wie im Text!]

105 Ebd., 86 f. Schon wegen dieser einen Wendung, schreibt Veit Valentin in seiner 1927 erschienenen Friedrich-Biographie in souveräner Kenntnis der gesamten Literatur, gebühre Thomas Mann der Lorbeer. Auch das «Menschliich-Problematische» des Königs habe er «zum ersten Mal adäquat erfaßt». *V. Valentin*, Friedrich der Große (Anm. 31), 136.

106 *L. v. Ranke*, Der Ursprung des Siebenjährigen Krieges, (Anm. 8), 234.

107 *Th. Mann*, Friedrich (Anm. 1), 109 f. [die Sperrungen wie im Text!]

108 *Comte de Mirabeau* [Gabriel Honoré Riqueti Graf von Mirabeau], De la Monarchie Prussienne, 8 Bde., London 1788, hier Bd. 1, 110 f.; dt. in: Friedrich der Große im Spiegel seiner Zeit, hrsg. von G. B. Volz, Bd. 3, Berlin 1926, 160. Vgl. auch *Th. Schieder*, Friedrich der Große (Anm. 20), 465–472, und *Johannes Kunisch*, Friedrich der Große. Der König und seine Zeit, 5. Aufl. München 2005, 536 f. Vgl. ferner *Hanns Reißner*, Mirabeau und seine «Monarchie Prusienne», Berlin – Leipzig 1926.

109 *G. Schmoller*, Zum Andenken an Albert Naudé (Anm. 62), 228 f.

110 «Die spätere wissenschaftliche Kontroverse um den Ursprung des Siebenjährigen Krieges ist durch Onno Klopps Darstellung der Ereignisse von 1756 mit angeregt worden»: so *Karl Erich Born*, Der Wandel des Friedrich-Bildes in Deutschland während des

19. Jahrhunderts, Phil. Diss. Köln 1953, 92. Klopp war auch ohne Kenntnis des «Politischen Testaments» von 1752 der vehement vertretenen Auffassung, daß Friedrich 1756 einen Angriffskrieg geführt habe.

111 *Georg Schnath*, Onno Klopp, in: NDB 12 (1980), 115 f. Ferner *P.-M. Hahn*, Friedrich der Große und die deutsche Nation (Anm. 15), 49–51, 247 u. ö., und *K. E. Born*, Der Wandel des Friedrich-Bildes in Deutschland (Anm. 110), 89–95, zu Häusser im besonderen, 80–88, und *A. Kluckhohn*, Ludwig Häusser, in: Preuß. Jbb. 21 (1868), 611–636. Vgl. auch den Überblick über das gesamte Spektrum dieser Kontroverse in: Bibliographie Friedrich der Große. 1786–1968, bearb. von Herzeleide und Eckart Henning, (Anm. 6), 79.

112 *Hans Schmidt*, Onno Klopp und die «kleindeutschen Geschichtsbaumeister», in: Katholische Wissenschaft in der Neuzeit. Festschrift für Heribert Raab zum 65. Geburtstag, hrsg. von Albert Portmann-Tinguely, Paderborn – München 1988, 381–395, mit weiterer Literatur.

113 *Onno Klopp*, Kleindeutsche Geschichtsbaumeister, Freiburg i. Br. 1863, 14.

114 Ebd., vgl. vor allem die Abrechnung mit Droysens «Preußischer Politik», 58–150. Ferner *ders.*, Friedrich der Große? Offener Brief an den Herrn Professor Häusser in Heidelberg betreffend die Ansichten über den König Friedrich II. von Preußen (1861), 3. Aufl., Hannover 1912. Häusser antwortete auf diese Schmähschrift mit einer ebensolchen: *Ludwig Häusser*, Zur Beurtheilung Friedrichs des Großen. Sendschreiben an Dr. Onno Klopp, Heidelberg 1862.

115 *Onno Klopp*, König Friedrich II. von Preußen und seine Politik, 2. Aufl., Schaffhausen 1867, 595.

116 *M. Lehmann*, Friedrich der Große (Anm. 54), V.

117 Zum biographischen Hintergrund *Klaus Kratzsch*, Werner Hegemann, in: NDB 8 (1969), 224 f.

118 *Werner Hegemann*, Fridericus oder das Königsopfer, Hellerau 1926; vgl. auch *ders.*, Das Jugendbuch vom Großen König oder Kronprinz Friedrichs Kampf um die Freiheit, Hellerau 1930; eine vollständige Bibliographie auch der kleineren Schriften Hegemanns bei *Christoph Gradmann*, Historische Belletristik. Populäre historische Biographien in der Weimarer Republik, Frankfurt/Main – New York 1993, 235 f.

119 *Eberhard Kolb*, «Die Historiker sind ernstlich böse». Der Streit um die «Historische Belletristik» in Weimar-Deutschland, zuletzt in: *ders.*, Ausgewählte Aufsätze, hrsg. von Dieter Langewiesche und Klaus Schönhoven, München 1993, 311–329. Ausführlich vor allem

Ch. Gradmann, Historische Belletristik (Anm. 118), 58–80, zu den Reaktionen der Historikerzunft im besonderen 81–136.

120 Einzelnachweise dieser zum Teil auch in der Tagespresse ausgetragenen Kontroverse bei *Ch. Gradmann*, Historische Belletristik (Anm. 118), 62 ff.

121 *V. Valentin*, Der Kampf um Friedrich den Großen (Anm. 31), 186 f., ähnlich auch *ders.*, Friedrich der Große (Anm. 31), 137, und – Hegemann im Prinzip durchaus applaudierend – *P.-M. Hahn*, Friedrich der Große und die deutsche Nation (Anm. 15), 84 ff.

122 *V. Valentin*, Friedrich der Große (Anm. 31), 141.

123 *V. Valentin*, Der Kampf um Friedrich den Großen (Anm. 31), 188.

124 *Ch. Gradmann*, Historische Belletristik (Anm. 118), 64 f.

125 *E. Kolb*, «Die Historiker sind ernstlich böse». Der Streit um die «Historische Belletristik» in Weimar-Deutschland (Anm. 119), 313.

126 *M. Raschke*, Der politisierende Generalstab (Anm. 3), 103–115.

127 Ebd., 111.

128 Ebd., 112. Zum Gesamtzusammenhang vgl. *Klaus Hildebrand*, «Staatskunst und Kriegshandwerk». Akteure und Systeme der europäischen Staatenwelt vor 1914 (Friedrichsruher Beiträge, 24), Friedrichsruh 2005 (mit umfassenden Literaturhinweisen).

129 Preußische und Österreichische Acten zur Vorgeschichte des Siebenjährigen Krieges, hrsg. von Gustav Berthold Volz und Georg Küntzel (Publicationen aus den K. Preußischen Staatsarchiven, 74), Leipzig 1899, ND Osnabrück 1965.

130 Ebd., 5.

131 Eine Ausnahme bilden etwa die Arbeiten von Lothar Schilling (s. u.).

132 *Winfried Baumgart*, Der Ausbruch des Siebenjährigen Krieges. Zum gegenwärtigen Forschungsstand, in: Militärgeschichtliche Mitteilungen 11 (1972), 157–165. Baumgart behandelt vornehmlich die russischen, englischen und holländischen Aspekte der neueren Forschung.

133 Die politischen Testamente Friedrichs des Großen, hrsg. von Gustav Berthold Volz, Berlin 1920. Zum heutigen Stand einer vergleichenden, vor allem die Macht- und Rüstungspotentiale erfassenden Kriegsursachenforschung umfassend *Bernhard R. Kroener*, Herrschaftsverdichtung als Kriegsursache. Wirtschaft und Rüstung der europäischen Großmächte im Siebenjährigen Krieg, in: Wie Kriege entstehen. Zum historischen Hintergrund von Staatenkonflikten, hrsg. von Bernd Wegner, Paderborn u. a. 2000, 145–173.

134 Preußische und Österreichische Acten (Anm. 129), 145.

135 Vgl. zu Persönlichkeit und Lebenswerk von Kaunitz: *Karl Otmar*

Frhr. von Aretin, Wenzel Anton Graf, seit 1764 Fürst von Kaunitz-Rietberg, in : NDB 11 (1977), 363–369. Den Begriff «diplomatische Revolution» verwendete vor allem *Max Braubach*, Versailles und Wien von Ludwig XIV. bis Kaunitz. Die Vorstadien der diplomatischen Revolution im 18. Jahrhundert, Bonn 1952. Auch andere, vor allem angelsächsische Historiker übernahmen ihn. Vgl. etwa *Heinz Duchhardt*, Das Zeitalter des Absolutismus, München 1989, 112, und *ders.*, Balance of Power und Pentarchie. Internationale Beziehungen 1700–1785 (Handbuch der Geschichte der Internationalen Beziehungen, 4), Paderborn u. a. 1997, 322 ff. Für den englischen Sprachgebrauch ist vor allem David B. Horn maßgeblich: *D. B. Horn*, The Diplomatic Revolution, in: The New Cambridge Modern History, Vol. 7, Cambridge 1966, 440–464, *ders.*, Frederick the Great and the Rise of Prussia, London 1967, und *ders.*, The Duke of Newcastle and the Origins of the Diplomatic Revolution, in: The Diversity of History. Essays in honour of Sir Herbert Butterfield, ed. by J. H. Elliott and H. G. Koenigsberger, London 1970, 245–268; *Karl* W. *Schweizer*, The Seven Year's War: A System Perspective, in: The Origins of War in Early Modern Europe, ed. Jeremy Black, Edinburgh 1987, 242–260 (mit umfassenden Hinweisen auf die englischsprachige Forschung). Vgl. zur «diplomatischen Revolution» neuerdings mit einer eher relativierenden Einschätzung auch *Lothar Schilling*, Wie revolutionär war die diplomatische Revolution? Überlegungen zum Zäsurcharakter des Bündniswechsels von 1756, in: FBPG NF 6 (1996), 163–202, vor allem die Schlußbemerkung, 201 f.

136 *A. v. Arneth*, Geschichte Maria Theresias (Anm. 25), hier Bd. 4: Maria Theresia nach dem Erbfolgekriege 1748–1756, Wien 1870. Vgl. ferner *Jacob Strieder*, Kritische Forschungen zur österreichischen Politik vom Aachener Frieden bis zum Beginne des Siebenjährigen Krieges, Leipzig 1906. Schon 1870 hatte sich Arnold Schaefer im Kontext seiner Darstellung über den Siebenjährigen Krieg mit der österreichischen Quellenüberlieferung befaßt: *A. Schaefer*, Der Ursprung des Siebenjährigen Krieges nach den Acten des österreichischen Staatsarchivs, zuletzt (z. T. ergänzt und umgearbeitet) in: *ders.*, Historische Aufsätze und Festreden, Leipzig 1873, 191–242. Vgl. auch *Johannes Kunisch*, Die große Allianz der Gegner Preußens im Siebenjährigen Krieg, in: Europa im Zeitalter Friedrichs des Großen. Wirtschaft – Gesellschaft – Kriege, hrsg. von Bernhard R. Kroener, München 1989, 79–97, und umfassend *Lothar Schilling*, Kaunitz und das Renversement des alliances. Studien zum außenpolitischen Konzept Wenzel Antons von Kaunitz, Berlin 1994.

137 Zu Rang und Inhalt dieses Memorandums *A. v. Arneth*, Geschichte Maria Theresias (Anm. 25), Bd. 4, 271–280. Mittlerweile liegt eine kritische Edition des Textes vor: Denkschrift des Grafen Kaunitz zur mächtepolitischen Konstellation nach dem Aachener Frieden von 1748, bearb. von Reiner Pommerin und Lothar Schilling, in: Expansion und Gleichgewicht. Studien zur europäischen Mächtepolitik des ancien régime, hrsg. von Johannes Kunisch (ZHF, Beiheft 2), Berlin 1986, 165–239, hier 208.

138 Statt einer Fülle von Einzelbelegen vgl. *L. Schilling*, Wie revolutionär war die diplomatische Revolution? (Anm. 135).

139 *R. Pommerin/L. Schilling* [Bearb.] (Anm. 137), 208 f.

140 Ansicht des Fürsten Kaunitz über die militärische und politische Lage Österreichs vom 7. September 1778, abgedr. bei: *Karl Otmar Frhr. von Aretin*, Heiliges Römisches Reich (1776–1806). Reichsverfassung und Staatssouveränität, 2 Bde., Wiesbaden 1967, hier Bd. 2, 2.

141 Zu den Einzelheiten dieser Denkschriften vgl. *A. v. Arneth*, Geschichte Maria Theresias (Anm. 25), Bd. 4, 271 und 280–283. Vgl. auch *William J. McGill*, Wenzel Anton von Kaunitz Rittberg and the Conference of Aix-la-Chapelle, 1748, in: Duquesne Review 14 (1969), 154–167; *ders.*, The Roots of Policy: Kaunitz in Vienna and Versailles, 1749–1753, in: Journal of Modern History 43 (1971), 228–244; *L. Schilling*, Wie revolutionär war die diplomatische Revolution (Anm. 135), 174 f. Zu den staatstheoretischen Normen und Handlungsmotiven des Staatskanzlers s. *ders.*, Kaunitz und das Renversement des alliances (Anm. 136), und *Harm Klueting*, Die Lehre von der Macht der Staaten. Das außenpolitische Machtproblem in der «politischen Wissenschaft» und in der praktischen Politik im 18. Jahrhundert, Berlin 1986, 167–235.

142 Denkschrift des Grafen Kaunitz (Anm. 137), 225, vgl. ferner ebd., 229.

143 Maßgeblich nach wie vor *M. Braubach*, Versailles und Wien von Ludwig XIV. bis Kaunitz (Anm. 135), 404 ff. In der Kölner Dissertation von Elisabeth Charlotte Broicher wird die Kriegsschuldfrage völlig umgekehrt bewertet. Zwar räumt die Verfasserin ein, daß der Plan des Grafen Kaunitz wie ein Offensivkrieg erscheinen könnte. Er müsse jedoch «als ein verzweifeltes Mittel» eingeschätzt werden, um in einer ausweglosen Lage aus der Defensive herauszukommen. «Es ging um die Existenz Österreichs, die überhaupt nur noch auf dem Wege über die Beseitigung der preußischen Gefahr gewährleistet schien»; vgl. *E. C. Broicher*, Der Aufstieg der preußischen Macht von 1713 bis 1756 in seiner Auswir-

kung auf das europäische Staatensystem, Phil. Diss. Köln 1955, 243 f.

144 *W. Baumgart*, Der Ausbruch des Siebenjährigen Krieges (Anm. 132), 157.

145 *Herbert Butterfield*, The Reconstruction of an Historical Episode. The History of the Enquiry into the Origins of the Seven Years War [1951], in: *ders.*, Man on his Past. The Study of the History of Historical Scholarship, Cambridge 1955, 142–170. Auf Butterfield beruft sich ausdrücklich *Herbert H. Kaplan*, Russia and the Outbreak of the Seven Year's War, Los Angeles 1968, ohne über die Ergebnisse Butterfields hinauszugelangen. Vgl. zur Einschätzung der Monographie von Kaplan einleuchtend *W. Baumgart*, Der Ausbruch des Siebenjährigen Krieg (Anm. 132), 158 ff.

146 *Walther Mediger*, Moskaus Weg nach Europa. Der Aufstieg Rußlands zum europäischen Machtstaat im Zeitalter Friedrichs des Großen, Braunschweig 1952.

147 Im einzelnen *Johannes Kunisch*, Das Mirakel des Hauses Brandenburg. Studien zum Verhältnis von Kabinettspolitik und Kriegführung im Zeitalter des Siebenjährigen Krieges, München – Wien 1978 31 ff., *ders.*, Der Aufstieg neuer Großmächte im 18. Jahrhundert und die Aufteilung der Machtsphären in Ostmitteleuropa, in: Das europäische Staatensystem im Wandel, hrsg. von Peter Krüger, München 1996, 89–105, hier 97 ff.; *Walter Leitsch*, Der Wandel der österreichischen Rußlandpolitik in den Jahren 1724–1726, in: Jbb für Geschichte Osteuropas 6 (1958), 33–91; *Reiner Pommerin*, Bündnispolitik und Mächtesystem. Österreich und der Aufstieg Rußlands im 18. Jahrhundert, in: Expansion und Gleichgewicht. Studien zur europäischen Mächtepolitik des ancien régime, hrsg. von Johannes Kunisch (ZHF, Beiheft 2), Berlin 1986, 113–164, und *L. Schilling*, Wie revolutionär war die diplomatische Revolution? (Anm. 135), vor allem 196 ff.

148 Vor allem *Klaus Zernack*, Negative Polenpolitik als Grundlage deutsch-russischer Diplomatie in der Mächtepolitik des 18. Jahrhunderts [1974], zuletzt in: *ders.*, Preußen – Deutschland – Polen. Aufsätze zur Geschichte der deutsch-polnischen Beziehungen, hrsg. von Wolfram Fischer und Michael G. Müller, 2. Aufl., Berlin 2001, 225–242, und *ders.*, Das preußische Königtum und die polnische Republik im europäischen Mächtesystem des 18. Jahrhunderts (1701–1763) [1981], zuletzt ebd., 243–259. Zugespitzter noch *Michael G. Müller*, Rußland und der Siebenjährige Krieg. Beitrag zu einer Kontroverse, in: Jbb für Geschichte Osteuropas 28 (1980), 187–219.

149 *Manfred Hellmann*, Die Friedensschlüsse von Nystad (1721) und Teschen (1779) als Etappen des Vordringens Rußlands nach Europa, in: HJb 97/98 (1978), 270–288; *Klaus Zernack*, Der große Nordische Krieg und das europäische Staatensystem. Zu den Grundlagen der preußisch-polnischen Beziehungen im 18. Jahrhundert, zuletzt in: *ders.*, Preußen – Deutschland – Polen (Anm. 148), 261–278; *ders.*, Das Zeitalter der nordischen Kriege von 1558 bis 1809 als frühneuzeitliche Geschichtsepoche, in: ZHF 1 (1974), 55–79; *ders.*, Von Stolbovo nach Nystad. Rußland und die Ostsee in der Politik des 17. und 18. Jahrhunderts, in: Jbb für Geschichte Osteuropas 20 (1972), 77–100.

150 *K. Zernack*, Das preußische Königtum und die polnische Republik (Anm. 148), 253. Vgl. auch *J. Kunisch*, Der Aufstieg neuer Großmächte im 18. Jahrhundert (Anm. 147), 91 f.

151 Vgl. neben den Arbeiten von Klaus Zernack vor allem *Michael G. Müller*, Polen zwischen Preußen und Rußland. Souveränitätskrise und Reformpolitik 1736–1752, Berlin 1983, und *Martin Schulze-Wessel*, Rußlands Blick auf Preußen. Die polnische Frage in der Diplomatie und politischen Öffentlichkeit des Zarenreiches und des Sowjetstaates 1697–1947, Stuttgart 1995, hier besonders 27–90.

152 Maßgeblich vor allem *W. Mediger*, Moskaus Weg nach Europa (Anm. 146), und *ders.*, Rußland und die Ostsee im 18. Jahrhundert, in: Jbb für Geschichte Osteuropas 16 (1968), 85–103.

153 Zitiert nach *R. Pommerin*, Bündnispolitik und Mächtesystem (Anm. 147), 131. Vgl. auch *J. Kunisch*, Die große Allianz der Gegner Preußens (Anm. 136), 82 f.

154 Im einzelnen *Georg Küntzel*, Die Westminsterkonvention, in: FBPG 9 (1897), 541–569.

155 Kaunitz an den österreichischen Geschäftsträger in St. Petersburg, Graf Esterhasy, vom 22. Mai 1756, abgedr. in: Preußische und Österreichische Acten (Anm. 129), 369.

156 Schreiben Maria Theresias an den Grafen Esterhasy vom 31. Oktober 1756, ebd., 629; vgl. neben weiteren Depeschen, die von Wien an den Geschäftsträger in St. Petersburg gerichtet wurden, auch ebd., 632–635: Schreiben der Kaiserin an Esterhasy vom 13. November 1756. Ferner *R. Pommerin*, Bündnispolitik und Mächtesystem (Anm. 147), 145 ff., und *Grégoire Wolkonsky*, La France et la menance d'expansion russe pendant la guerre de Sept-Ans (1756–1763), in: RHDipl. 70 (1956), 193–199.

157 *W. Baumgart*, Der Ausbruch des Siebenjährigen Krieges (Anm. 132), 162. – Solche Schlußfolgerungen nähern sich übrigens in erstaun-

licher Weise dem Weitblick, mit dem bereits Leopold von Ranke die europäische Mächtekonstellation vor dem Ausbruch des Siebenjährigen Krieges erfaßt hat; vgl. neben seiner Studie über den «Ursprung des Siebenjährigen Krieges» (Anm. 8) auch sein grandioses «Fragment historischer Ansichten» von 1833, in: *ders.*, Die großen Mächte, [neu]hrsg., kommentiert und mit einem Nachwort versehen von Ulrich Muhlack, Frankfurt/Main – Leipzig 1995, 36–49. Zu den überseeischen Aspekten der Krise von 1755/56 neuerdings *Armin Reese*, Den Krieg verschieben – verkürzen – ersetzen? Die Französisch-Englischen «Gemeinsamen Kommissionen» vor dem Siebenjährigen Krieg, in: Zwischenstaatliche Friedenswahrung in Mittelalter und Früher Neuzeit, hrsg. von H. Duchhard, Köln – Wien, 1991, 245–260. Ferner *Patrice L.-R. Higonnet*, The Origins of the Seven Years' War, in: Journal of Modern History 40 (1968), 57–90. Eine überzeugende Zusammenfassung der Kriegsursachen auch bei *K. Schweitzer*, The Seven Years' War (Anm. 135), 254.

158 *E. Bosbach*, Die «Rêveries politiques» (Anm. 15), 1.

159 Les rêveries ou mémoires sur l'art de la guerre du Maurice de Saxe [...] par Mr. [Z. de Pazzi] de Bonneville, A la Haye 1756.

160 Vgl. im einzelnen *Max Jähns*, Geschichte der Kriegswissenschaften vornehmlich in Deutschland, 3 Bde., München und Leipzig 1889–1891, hier Bd. 2 (1890), 1500–1503. Ferner *Michael Hochedlinger*, Moritz, Graf von Sachsen, in: NDB 18 (1997), 143 f.

161 *M. Lehmann*, Friedrich der Große (Anm. 54), 63. Besonders Delbrück hat sich dieser Auffassung angeschlossen und die unverkennbar sarkastische Frage gestellt, ob der König hier wirklich «bloße Märchen zur Ergötzung eingeflochten» habe; vgl. *Hans Delbrück*, Friedrich der Große und der Ursprung des Siebenjährigen Krieges, in: Preuß. Jbb. 84 (1896), 32–53, 38 f.

162 *A. Naudé*, Beiträge zur Entstehungsgeschichte des Siebenjährigen Krieges (Anm. 97), 222.

163 *E. Bosbach*, Die «Rêveries politiques» (Anm. 15), 4–7, das Zitat, 4.

164 *Friedrich Meinecke*, Die Idee der Staatsräson in der neueren Geschichte (1924), 2. Aufl., hrsg. und eingeleitet von Walther Hofer, 2. Aufl., München 1960, die Einleitung, IX–XXXII.

165 Brief vom 3. Juli 1761 aus Kunzendorf, abgedr. in: Friedrich der Große [Ausgewählte Briefe in Übersetzung], hrsg. von Otto Bardong, Darmstadt 1982, 411 f.; vgl. den französischen Originaltext in: Die Politische Correspondenz Friedrichs des Großen, hier Bd. 20, Berlin 1893, 508.

166 Ebd. Vgl. auch eindringlich *F. Meinecke*, Die Idee der Staatsräson (Anm. 164), 332.

167 Als systematischen Überblick vgl. *Josef Isensee*, Salus publica – suprema lex? Das Problem des Gemeinwohls in der freiheitlichen Demokratie (Vorträge der Nordrhein-Westfälischen Akademie der Wissenschaften, G 407), Paderborn 2006, hier vor allem das Kapitel: «Außenpolitik zwischen Konkurrenz und Solidarität», 31 ff.

168 Bekanntlich ist der «Antimachiavell» Friedrichs des Großen in zwei, jeweils anonym erschienenen Versionen überliefert: «Examen du prince de Machiavel avec des notes historiques et politiques» (Haag 1741, die van Durensche Ausgabe) und einer von Voltaire redigierten, die Friedrich nicht autorisiert hat: «Antimachiavel ou Essai de critique sur le prince de Machiavel» (Haag 1740). Die Ausgabe bei van Duren ist wiederabgedruckt in: Œuvres de Frédéric le Grand, ed. Johann-David-Erdmann Preuss, t. 8, Berlin 1858 (zusammen mit einer zweiten Fassung «Réfutation du prince de Machiavel», 163 ff.). In der Jubiläumsausgabe: Die Werke Friedrichs des Großen, hrsg. von Gustav Berthold Volz, dt. von Eberhard König, Friedrich v. Oppeln-Bronikowski, Willy Rath, Bd. 7, Berlin 1912, wird die van Durensche Ausgabe in deutscher Übersetzung und unter dem mißverständlichen Titel «Der Antimachiavell» geboten. Vgl. auch *Wilhelm von Sommerfeld*, Die äußere Entstehungsgeschichte des «Antimachiavell» Friedrichs des Großen, in: FBPG 29 (1916), 457–470; *Theodor Schieder*, Friedrich der Große und Machiavelli, das Dilemma von Machtpolitik und Aufklärung, in: HZ 234 (1982), 265–294, und *ders.*, Friedrich der Große. Ein Königtum der Widersprüche (Anm. 20), 102–126 und 508. Ferner: *J. Kunisch*, Friedrich der Große und seine Zeit (Anm. 108) 103–133.

169 *Friedrich der Große*, Der Antimachiavell, in: Werke (Anm. 168), 112; Œuvres (Anm. 168), 159.

170 Vgl. die Belege bei *F. Meinecke*, Die Idee der Staatsräson (Anm. 125), 348 f. und 370–372.

171 *Friedrich der Große*, Politisches Testament [1768], in: Die politischen Testamente der Hohenzollern, bearb. von R. Dietrich (Anm. 35), 630 f. – Friedrich meinte mit dieser Bemerkung übrigens sehr konkret auch Österreich! «Die Kaiserin-Königin», fuhr er fort, «hat ohne Zweifel ihre ehrgeizige Ader (son Coin d'ambition) wie die anderen. Die Politik will, daß solche Pläne mit einem undurchdringlichen Schleier bedeckt bleiben und daß man ihre Ausführung hinausschiebt, solange die Mittel fehlen [...].»

172 *Friedrich der Große*, Der Antimachiavell, in: Œuvres, 172 (aus der Réfutation!). *F. Meinecke*, Die Idee der Staatsräson (Anm. 164), 350, verweist hier und an anderen Stellen fälschlicherweise auf die an-

derslautende Erstfassung. Vgl. auch *G. Ritter*, Staatskunst und Kriegshandwerk (Anm. 98), 33 ff.

173 *Friedrich der Große*, Der Antimachiavell, in: Œuvres, 218 (Réfutation).

174 Ebd., Œuvres, 295 f. (Réfutation).

175 Ebd., Œuvres, 296 (Réfutation). Vgl. zum Gesamtzusammenhang der Staatsräsonauffassung Friedrichs *F. Meinecke*, Die Idee der Staatsräson (Anm. 164), 325 ff., zur Problematik des *bellum justum* im besonderen, 350 f.

176 *F. Meinecke*, Die Idee der Staatsräson (Anm. 164), 353.

177 So in einem Brief an seinen Freund Jordan vom 18. Juni 1742, in: Œuvres Bd. 17, 229. Vgl. auch *F. Meinecke*, Die Idee der Staatsräson (Anm. 164), 354, mit weiteren Belegen.

178 *F. Meinecke*, Die Idee der Staatsräson (Anm. 164). 354.

179 Ebd., 355.

180 Ich zitiere hier nach einem Quellenbeleg bei *F. Meinecke*, Die Idee der Staatsräson (Anm. 164), 356. Es war nicht nachzuvollziehen, wo Meinecke diesen Text (1743 ?) gefunden haben möchte.

181 Besonders heftig hat sich Gerhard Ritter gegen «die in theoretischer Abstraktion gewonnene Gegenüberstellung von kämpferischer Machtballung und friedlicher Dauerordnung» gewandt und sich von den Auffassungen Meineckes unmißverständlich distanziert. Vgl. *G. Ritter*, Staatskunst und Kriegshandwerk (Anm. 98), 48 f. und 331–335, bes. S. 335 Anm. 16. Wenn Meinecke, führt Ritter aus, humanitäres «Aufklärungsideal» und «Staatsräson» als Gegensatz einander gegenüberstelle, so werde nicht deutlich, «daß für Friedrich selbst die Staatsräson eine ähnliche Aufgabe erfüllt hat wie die Humanität: nämlich die blinden Leidenschaften zu zügeln. Für ihn ist offenbar nicht der ‹Machtstaatsgedanke› oder gar die ‹Staatsräson› als solche etwas Dämonisch-Gefährliches, mit dem es zu ringen gilt, sondern gefährlich erscheint ihm nur eine von blinden Affekten statt von ruhiger Vernunft getriebene Machtpolitik. Dabei ist ‹Vernunft› (raison) immer zugleich, wie für das 18. Jahrhundert überhaupt, als ‹sittliche Vernunft› zu verstehen.» Vgl. ferner *ders.*, Friedrich der Große. Ein historisches Profil (Anm. 34), 116 ff. Zur Wahrnehmung Ritters in der Historikerzunft in den dreißiger Jahren – vor allem in Äußerungen Friedrich Meineckes – jetzt sehr aufschlußreich: *Gerhard A. Ritter*, Die Verdrängung von Friedrich Meinecke als Herausgeber der Historischen Zeitschrift 1933–1935, in: Historie und Leben. Der Historiker als Wissenschaftler und Zeitgenosse. Festschrift für Lothar Gall zum 70. Geburtstag, hrsg. von Dieter Hein u. a., München 2006, 65–88. Vgl.

zur Einschätzung von Ritters apologetischer Grundtendenz aber vor allem den ebenso gedankenreichen wie scharfsinnigen Besprechungsaufsatz von *Ludwig Dehio*, Um den deutschen Militarismus, in: HZ 180 (1955), 43–64; zuletzt auch in: Militarismus, hrsg. von Volker R. Berghahn, Köln 1975, 218–235, etwa 46 oder 51; zu Friedrich im besonderen, 53–57. Vgl. ferner *Thomas Stamm-Kuhlmann*, Militärstaat Preußen. Zum Stand der Debatte über den «preußischen Militarismus» im 18. und 19. Jahrhundert, in: Italien und Preußen. Dialog der Historiographien, hrsg. von Christiane Liermann u. a., Tübingen 2005, 109–121, hier bes. 110 und 120 f. und beachtenswert *P.-M. Hahn*, Friedrich der Große und die preußische Nation (Anm. 15), 152–154, bes. 153. Besonders intensiv und überaus polemisch hat sich die DDR-Forschung mit dem Preußenbild Gerhard Ritters als dem herausragenden Repräsentanten der «bürgerlichen» Geschichtswissenschaft der Nachkriegszeit auseinandergesetzt; vgl. *P.-M. Hahn*, ebd. 195 ff.

182 *St. Skalweit*, Das Problem von Recht und Macht (Anm. 97), 168.

183 *Walther Hubatsch*, Das Problem der Staatsräson bei Friedrich dem Großen, Göttingen 1956, 24.

184 *G. Ritter*, Friedrich der Große. Ein historisches Profil (Anm. 34), 130 f.

185 Ebd., 131.

186 Ebd., 132.

187 *E. Bosbach*, Die «Réveries politiques» (Anm. 15), 10 ff.

188 Ebd., 13.

189 Ebd., 133.

190 Ebd., 134.

191 Ebd., 81–96.

192 Ebd., 134, ausführlicher 91 ff. mit bemerkenswerten Verweisen auf Hans Delbrücks Analysen zu diesem Thema.

193 Ebd., 134 f.

194 Ebd., 136.

195 Einleitung zu: Die Politischen Testamente der Hohenzollern, bearb. von R. Dietrich (Anm. 35), 1–176, das Zitat, 129.

196 Ebd., 141–145.

197 Brief vom 22. Juni 1756, abgedr. in: Friedrich der Große und Wilhelmine von Bayreuth, hrsg. von Gustav Berthold Volz, dt. von Friedrich von Oppeln-Bronikowski, hier Bd. 2: Briefe der Königszeit, 1740–1758, Berlin und Leipzig 1926, 325.

198 Brief vom 13. Juli 1757, in: ebd., 361–363; der französische Originaltext in: Œuvres de Frédéric le Grand, ed. Johann-David-Erdmann Preuss, hier t. 27/I, Berlin 1856, 296–298. Vgl. ebd. (Volz/Oppeln-Bronikowski (Anm. 197), 377–382) auch einen hoch-

bedeutsamen Brief Friedrichs vom 17. September 1757 aus Erfurt mit ähnlichen Anklagen.

199 *G. P. Gooch*, Friedrich der Große (Anm. 5), 258 f.

200 Ebd., Geleitwort, 5.

201 *Percy Ernst Schramm*, George P. Gooch. 21.10.1873–31.8.1968, in: Orden *Pour le Mérite* für Wissenschaft und Künste. Reden und Gedenkworte, Bd. 10, Heidelberg 1979/71, 19–32, hier 30.

202 Ich danke Horst Fuhrmann und Gerhard A. Ritter für entsprechende Hinweise.

203 *F. Meinecke*, Ausgewählter Briefwechsel (Anm. 52), 592 f.

204 Ebd., 281.

205 Umfassend jetzt *G. A. Ritter*, Friedrich Meinecke, die Gründung der Freien Universität Berlin und das Friedrich-Meinecke-Institut (Anm. 49).

206 Leonhard von Muralt konstatiert, daß Gooch in der Analyse der akademischen Bewunderer des Königs «seine Meisterschaft» eindrucksvoll unter Beweis stelle. «Seine treffsichere Auswahl des Wesentlichen und seine oft überraschenden, aber auch überzeugenden Urteile bieten geschichtlicher Besinnung eine Fülle von Anregungen»; vgl. *Leonhard von Muralt*, [Rezension des Buches von] G. P. Gooch, Friedrich der Große [usw.], in: Göttingische Gelehrte Anzeigen 207 (1953), 49–61, hier 51.

207 Thomas Mann etwa bezeichnete ihn trotz der ironischen Distanz, mit der er sich 1914/15 dem König näherte, ohne Umschweife als den Großen: «König Friedrich wird der Große genannt, nicht nur, weil er die Fatalität mit so außerordentlicher Keckheit attackierte, sondern namentlich auch, weil er einem so gewaltigen Gegendruck von Haß, einsam, mit fast übermenschlicher Nervenkraft Widerpart zu halten vermochte»; *Th. Mann*, Friedrich der Große (Anm. 1), 99 f. Vgl. im übrigen *W. Bußmann*, Friedrich der Große im Wandel des europäischen Urteils (Anm. 15).

208 *Edgar Bonjour*, Leonhard von Muralt, in: NDB 18 (1997), 605 f. (mit bibliographischen Hinweisen).

209 Wiederabgedruckt in: *Leonhard von Muralt*, Der Historiker und die Geschichte. Ausgewählte Aufsätze und Vorträge, Zürich 1960, 19–29.

210 *L. v. Muralt*, G. P. Gooch (Anm. 206), 52 f.

211 S. dazu auch die grundsätzlichen Bemerkungen von *W. Baumgart*, Der Ausbruch des Siebenjährigen Krieges (Anm. 132), 160.

212 Vgl. dazu auch v. Muralts Studie: Die europäischen Mächte im 18. Jahrhundert (1953), wiederabgedr. in: *ders.*, Der Historiker und die Geschichte (Anm. 209), 244–253.

213 *L. v. Muralt*, G. P. Gooch, 53.

214 Ebd., 54.

215 Ebd., 54 f.

216 Ebd., 55.

217 Vgl. im einzelnen *Johannes Kunisch*, Staatsverfassung und Mächtepolitik. Zur Genese von Staatenkonflikten im Zeitalter des Absolutismus, Berlin 1979. Vgl. ferner: *ders.*, Hausgesetzgebung und Mächtesystem. Zur Einbeziehung hausvertraglicher Erbfolgeregelungen in die Staatenpolitik des ancien régime, in: Der dynastische Fürstenstaat. Zur Bedeutung von Sukzessionsordnungen für die Entstehung des frühmodernen Staates, hrsg. von dems., Berlin 1982, 49–80.

218 Zu den Strukturen des Mächtesystems und zum politischen Selbstverständnis des «europäischen Länderverteilungssyndikats» (Friedrich Meinecke) im *ancien régime* vgl. *J. Kunisch*, Das Mirakel des Hauses Brandenburg (Anm. 147), 37 ff.

219 *L. Dehio*, Um den deutschen Militarismus (Anm. 181), 48.

220 Ebd., 56.

221 Ebd., 57.

222 Vgl. dazu besonders eindringlich den Essay des Kronprinzen von 1737/38 «Considération sur l'état présent du corps politique de l'Europe». Er wurde in einer noch immer maßgeblichen Interpretation analysiert von *Friedrich Meinecke*, Des Kronprinzen Friedrich Considérations sur l'état présent de l'Europe, zuletzt in: *ders.*, Brandenburg – Preußen – Deutschland. Kleine Schriften zur Geschichte und Politik, hrsg. von Eberhard Kessel, Stuttgart 1979, 174–200. Vgl. auch *ders.*, Die Idee der Staatsräson in der neueren Geschichte (Anm. 164), 321–400.

223 *L. v. Muralt*, G. P. Gooch (Anm. 206), 58.

224 Ebd., 57.

225 So hat ihn Maria Theresia in einigen ihrer Privatbriefe bezeichnet. Vgl. Kaiserin Maria Theresia und Kurfürstin Maria Antonia von Sachsen. Briefwechsel 1747–1772, hrsg. von Woldemar Lippert, Leipzig 1908, 29.

3. Das Begräbnis eines Unsterblichen?

* Ich danke Hans-Joachim Giersberg (Potsdam) und Hans Ost (Köln) herzlich für die kritische Lektüre einer Vorstudie dieses Textes. Während der Drucklegung erschien: *Eckhart Hellmuth,* The Funerals of the Prussian Kings in the Eighteenth Century, in: Monarchy and Religion. The Transformation of Royal Culture in Eighteenth-Century Europe, ed. Michael Schaich, Oxford 2008, 451–472.

1 *Günther Lottes*, Versailles und Potsdam, in: Hofkultur und aufgeklärte Öffentlichkeit. Potsdam im 18. Jahrhundert, hrsg. von dems. und Iwan D'Aprile, Berlin 2006, 13–27, hier 15.

2 Vgl. die Überblicksdarstellungen von *Rainer A. Müller*, Der Fürstenhof der Frühen Neuzeit (Enzyklopädie deutscher Geschichte, 33), München 1995, und *Volker Bauer*, Die höfische Gesellschaft in Deutschland von der Mitte des 17. Jahrhunderts bis zum Ausgang des 18. Jahrhunderts. Versuch einer Typologie, Tübingen 1993, (mit jeweils umfangreichen Literaturhinweisen). Maßgeblich auch: *Carl Hinrichs*, Staat und Gesellschaft im Barockzeitalter, in: *ders.*, Preußen als historisches Problem. Gesammelte Abhandlungen, hrsg. von Gerhard Oestreich, Berlin 1964, 205–226, vor allem 213 ff. und *Rudolf Vierhaus*, Höfe und höfische Gesellschaft in Deutschland im 17. und 18. Jahrhundert, in: Absolutismus, hrsg. von Ernst Hinrichs, Frankfurt/Main 1986, 116–137.

3 Wie solche Statussymbole vor allem von Reisenden rezipiert wurden, analysieren *Peter Michael Hahn*, Wahrnehmung und Magnifizenz, in: Pracht und Herrlichkeit. Adlig-fürstliche Lebensstile im 17. und 18. Jahrhundert, hrsg. von dems. und Hellmuth Lorenz, Potsdam 1998, 9–43, und *Joachim Rees*, Die höfische Gesellschaft unterwegs. Residenzkultur im Spiegel handschriftlicher Reisetagebücher des 18. Jahrhunderts, in: Hofkultur und aufgeklärte Öffentlichkeit. Potsdam im 18. Jahrhundert im europäischen Kontext, Berlin 2006, 47–76.

4 Im einzelnen *Alois Winterling*, Der Hof der Kurfürsten von Köln 1688–1794. Eine Fallstudie zur Bedeutung «absolutistischer» Hofhaltung, Bonn 1986.

5 Grundsätzlich dazu *Henning Eichberg*, Geometrie als barocke Verhaltensnorm. Fortifikation und Exerzitien, in: ZHF 4 (1977), 17–50, und *ders.*, Ordnen, Messen, Disziplinieren. Moderner Herrschaftsstaat und Fortifikation, in: Staatsverfassung und Heeresverfassung in der europäischen Geschichte der frühen Neuzeit, hrsg. von Johannes Kunisch, Berlin 1986, 347–375. Vgl. ferner den überaus instruktiven Ausstellungskatalog: «Klar und lichtvoll wie eine Regel». Planstädte der Neuzeit vom 16. bis zum 18. Jahrhundert. Badisches Landesmuseum Karlsruhe 1990.

6 Vgl. das Kapitel: Formen und Symbole, in: *Wolfgang Reinhard*, Geschichte der Staatsgewalt. Eine vergleichende Verfassungsgeschichte Europas von den Anfängen bis zur Gegenwart, 3. Aufl., München 2003, 80 ff., hier 87.

7 Im einzelnen *Dieter Wyduckel*, Princeps Legibus Solutus. Eine Untersuchung zur frühmodernen Rechts- und Staatslehre, Berlin 1979.

8 *C. Hinrichs*, Staat und Gesellschaft im Barockzeitalter (Anm. 2), 213 f.

9 *Gerhard Oestreich*, Strukturprobleme des europäischen Absolutismus, in: *ders.*, Geist und Gestalt des frühmodernen Staates. Ausgewählte Aufsätze, Berlin 1969, 179–197. Vgl. dazu *Winfried Schulze*, Gerhard Oestreichs Begriff «Sozialdisziplinierung in der frühen Neuzeit», in: ZHF 14 (1987), 265–301. Grundlegend ferner *Norbert Elias*, Die höfische Gesellschaft. Untersuchungen zur Soziologie des Königtums und der höfischen Aristokratie, Darmstadt – Neuwied 1969, ND Frankfurt/Main 1994. Ferner *Wolfgang Weber*, Zeremoniell und Disziplin. J. B. von Rohrs ‹Ceremoniel-Wissenschaft› (1728/29) im Kontext der frühneuzeitlichen Sozialdisziplinierung, in: Zeremoniell als höfische Ästhetik in Spätmittelalter und Früher Neuzeit, Tübingen 1995, 1–20, und umfassend *Milos Vec*, Zeremonialwissenschaft im Fürstenstaat. Studien zur juristischen und politischen Theorie absolutistischer Herrschaftsrepräsentation, Frankfurt/Main 1998.

10 *G. Lottes*, Versailles und Potsdam (Anm. 1), 16. Vgl. auch *ders.*, Die Zähmung des Menschen durch Drill und Dressur, in: Erfindung des Menschen. Schöpfungsträume und Körperbilder 1500–2000, hrsg. von Richard van Dülmen, Wien – Köln 1998, 221–240, bes. 230 ff.

11 Maßgeblich *Richard Alewyn*, Feste des Barock, zuletzt in: Absolutismus, hrsg. von Walther Hubatsch, Darmstadt 1973, 238–247.

12 *Christian Wolff*, Vernünfftige Gedancken von dem gesellschaftlichen Leben der Menschen und insonderheit dem Gemeinen Wesen, 4. Aufl., Frankfurt – Leipzig 1736, ND in: *ders.*, Gesammelte Werke, Bd. I/5, Hildesheim – New York, 504 f. Einschlägig dazu *Andreas Gestrich*, Höfisches Zeremoniell und sinnliches Volk. Die Rechtfertigung des Hofzeremoniells im 17. und frühen 18. Jahrhundert, in: Zeremoniell als höfische Ästhetik in Spätmittelalter und Früher Neuzeit, hrsg. von Jörg Jochen Berns und Thomas Rahn, Tübingen 1995, 57–98. Vgl. auch *V. Bauer*, Die höfische Gesellschaft (Anm. 2), 104 f.

13 *C. Wolff*, Vernünfftige Gedancken (Anm. 12), ebd. Vgl. dazu die einschränkende Bemerkung von *B. Stollberg-Rilinger*, Höfische Öffentlichkeit. Zur zeremoniellen Selbstdarstellung des brandenburgischen Hofes vor dem europäischen Publikum, in: FBPG NF 7 (1997), 145–178, hier 147.

14 *B. Stollberg-Rilinger*. Zur zeremoniellen Selbstdarstellung des brandenburgisches Hofes (Anm. 13).

15 Vgl. dazu im Überblick *Peter Baumgart*, Epochen der preußischen

Monarchie im 18. Jahrhundert, in: ZHF 6 (1979), 287–316; ferner *Wolfgang Neugebauer*, Hof und politisches System in Brandenburg-Preußen: Das 18. Jahrhundert, in: Jb. für die Geschichte Mittel- und Ostdeutschlands 46 (2000), 139–169.

16 Im einzelnen *Uwe Steiner*, Triumphale Trauer. Die Trauerfeierlichkeiten aus Anlaß des Todes der ersten preußischen Königin in Berlin im Jahre 1705, in: FBPG NF 11 (2001), 23–52, und *Gerhild Komander*, Tod und Trauer am brandenburg-preußischen Hof, in: Sophie Charlotte und ihr Schloß. Ein Musenhof des Barock in Brandenburg-Preußen (Ausstellungskatalog), München u. a. 1999, 171–177. Vgl. ferner *Jörg Meiner*, Repräsentation – Status – Zeremoniell. Die erste Wohnung Sophie Charlottes im Schloß Lietzenburg und die Maximen fürstlicher Selbstdarstellung, in: ebd., 141–145. Zur skeptischen Grundeinstellung Sophie Charlottes zu den höfischen Ambitionen ihres Gemahls auch *V. Bauer*, Die höfische Gesellschaft (Anm. 2), 105. Zum Zeitempfinden auch *Uwe Steiner*, Traurige Spiele – Spiel vor Traurigen. Zu Walter Benjamins Theorie des barocken Trauerspiels, in: Allegorie und Melancholie, hrsg. von Willem van Reijen, Frankfurt/Main 1992, 32–63. Vgl. zum Grundsätzlichen auch *Renate Kohn*, Zwischen standesgemäßem Repräsentationsbedürfnis und Sorge um das Seelenheil. Die Entwicklung des frühneuzeitlichen Grabdenkmals [vor allem an Wiener Beispielen], in: Macht und Memoria. Begräbniskultur europäischer Oberschichten in der Frühen Neuzeit, hrsg. von Mark Hengerer, Köln – Weimar – Wien 2005, 19–46.

17 Einzelheiten bei *C. Hinrichs*, Staat und Gesellschaft im Barockzeitalter (Anm. 2), 220 f.

18 *Helmut Börsch-Supan*, Die Prunksarkophage Sophie Charlottes und Friedrichs I. von Andreas Schlüter, in: Die Gruft der Hohenzollern im Berliner Dom, Berlin 2005, 106–123 (mit zahlreichen Abb.). Ferner *André Franik*, Die Beisetzung Friedrichs I. 1713 und Friedrich Wilhelms I. 1740 – Ein Vergleich, ebd., 60–71. Carl Hinrichs beginnt seinen Essay über Friedrich I. mit einem instruktiven Vergleich der Bestattungen der drei ersten preußischen Könige: *C. Hinrichs*, König Friedrich I. von Preußen. Die geistige und politische Bedeutung seiner Regierung, zuletzt in: *ders.*, Preußen als historisches Problem. Gesammelte Abhandlungen, hrsg. von Gerhard Oestreich, Berlin 1964, 253–271, hier 253.

19 Einen Überblick über den Vorgängerbau und seine Bestimmung als Grablege der Hohenzollern vermitteln *Hans-Joachim Giersberg – Rolf-Herbert Krüger*, Die Ruhestätte Friedrichs des Großen zu Sanssouci, 2. Aufl., Berlin 1992, 12. Vgl. auch *Iselin Gunder-*

mann, Beisetzungen der Hohenzollern im 18. und 19. Jahrhundert, in: Die Gruft der Hohenzollern im Berliner Dom (Anm. 18), 26–45.

20 Vgl. zu der Örtlichkeit *Hans Joachim Giersberg*, Die Wohnungen des Königs, in : *ders. und Hillert Ibbeken*, Schloß Sanssouci. Die Sommerresidenz Friedrichs des Großen, Berlin 2005, 62 f.

21 *Günter de Bruyn*, Als Poesie gut. Schicksale aus Berlins Kunstepoche 1786 bis 1807, Frankfurt/Main 2006, 7 f.

22 Ebd., 8. Vgl. zu den Zeugnissen dieser Art besonders: Friedrich der Große im Spiegel seiner Zeit, hrsg. von Gustav Berthold Volz, Bd. 3, Berlin 1926, 215 ff.

23 Ein überblicksartiges Persönlichkeitsbild vermittelt *David E. Barclay*, Friedrich Wilhelm II., in: Preußens Herrscher. Von den ersten Hohenzollern bis Wilhelm II., hrsg. von Frank-Lothar Kroll, 2. Aufl., München 2001, 179–196.

24 Vgl. *Ulrich Muhlack*, Thronfolge und Erbrecht in Frankreich, in: Der dynastische Fürstenstaat. Zur Bedeutung von Sukzessionsordnungen für die Entstehung des frühmodernen Staates, hrsg. von Johannes Kunisch, Berlin 1982, 173–197. Ferner *Percy Ernst Schramm*, Der König von Frankreich. Das Wesen der Monarchie vom 9. bis zum 16. Jahrhundert. Ein Kapitel aus der Geschichte des abendländischen Staates, 2 Bde., 2. verbesserte und vermehrte Aufl., Darmstadt 1960, 259–263, und *Ernst Kantorowicz*, Die zwei Körper des Königs. Eine Studie zur politischen Theologie des Mittelalters, Stuttgart 1992, 322–450, bes. 412. Vgl. zu Brandenburg im konkreten die Bestimmungen der Goldenen Bulle zur Erbfolge in den weltlichen Kurfürstentümern: Die Goldene Bulle. Das Reichsgesetz Kaiser Karls IV. vom Jahre 1356, dt. von Wolfgang D. Fritz, Weimar 1978, 97 ff.

25 Vgl. *Jill Bepler*, Ansichten eines Staatsbegräbnisses. Funeralwerke und Diarien als Quelle zeremonialer Praxis, in: Zeremoniell als höfische Ästhetik in Spätmittelalter und Früher Neuzeit, hrsg. von Jörg Jochen Berns/Thomas Rahn, Tübingen 1995, 182–197.

26 Im einzelnen *J. Kunisch*, Friedrich der Große, Friedrich Wilhelm II. und das Problem der dynastischen Kontinuität im Hause Hohenzollern, in diesem Band, 145–175. Vgl. auch *ders.*, Staatsbildung als Gesetzgebungsproblem. Zum Verfassungscharakter frühneuzeitlicher Sukzessionsordnungen, in: Gesetzgebung als Faktor der Staatsentwicklung (Beiheft 7 zu: DER STAAT), Berlin 1984, 63–88, und *Jürgen Weitzel*, Die Hausnormen deutscher Dynastien im Rahmen der Entwicklungen von Recht und Gesetz, in: Der dynastische Fürstenstaat. Zur Bedeutung von Sukzessionsordnungen

für die Entstehung des frühmodernen Staates, hrsg. von Johannes Kunisch, Berlin 1982, 35–48.

27 *Gustav Berthold Volz*, Der Plan einer Mitregentschaft des Prinzen Heinrich und Friedrichs des Großen «Exposé du gouvernement prussien» (1776), in: Hohenzollern-Jahrbuch 20 (1916), 175–189, und *J. Kunisch*, Friedrich der Große, Friedrich Wilhelm II. (Anm. 26), in diesem Band, 145–175. Vgl. ferner *Michael Kaiser*, Regierender Fürst und Prinzen von Geblüt. Der Bruderzwist als dynastisches Strukturprinzip, in: Jahrbuch Stiftung Preußische Schlösser und Gärten Berlin-Brandenburg 4 (2001/02), 3–28, und *Andreas Pečar*, Ein Prinz von Geblüt auf dem Abstellgleis. Prinz Heinrich als Politiker, ebd., 113–124.

28 *H.-J. Giersberg – R.-H. Krüger*, Die Ruhestätte (Anm. 19). Instruktiv auch *Wilfried Hansmann*, Im Glanz des Barock. Ein Begleiter zu Bauwerken Augusts des Starken und Friedrichs des Großen, Köln 1992, hier bes. 175 f.

29 Im einzelnen *Rainer Michaelis*, Friedrich der Große und der Marquis d'Argens besichtigen den Gruftbau in Sanssouci. Ein Gemälde des Malers Johann Christoph Frisch (1738–1815), in: Jb. für Brandenburg. LG 42 (1991), 102–110. Zu Frisch im allgemeinen *Hans Ost*, Johann Christoph Frischs Bildnis der Gertrud Elisabeth Mara – Zu Malerei und Musik am Hof Friedrichs des Großen, in: Wallraf-Richartz-Jb. 59 (1998), 213–222 (mit umfangreichen Literaturhinweisen).

30 Die Kataloge der Berliner Akademie-Ausstellungen 1786–1850, ND bearb. von Helmut Börsch-Supan, Berlin 1971, Katalog 1802, Nr. 2.

31 Umfassend jetzt: Der Marquis d'Argens, hrsg. von Hans-Ulrich Seifert und Jean-Loup Seban (Wolfenbütteler Forschungen, 103), Wiesbaden 2004.

32 Vgl. zur Namengebung auch *H[einz]-D[ieter] Kittsteiner*, Das Komma von Sans,souci. Ein Forschungsbericht mit Fußnoten, Heidelberg 2001.

33 *Heinrich Ludwig Manger*, Baugeschichte von Potsdam besonders unter der Regierung König Friedrichs des Zweiten, 3 Bde., Berlin und Stettin 1789/90, ND Leipzig 1987, hier Bd. 2, 504.

34 Was hier konkret gemeint sein könnte, ist schwer zu beurteilen. Einen wenig weiterführenden Hinweis gibt immerhin *Erwin Panofsky*, Grabplastik. Vier Vorlesungen über ihren Bedeutungswandel von Alt-Ägypten bis Bernini, hrsg. von Horst W. Janson, Köln 1993, 26.

35 Im einzelnen: Friedrich der Große und Wilhelmine von Bayreuth,

hrsg. von Gustav Berthold Volz, dt. von Friedrich von Oppeln-Bronikowski, 2 Bde., Leipzig 1924/26, hier vor allem Bd. 2: Briefe der Königszeit.

36 Vgl. *Claudia Sommer*, Das Grab in der Pyramide, in: Prinz Heinrich von Preußen. Ein Europäer in Rheinsberg (Ausstellungskatalog Rheinsberg 2002), München – Berlin 2002, 525–528.

37 Zu zahlreichen Aspekten seines künstlerischen Schaffens: «Zum Maler und großen Architekten geboren». Georg Wenzeslaus von Knobelsdorff 1699–1753. Ausstellung zum 300. Geburtstag, Berlin 1999.

38 Einzelheiten zur Person Diterichs und zu seinen weiteren Bauten *H.-J. Giersberg – R.-H. Krüger,* Die Ruhestätte (Anm. 19), 16 ff.

39 Ebd., 19.

40 *Annette Dorgerloh*, Friedrich II. als Gartengestalter – Repräsentation und historische Verortung, in: Geist und Macht. Friedrich der Große im Kontext der europäischen Kulturgeschichte, hrsg. von Brunhilde Wehinger, Berlin 2005, 225–243, hier 236.

41 Friedrichs des Großen Gespräche mit Henri de Catt, in dt. Übersetzung hrsg. von Willy Schüssler, Leipzig 1940, 133 f. Vgl. auch *Johannes Kunisch*, Henri de Catt, Vorleser und Gesprächspartner Friedrichs des Großen – Versuch einer Typologie, in: Schweizer im Berlin des 18. Jahrhunderts, hrsg. von Martin Fontius und Helmut Holzhey, Berlin 1996, 101–124.

42 Einzelheiten bei *Saskia Hüneke*, Die Bildwerke im Innenraum, in: Die Bildergalerie in Sanssouci. Bauwerk, Sammlung und Restaurierung. Festschrift zur Wiedereröffnung 1996, Mailand 1996, 89–111, hier vor allem 91.

43 *H.-J. Giersberg/R.-H. Krüger,* Die Ruhestätte (Anm. 19), 37, mit dem Hinweis auf die Erstveröffentlichung: Letzte Stunden und Leichenbegängnis Friedrichs des Zweiten Königs von Preußen. Nebst Forts. und Beschluß, Potsdam 1786. Vgl. Bibliographie Friedrich der Große 1786–1986, bearb. von Herzeleide und Eckhart Henning, Berlin – New York 1988, 282.

44 Ebd., 38.

45 Gemeint ist das Grabmal des Fürsten Johann Moritz von Nassau-Siegen (1604–1679) in Bergendal bei Kleve, das auch in einem Kupferstich von Arnoud von Halen überliefert ist. Aufschlußreiche Einzelheiten dazu bei *J.-H. Giersberg/R.-H. Krüger* ‹Die Ruhestätte› (Anm. 19), 40 f. Vgl. auch *Hans-Peter Hilger*, Das Grabmonument des Fürsten Johann Moritz in Bergendal bei Kleve, in: Soweit der Erdkreis reicht. Johann Moritz von Nassau-Siegen 1604–1679. (Ausstellungskatalog), Kleve 1979, 205–212.

46 Die Werke Friedrichs des Großen hrsg. von Gustav Berthold Volz,

dt. von Eberhard König, Friedrich v. Oppeln-Bronikowski, Willy Rath, 10 Bde., Berlin 1912, hier Bd. 7: Antimachiavell und Testamente, 276–280.

47 Im einzelnen *Hans-Peter Hilger*, Eremitage und Grabmal des Fürsten Johann Moritz von Nassau-Siegen, in: An den Wassern zu Kleve. Studien und Beiträge zur Garten- und Badegeschichte Kleves, Kleve 1994, 23–40.

48 Vgl. *Annette Dorgerloh*, Zwischen Vergänglichkeit und Dauer. Grab und Erinnerung in der Gartenkunst des 18. Jahrhunderts, in: Zeitschrift des Deutschen Vereins für Kunstwissenschaft 56/57 (2002/03), 195–210, hier 201.

49 Vgl. im einzelnen *Rose Wörner*, Gärten in Kleve, in: Die Niederlande und Deutschland. Aspekte der Beziehungen zweier Länder im 17. und 18. Jahrhundert, hrsg. von der Kulturstiftung Dessau Wörlitz und der Stiftung Historischer Sammlungen des Hauses Oranien-Nassau, Dessau 2000, 78–85, hier 80 f., und *Wilhelm Diedenhofen*, Mars und Minerva. Betrachtungen zur Gartenkunst des Johann Moritz in Kleve, in: Johann Moritz von Nassau-Siegen (1604–1679) als Vermittler. Politik und Kultur am Niederrhein im 17. Jahrhundert, hrsg. von Irmgard Hantsche, Münster 2005, 155–171, mit Planskizzen und Abb., hier 170 f.

50 *H. Giersberg/R.-H. Krüger*, Die Ruhestätte (Anm. 19), 40 f. Zum Grundsätzlichen *Olaf Mörke*, Die Annäherung im Tod. Begräbnisse für fürstliche Statthalter und bürgerliche Militärs in der niederländischen Republik des 17. Jahrhunderts, in: Macht und Memoria. Begräbniskultur europäischer Oberschichten in der Frühen Neuzeit, hrsg. von Mark Hengerer, Köln – Weimar – Wien 2005, 187–206.

51 *J. Kunisch*, Friedrich der Große. Der König und seine Zeit, 5. Aufl., München 2005, 534.

52 Vgl. zum Gesamtkomplex der frühneuzeitlichen Zeremonialwissenschaft jetzt grundlegend *M. Vec*, Zeremonialwissenschaft im Fürstenstaat. Studien zur juristischen und politischen Theorie absolutistischer Herrschaftsrepräsentation (Anm. 9); ferner *Gotthard Frühsorge*, Prolegomena zu einer Zeremonialwissenschaft in sittengeschichtlicher Absicht, in: Euphorion 86 (1992), 355–361.

53 *Julius Bernhard von Rohr*, Einleitung zur Ceremoniel-Wissenschafft der Großen Herren, ND der Ausgabe Berlin 1733, hrsg. und kommentiert von Monika Schlechte, Weinheim 1990, 305. Vgl. auch *U. Steiner*, Triumphale Trauer (Anm. 16), 40 f.

54 *Philippe Ariès*, Geschichte des Todes (1978), 6. Aufl. der deutschen Übersetzung, München 1993, 412–418.

55 Die Werke (Anm. 46), 283.

56 Ebd., 285 f.
57 Ebd., 287–291.
58 *Joseph König*, Karl Wilhelm Ferdinand, in: NDB 11 (1977), 224 f.
59 *H. L. Manger*, Baugeschichte von Potsdam (Anm. 33), 505.
60 Ebd., 505–532, vgl. auch *H.-J. Giersberg/R.-H. Krüger*, Die Ruhestätte (Anm. 19), 51.
61 *Walter Salmen*, Johann Friedrich Reichardt, in: NDB 21 (2003), 295 f.
62 Vgl. *Thomas Stamm*, Girolamo Marchese Lucchesini, in: NDB 15 (1987), 274 f. und *Johannes Kunisch*, Henri de Catt, Vorleser und Gesprächspartner Friedrichs des Großen – Versuch einer Typologie, in: Schweizer im Berlin des 18. Jahrhunderts, hrsg. von Martin Fontius und Helmut Holzhey, Berlin 1996, 101–124, vor allem 109.
63 Im einzelnen *H.-J. Giersberg/R.-H. Krüger*, Die Ruhestätte (Anm. 19), 48 f. Über die Odyssee der Särge bis zu ihrer Umbettung nach Potsdam im Jahre 1991, ebd. 60–78.
64 Vgl. im einzelnen *Heinz Schönemann*, Ein frühes Denkmal für Friedrich den Großen, in: Kulturbauten und Denkmale 2 (1991), 32–37, mit umfassenden Literaturhinweisen.
65 Ausführlich dazu ebd.; vgl. ferner *Hans-Joachim Giersberg*, Die Wohnungen des Königs, in: *ders. und Hillert Ibbeken,* Schloß Sanssouci. Die Sommerresidenz Friedrichs des Großen, Berlin 2005, 7–92, hier bes. 61–67.
66 Gedächtnißpredigt auf Friedrich den Zweyten, König von Preußen, Berlin 1786.
67 *F. S. G. Sack*, Gedächtnispredigten auf den allerdurchlauchtigsten, großmächtigsten König und Herrn Friedrich den Zweyten König von Preußen. In Gegenwart Sr. Majestät des Königs und des Königl. Hauses den 10. September gehalten in der Oberpfarr- und Domkirche, Berlin o. J., XIII. Vgl. auch *Theodor Schieder*, Friedrich der Große. Ein Königtum der Widersprüche, Frankfurt/Main 1983, 480 f.
68 Predigt zum Gedächtniß Friedrichs des Zweyten, Königs von Preußen, vor Ihro Majestät der verwittweten Königin […], Berlin 1786, 9.
69 *Henning Wrede, Cunctorum splendor ab uno.* Archäologie, Antikensammlungen und antikisierende Ausstattung in Nepotismus und Absolutismus (Schriften der Winkelmann-Gesellschaft, 17), Stendal 2000, 7 f.
70 *A. Dorgerloh*, Friedrich II. als Gartengestalter (Anm. 40), 233.
71 Ebd. 234.
72 *Adrian von Buttlar*, Das Grab im Garten. Zur naturreligiösen Deu-

tung eines arkadischen Gartenmotivs, in: Landschaft und Landschaften im 18. Jahrhundert, hrsg. von Heinke Wunderlich, Heidelberg 1995, 79–119, hier 106–115.

73 *Rüdiger Hachtmann*, Friedrich II. von Preußen und die Freimaurerei, in: HZ 264 (1997), 21–54.

74 Einzelheiten bei *A. Dorgerloh,* Friedrich II. als Gartengestalter (Anm. 40), 225–243.

75 *A. Dorgerloh*, Zwischen Vergänglichkeit und Dauer (Anm. 48), 202 f.

76 *H. Wrede, Cunctorum splendor ab uno* (Anm. 69), 7 f.

77 Vgl. *Craig Koslofsky*, Von der Schande zur Ehre. Nächtliche Begräbnisse im lutherischen Deutschland (1650–1700), in: Historische Anthropologie 5 (1997), 350–369.

78 Auf einem Plan des Parks von Sanssouci (vgl. die Abbildung 133) von 1750 sind zwar die beiden Skulpturen Adams, nicht aber die im Halbkreis aufgestellten Kaiserbüsten zu erkennen. Möglicherweise sind die Rondelle also erst zu einem späteren Zeitpunkt angelegt worden. Auf jeden Fall ist auch die Gruft nicht eingezeichnet.

79 *H. Wrede, Cunctorum splendor ab uno* (Anm. 69), 9.

80 Einen Überblick vermittelt *Barbara Stollberg-Rilinger*, Symbolische Kommunikation in der Vormoderne. Begriffe – Thesen – Forschungsperspektiven, in: ZHF 31 (2004), 489–527.

81 Vgl. die Beschreibungen der Sammlungsbestände in der Festschrift zur Wiedereröffnung der Bildergalerie 1996 (Anm. 42), zur Bronzebüste Richelieus im besonderen *S. Hüneke*, Die Bildwerke im Innenraum, 99. Umfassend aber vor allem Friedrich der Große. Sammler und Mäzen, hrsg. von Johann Georg Prinz von Hohenzollern, München 1992, darin vor allem der Beitrag von *Helmut Börsch-Supan*, 96–207; *ders.*, Friedrichs des Großen Umgang mit Bildern, in: Zeitschrift des Deutschen Vereins für Kunstwissenschaft 42/1 (1988), 23–32. Vgl. auch *J. Kunisch*, Friedrich der Große und die preußische Königskrönung 1701, siehe S. 176 ff. in diesem Band.

82 *J. Kunisch*, Friedrich der Große und die preußische Königskrönung von 1701, in diesem Band, 176 ff.

83 So die Formulierung von *M. Vec*, Das preußische Zeremonialrecht. Eine Verfallsgeschichte, in: Preußische Stile. Ein Staat als Kunststück, hrsg. von Patrick Bahners/Gerd Roellecke, Stuttgart 2001, 101–113 und 487–490, hier 110 f.

84 Brief vom 27. Juli aus Insterburg, abgedr. in: Der Briefwechsel Friedrichs des Großen mit Voltaire, hrsg. von Reinhold Koser und Hans Droysen, Bd. 1, Leipzig 1908, 284.

85 *C. Hinrichs*, König Friedrich I. von Preußen. Die geistige und politische Bedeutung seiner Regierung (Anm. 18), 257.

86 Ebd., 254.

87 *U. Steiner*, Triumphale Trauer (Anm. 16), 34 f.

88 Vgl. etwa *Percy Ernst Schramm*, Der König von Frankreich (Anm. 24), Bd. 1, 131 ff. Eine Fülle anregender Aspekte zur «Sterbekunst» bietet der Kommentarband zu der Kölner Ausstellung: «Zum Sterben schön». Alter, Totentanz und Sterbekunst von 1500 bis heute, hrsg. von Andrea Hülsen-Esch und Hiltrud Westermann-Angershausen, Regensburg 2006.

89 Maßgeblich *Hans Liermann*, Untersuchungen zum Sakralrecht des protestantischen Herrschers, zuletzt in: *ders.*, Der Jurist und die Kirche. Ausgewählte kirchenrechtliche Aufsätze und Rechtsgutachten, hrsg. von Martin Heckel u. a., München 1973, 56–108.

90 Brief vom 27. Juni 1740, abgedr. in: Briefwechsel Friedrichs des Großen mit Voltaire, hrsg. von Reinhold Koser und Hans Droysen, Bd. 2, Leipzig 1909, 9.

91 Vgl. zur Einschätzung La Mettries jetzt sehr pointiert *Ursula Pia Jauch*, Herr Maschine im Jenseits von Gut und Böse. La Mettrie in Potsdam, in: Hof und aufgeklärte Öffentlichkeit. Potsdam im 18. Jahrhundert im europäischen Kontext, hrsg. von Günther Lottes und Iwan D'Aprile, Berlin 2006, 233–243.

92 *J. Kunisch*, Friedrich der Große (Anm. 51), 534 f.

93 Brief vom 27. Juni 1740, abgedr. in: Briefwechsel Friedrichs des Großen mit Voltaire (Anm. 90), 10.

94 Carl Hinrichs hat auf das «merkwürdige Diktat von 1810 zu einer Fortsetzung von ‹Dichtung und Wahrheit›» hingewiesen und daran bedenkenswerte Überlegungen zu einem grundlegenden Epochenwandel geknüpft; vgl. *C. Hinrichs*, König Friedrich I. von Preußen (Anm. 18), 253 f. Ich zitiere Goethe hier nach Hinrichs. Vgl. auch *Friedrich Meinecke*, Die Idee der Staatsräson in der neueren Geschichte, 2. Aufl., hrsg. von Walther Hofer, München 1960, 396 ff. Allem Anschein nach gebührt Meinecke das Verdienst, als erster auf diesen Text in einem historisch-politischen Zusammenhang hingewiesen zu haben.

95 *B. Stollberg-Rilinger*, Höfische Öffentlichkeit. Zur zeremoniellen Selbstdarstellung des brandenburgischen Hofes vor dem europäischen Publikum (Anm. 13), hier vor allem 153 f. Ferner *dies.*, «Honores regii». Die Königswürde im zeremoniellen Zeichensystem der Frühen Neuzeit, in: Dreihundert Jahre Preußische Königskrönung. Eine Tagungsdokumentation, hrsg. von Johannes Kunisch, Berlin 2002, 1–26; *Andreas Pečar*, Symbolische Politik.

Handlungsspielräume im politischen Umgang mit zeremoniellen Normen: Brandenburg-Preußen und der Kaiserhof im Vergleich (1700–1740), in: Preußen, Deutschland und Europa (Baltic Studies, 8), Groningen 2003, 280–295; *ders.*, Das Hofzeremoniell als Herrschaftstechnik? Kritische Einwände und methodische Überlegungen am Beispiel des Kaiserhofes (1660–1740), in: Staatsbildung als kultureller Prozeß. Strukturwandel und Legitimation von Herrschaft in der Frühen Neuzeit, hrsg. von Ronald G. Asch und Dagmar Freist, Köln – Weimar 2005, 381–404, und der Sammelband: Zeremoniell als höfische Ästhetik in Spätmittelalter und Früher Neuzeit, hrsg. von Jörg Jochen Berns und Thomas Rahn, Tübingen 1995.

96 Grundlegend *Ernst H. Kantorowicz*, Die zwei Körper des Königs, vor allem 322 ff.; vgl. ferner *ders.*, Mysterien des Staates. Eine absolutistische Vorstellung und ihre Ursprünge im Spätmittelalter, in: *ders.*, Götter in Uniform. Studien zur Entwicklung des abendländischen Königtums, hrsg. von Eckhart Grünewald und Ulrich Raulff, Stuttgart 1998, 263–289. Vgl. bezogen auf die Beisetzung der Königin Sophie Charlotte auch *U. Steiner*, Triumphale Trauer (Anm. 16), 42. Auch Volker Bauer diskutiert die Theorie von den «zwei Körpern des Königs», allerdings nur unter Hinweis auf die Arbeiten von *Ralph E. Giesey*, Cérémonial et puissance souveraine. France, XVe–XVIIe siècle, Paris 1987, und *Jean-Marie Apostolidès*, Le roi-machine: spectacle et politique au temps de Louis XIV, Paris 1981; vgl. *V. Bauer*, Die höfische Gesellschaft (Anm. 2), 103. Einen Überblick zum Forschungsstand vermittelt *Jens Ivo Engels*, Das «Wesen» der Monarchie. Kritische Anmerkungen zum «Sakralkönigtum» in der Geschichtswissenschaft, in: Majestas 7 (1999), 3–39.

97 Vgl. dazu erhellend *Dieter Borchmeyer*, Höfische Gesellschaft und Französische Revolution bei Goethe. Adliges und bürgerliches Wertsystem im Urteil der Weimarer Klassik, Kronberg 1977.

98 Grundlegend *Otto Brunner*, Vom Gottesgnadentum zum monarchischen Prinzip. Der Weg der europäischen Monarchie seit dem hohen Mittelalter, zuletzt in: *ders.*, Neue Wege der Verfassungs- und Sozialgeschichte [Gesammelte Aufsätze], 3. Aufl., Göttingen 1980, 160–186, hier im bes. 178 f. Vgl. ferner *Fritz Hartung*, Der aufgeklärte Absolutismus, zuletzt in: *ders.*, Staatsbildende Kräfte der Neuzeit. Gesammelte Aufsätze, Berlin 1961, 149–177, bes. 174 f.

99 Zitiert nach *C. Hinrichs*, König Friedrich I. von Preußen (Anm. 18), 254.

100 Im einzelnen *M. Vec*, Zeremonialwissenschaft im Fürstenstaat. Stu-

dien zur juristischen und politischen Theorie absolutistischer Herrschaftsrepräsentation (Anm. 9), 299 ff. Besonders auch *ders.*, Das preußische Zeremonialrecht. Eine Zerfallsgeschichte (Anm. 83).

101 *V. Bauer*, Die höfische Gesellschaft (Anm. 2), 100 ff.

102 Ebd., 103, mit entsprechenden Literaturhinweisen.

103 Einzelheiten und Quellenbelege bei *J. Kunisch*, Friedrich der Große, Friedrich Wilhelm II., 24 f. Vgl. ferner *P. Baumgart*, Epochen der preußischen Monarchie (Anm. 15), 310.

104 Umfassend *Werner Hofmann*, Das entzweite Jahrhundert. Kunst zwischen 1750 und 1830, München 1995, vor allem 112 ff. Ferner *Bernhard Maaz* und *Jörg Trempler*, Denkmalkultur zwischen Aufklärung, Romantik und Historismus. Die Skulpturen der Vorhalle des Alten Museums und im Säulengang vor dem Neuen Museum in Berlin: in: Zeitschrift des Deutschen Vereins für Kunstwissenschaft 56/57 (2002–2003), 211–254.

105 *C. Hinrichs*, König Friedrich I. von Preußen (Anm. 18), 253.

106 *C. Sommer*, Das Grab in der Pyramide (Anm. 36).

107 Einzelheiten und Abbildungen bei *Johannes Kunisch*, Loudons Nachruhm. Die Geschichte einer Sinnstiftung (Nordrhein-Westfälische Akademie der Wissenschaften, Vorträge G 359), Opladen 1999, 26–32.

108 In diesem Sinne auch Ewald Frie in seiner sozialgeschichtlichen Untersuchung über die Bestattungsgewohnheiten des brandenburgischen Adels im 18. Jahrhundert; vgl. *E. Frie*, Herrschaftsstäbe, Adelskreise und des Königs Rock. Vom Bestattungsverhalten der brandenburgischen Nobilität im 18. Jahrhundert, in: Macht und Memoria. Begräbniskultur europäischer Oberschichten in der Frühen Neuzeit, hrsg. von Mark Hengerer, Köln – Weimar – Wien 2005, 291–315, hier 303.

4. Friedrich der Große, Friedrich Wilhelm II. und das Problem der dynastischen Kontinuität im Hause Hohenzollern

1 *Johannes Kunisch*, Staatsverfassung und Mächtepolitik. Zur Genese von Staatenkonflikten im Zeitalter des Absolutismus (Historische Forschungen, Bd. 15), Berlin 1979; *ders.*, Hausgesetzgebung und Mächtesystem. Zur Einbeziehung hausvertraglicher Erbfolgeregelungen in die Staatenpolitik des ancien régime, in: *ders.*, (Hrsg. in Zusammenarbeit mit Helmut Neuhaus), Der dynastische Fürstenstaat. Zur Bedeutung von Sukzessionsordnungen für die Entstehung des frühmodernen Staates (Historische Forschungen, Bd. 21),

Berlin 1982, 49–80; *ders.*, Staatsbildung als Gesetzgebungsproblem. Zum Verfassungscharakter frühneuzeitlicher Sukzessionsordnungen, in: Gesetzgebung als Faktor der Staatsentwicklung (Der Staat, Beiheft 7), Berlin 1984, 63–88. Vgl. darüber hinaus auch *Hermann Weber*, Die Bedeutung der Dynastien für die europäische Geschichte in der frühen Neuzeit, in: Das Haus Wittelsbach und die europäischen Dynastien, München 1981 (zugleich auch Zeitschrift für Bayerische Landesgeschichte 44/1), 5–32.

2 *J. Kunisch*, Staatsbildung als Gesetzgebungsproblem (Anm. 1), 80.

3 *Hermann Heller*, Staatslehre, 6. Aufl. bearb. von Gerhart Niemeyer, Tübingen 1983, 146.

4 *Stephan Skalweit*, Das Herrscherbild des 17. Jahrhunderts, zuletzt in: *ders.*, Gestalten und Probleme der frühen Neuzeit. Ausgewählte Aufsätze (Historische Forschungen, Bd. 32), Berlin 1987, 77–91, hier 89 f.

5 Lex Regia, nach der Übersetzung von Theodor Olshausen; abgedr. bei *Kersten Krüger*, Absolutismus in Dänemark – Ein Modell für Begriffsbildung und Typologie, in: Ztschr. d. Gesellsch. f. schleswig-holsteinische Gesch. 104 (1979), 171–206, hier 200. Zur Bedeutung dieses Gesetzestextes *Dietrich Gerhard*, Probleme des dänischen Frühabsolutismus, in: Dauer und Wandel der Geschichte. Aspekte europäischer Vergangenheit. Festgabe für Kurt von Raumer, hrsg. von Rudolf Vierhaus und Manfred Botzenhart, Münster 1966, 269–292, und *J. Kunisch*, Staatsverfassung und Mächtepolitik (Anm. 1), 17–40, mit weiterer Literatur.

6 *St. Skalweit*, Das Herrscherbild des 17. Jahrhunderts (Anm. 4), 89 f.

7 Zitiert nach *Günther Stökl*, Das Problem der Thronfolgeordnung in Rußland, in: J. Kunisch (Hrsg.), Der dynastische Fürstenstaat (Anm. 1), 273–289, hier 277 f.

8 Ebd., 283.

9 Ebd., 285.

10 Lex Regia, nach der Übersetzung von Th. Olshausen (Anm. 5), 198. Vgl. auch *Michael Stolleis*, Condere leges et interpretari. Gesetzgebungsmacht und Staatsbildung im 17. Jahrhundert, in: ZRG Germ. Abt. 101 (1984), 89–116; *Heinz Mohnhaupt*, Potestas legislatoria und Gesetzesbegriff im Ancien Régime, in: Jus commune 4 (1972), 188–239.

11 *St. Skalweit*, Das Herrscherbild des 17. Jahrhunderts (Anm. 4), 90.

12 Im einzelnen *Hans Liermann*, Untersuchungen zum Sakralrecht des protestantischen Herrschers, zuletzt in: *ders.*, Der Jurist und die Kirche. Ausgewählte kirchenrechtliche Aufsätze und Rechtsgutachten,

hrsg. von Martin Heckel u. a. (Jus ecclesiasticum, Bd. 17), München 1973, 56–108; *Otto Brunner*, Vom Gottesgnadentum zum monarchischen Prinzip. Der Weg der europäischen Monarchie seit dem hohen Mittelalter, zuletzt in: *ders.*, Neue Wege der Verfassungs- und Sozialgeschichte, 3. Aufl., Göttingen 1980, 160–186; *J. Kunisch*, Staatsverfassung und Mächtepolitik (Anm. 1), 21–30; für Preußen im besonderen *Theodor Schieder*, Die preußische Königskrönung von 1701 in der politischen Ideengeschichte, in: *ders.*, Begegnungen mit der Geschichte, Göttingen 1962, 183–209, und *Heinz Duchhardt*, Die preußische Königskrönung von 1701. Ein europäisches Modell? in: *ders.*, (Hrsg.), Herrscherweihe und Königskrönung im frühneuzeitlichen Europa, Wiesbaden 1983, 82–95.

13 Zusammenfassend und weiterführend *Helmut G. Koenigsberger*, Die Krise des 17. Jahrhunderts, in: ZHF 9 (1982), 143–165.

14 *J. Kunisch*, Staatsbildung als Gesetzgebungsproblem (Anm. 1), 84, und *ders.*, Einleitung, in: Der dynastische Fürstenstaat (Anm. 1), IX–XV.

15 Bulla Aurea Karoli IV. Imperatoris anno MCCCLVI promulgata (MGH – Fontes Juris Germanici antiqui in usum scholarum, Bd. XI), Weimar 1972, 60–62 und 76 f.

16 Die entsprechenden Texte sind abgedruckt bei *Hermann Schulze*, Die Hausgesetze der regierenden deutschen Fürstenhäuser, 3 Bde., Jena 1862–1883. Vgl. auch *ders.*, Das Recht der Erstgeburt in den deutschen Fürstenhäusern und seine Bedeutung für die deutsche Staatsentwicklung, Leipzig 1851, und *Gerhard Oestreich*, Die verfassungspolitische Situation der Monarchie in Deutschland vom 16. bis 18. Jahrhundert, in: *ders.*, Geist und Gestalt des frühmodernen Staates. Ausgewählte Aufsätze, Berlin 1969, 290–310.

17 *J. Kunisch*, Staatsverfassung und Mächtepolitik (Anm. 1), 41–61, und *ders.*, Hausgesetzgebung und Mächtesystem (Anm. 1), 53–72, mit der weiterführenden Literatur.

18 *Ludwig Tümpel*, Die Entstehung des brandenburgisch-preußischen Einheitsstaates im Zeitalter des Absolutismus (1609–1806), (Untersuchungen zur deutschen Staats- und Rechtsgeschichte, Bd. 124), ND Aalen 1965, 9–17. Der Text des Geraischen Vertrages bei *H. Schulze*, Die Hausgesetze der regierenden deutschen Fürstenhäuser (Anm. 16), hier Bd. 3, 708–723.

19 *Friedrich der Große*, Testament Politique (1752), in: Die politischen Testamente der Hohenzollern, bearb. von Richard Dietrich (Veröffentlichungen aus den Archiven Preußischer Kulturbesitz, Bd. 20), Köln – Wien 1986, 255–461, hier 316.

20 Ebd.

21 Ebd.

22 *Theodor Schieder*, Friedrich der Große. Ein Königtum der Widersprüche, Frankfurt/M. – Berlin 1983, 55 f.

23 Briefwechsel Friedrichs des Großen mit seinem Bruder Prinz August Wilhelm, hrsg. und eingel. von Gustav Berthold Volz, dt. von Friedrich von Oppeln-Bronikowski, Leipzig 1927, 47.

24 *Th. Schieder*, Friedrich der Große (Anm. 22), 56.

25 *Christian Otto Mylius*, Corpus constitutionum Marchicarum Continuatio I, Berlin – Halle 1745, Nr. XVIII, 191 f. Vgl. auch *Gustav Berthold Volz*, Der Plan einer Mitregentschaft des Prinzen Heinrich und Friedrichs des Großen. «Exposé du gouvernement prussien» (1776), in: Hohenzollern-Jahrbuch 20 (1916), 175–189.

26 Das erste Testament König Friedrichs des Großen, abgedr. bei Hermann von Caemmerer (Hrsg.), Die Testamente der Kurfürsten von Brandenburg und der beiden ersten Könige von Preußen, München – Leipzig 1915, 447–452, hier 448, § 3.

27 Ebd., § 4.

28 Das zweite Testament König Friedrichs des Großen, abgedr. ebd., 461–465, hier 462 (Sperrung vom Verf.). Zum Vergleich der beiden Testamente H. v. Caemmerer, ebd., 452–461.

29 Vgl. im einzelnen: Briefwechsel Friedrichs des Großen mit seinem Bruder Prinz August Wilhelm (Anm. 23).

30 *Karl Otmar Frhr. von Aretin*, Prinz August Wilhelm von Preußen, in: NDB 1 (1953), 447 f.

31 *G. B. Volz*, Einleitung zum Briefwechsel Friedrichs des Großen mit seinem Bruder August Wilhelm (Anm. 23), 10–20. Vgl. darüber hinaus auch *Hermann Proebst*, Die Brüder. Friedrich der Große, August Wilhelm, Heinrich, Ferdinand, Berlin 1939.

32 Brief vom 19. Juli 1757, in: Briefwechsel Friedrichs des Großen mit seinem Bruder Prinz August Wilhelm (Anm. 23), 293; das französische Originaldokument: Politische Correspondenz Friedrichs des Großen, Bd. 15, Berlin 1887, 258. Ein Teil der Korrespondenz, die in den Sommermonaten 1757 zwischen dem König und dem Prinzen von Preußen geführt worden ist, scheint verlorengegangen oder vernichtet worden zu sein. In der Volzschen Edition des Briefwechsels findet sich gleichwohl noch eine Reihe weiterer Schriftstücke, die den Grad der gegenseitigen Verstimmung eindringlich dokumentieren.

33 Brief vom 12. August 1757, in: Briefwechsel Friedrichs des Großen mit seinem Bruder Prinz August Wilhelm (Anm. 23), 269; der französische Text: Politische Correspondenz Friedrichs des Großen, Bd. 15, 297.

34 Briefwechsel Friedrichs des Großen mit seinem Bruder Prinz August Wilhelm (Anm. 23), 56; der französische Text in: Correspondance de Frédéric II, Roi de Prusse. Œuvres de Frédéric le Grand, ed. Johann David Erdmann Preuß, 31 Bde., Berlin 1846–1857, hier Bd. 26, Berlin 1855, 86 f.

35 Zu den mechanistischen Aspekten der absolutistischen Staatsauffassung *Barbara Stollberg-Rilinger*, Der Staat als Maschine. Zur politischen Metaphorik des absoluten Fürstenstaates (Historische Forschungen, Bd. 30), Berlin 1986, zu Friedrich dem Großen im besonderen 62–75.

36 Unterhaltungen mit Friedrich dem Großen. Memoiren und Tagebücher von Heinrich de Catt, hrsg. von Reinhold Koser (Publikationen aus den Preußischen Staatsarchiven, Bd. 22), Leipzig 1884, 104.

37 Ebd., 107 f.

38 Ebd., 124.

39 *Johann David Erdmann Preuss*, Friedrich der Große, Bd. 1, Berlin 1832, 449, und *G. B. Volz*, Der Plan einer Mitregentschaft des Prinzen Heinrich (Anm. 25), 176.

40 Politische Correspondenz Friedrichs des Großen, Bd. 17, Berlin 1889, 183.

41 *J. D. E. Preuss*, Friedrich der Große (Anm. 39), Bd. 1, 450.

42 Friedrich der Große, Testament Politique (Anm. 19), 396.

43 Ebd., 396/398.

44 Ebd., 398.

45 Ebd.

46 *G. B. Volz*, Einleitung zum Briefwechsel Friedrichs des Großen mit seinem Bruder Prinz August Wilhelm (Anm. 31), 210 f.

47 *G. B. Volz*, Einleitung zum Briefwechsel Friedrichs des Großen mit seinem Bruder Prinz August Wilhelm (Anm. 31), 12–20; vgl. auch die Schilderung, die de Catt über die Auseinandersetzung des Königs mit seinem Bruder gegeben hat: Unterhaltungen mit Friedrich dem Großen. Memoiren und Tagebücher von Heinrich de Catt (Anm. 36). Vgl. auch *Otto Herrmann*, Prinz Ferdinand von Preußen über den Feldzug vom Jahre 1757, in: FBPG 31 (1919), 85–105; *Albert Naudé*, Aus ungedruckten Memoiren der Brüder Friedrichs des Großen, in: FBPG 1 (1881), 221–269.

48 Vgl. im einzelnen *Chester V. Easum*, Prinz Heinrich von Preußen. Bruder Friedrichs des Großen, Göttingen 1958, 131 f., 173 f. und öfter; *Gustav Berthold Volz*, Prinz Heinrich als Kritiker Friedrichs des Großen, in: HVjschr. 27 (1932), 390–400; *Otto Herrmann*, Friedrich der Große im Spiegel seines Bruders Heinrich, in: HVj-

schr. 26 (1931), 365–379; *Gerhard Böthling*, Friedrich der Große und sein Bruder Heinrich in ihrem Verhältnis als Feldherren, Halle 1929, und *Werner Gembruch*, Prinz Heinrich von Preußen. Bruder Friedrichs des Großen, in: J. Kunisch (Hrsg.), Persönlichkeiten im Umkreis Friedrichs des Großen, Köln – Wien 1988, 89–120.

49 *Th. Schieder*, Friedrich der Große (Anm. 22), 210.

50 Unterhaltungen mit Friedrich dem Großen. Memoiren und Tagebücher von Heinrich de Catt (Anm. 36), 259.

51 Politische Correspondenz Friedrichs des Großen, Bd. 18, Berlin 1890, 696.

52 *Th. Schieder*, Friedrich der Große (Anm. 22), 210 f.

53 *Gustav Berthold Volz*, Friedrich der Große nach der Schlacht von Kunersdorf. Eine Entgegnung, in: FBPG 28 (1915), 328–335.

54 Politische Correspondenz Friedrichs des Großen, Bd. 18, 483.

55 *Ch. V. Easum*, Prinz Heinrich von Preußen (Anm. 48), 174.

56 Ebd., 211–215, 228–231, 438–444 und öfter.

57 *G. B. Volz*, Der Plan einer Mitregentschaft des Prinzen Heinrich (Anm. 25), 178.

58 *Friedrich der Große*, Mémoires pour servir à l'histoire de la Maison de Brandebourg, in: Œuvres de Frédéric le Grand, Bd. 1, Berlin 1846, 239.

59 Ebd.

60 Vgl. etwa die Äußerungen des Königs zur Erwerbung der Königswürde durch seinen Großvater, ebd., 102. Zum Grundsätzlichen *O. Brunner*, Vom Gottesgnadentum zum monarchischen Prinzip (Anm. 12); *Ernst Wolfgang Böckenförde*, Die Entstehung des Staates als Vorgang der Säkularisation, zuletzt in: *ders.*, Staat, Gesellschaft, Freiheit. Studien zur Staatstheorie und zum Verfassungsrecht (suhrkamp-taschenbuch-wissenschaft, Bd. 163), Frankfurt/Main 1976, 42–46; *Michael Stolleis*, Säkularisation und Staatsräson in Deutschland um 1600, in: Gerhard Dilcher und Ilse Staff (Hrsg.), Christentum und modernes Recht. Beiträge zum Problem der Säkularisation (suhrkamp-taschenbuch-wissenschaft, Bd. 421), Frankfurt/Main 1984, 96–109.

61 *Friedrich der Große*, Examen de l'Essai sur les préjugés, in: Œuvres de Frédéric le Grand, Bd. 9, Berlin 1848, 151.

62 *Friedrich der Große*, Essai sur les formes de gouvernement et sur les devoirs des souverains, in: Œuvres de Frédéric le Grand, Bd. 9, Berlin 1848, 199.

63 Ebd., 200.

64 Ebd., 200 f.

65 Ebd., 198.

66 *Friedrich der Große*, Mémoires depuis la Paix de Hubertsbourg jusqu'à la fin du Partage de la Pologne, in: Œuvres de Frédéric le Grand, Bd. 6, Berlin 1847, 23.

67 Ihm hatte sich der König eng verbunden gefühlt. Er würdigte den Frühverstorbenen in einer Totenrede vor der Berliner Akademie der Wissenschaften und stellte ihn als Vorbild für den Thronfolger hin. Vgl. *Friedrich der Große*, Gedenkrede auf Prinz Heinrich, eingeleitet und übertragen von Walter Elze, Potsdam 1941, und Gustav Berthold Volz, Heinrich der Jüngere, Prinz von Preußen, in: Hohenzollern-Jahrbuch 9 (1905), 78–90.

68 *Friedrich der Große*, Mémoires depuis la Paix de Hubertsbourg (Anm. 66), 23.

69 Vgl. im einzelnen *Ulrich Muhlack*, Geschichte und Geschichtsschreibung bei Voltaire und Friedrich dem Großen, in: J. Kunisch (Hrsg.), Persönlichkeiten im Umkreis Friedrichs des Großen, Köln – Wien 1988, 29–57.

70 Politische Correspondenz Friedrichs des Großen, Bd. 30, Berlin 1905, 261.

71 Ebd.

72 Politische Correspondenz Friedrichs des Großen, Bd. 32, Berlin 1908, 522; weitere Belegstellen bei *G. B. Volz*, Der Plan einer Mitregentschaft des Prinzen Heinrich (Anm. 25), 180.

73 Die Einzelheiten bei *G. B. Volz*, Der Plan einer Mitregentschaft des Prinzen Heinrich (Anm. 25), 180 f., und *Ch. V. Easum*, Prinz Heinrich von Preußen (Anm. 48), 395–402.

74 Politische Correspondenz Friedrichs des Großen, Bd. 37, Berlin 1918, 449.

75 Ebd., 458.

76 Ebd.

77 Ebd., 465.

78 Ebd., 476.

79 Politische Correspondenz Friedrichs des Großen, Bd. 38, Berlin 1920, 339.

80 *Friedrich der Große*, Exposé du gouvernement prussien des principes sur lesquels il roule, avec quelques réflexions politiques, in: Œuvres de Frédéric le Grand, Bd. 9, Berlin 1848, 189. Zu Entstehung und Inhalt dieser Denkschrift *G. B. Volz*, Der Plan einer Mitregentschaft des Prinzen Heinrich (Anm. 25), 185–189.

81 *Friedrich der Große*, Exposé du gouvernement prussien (Anm. 80), 190.

82 Ebd., 190 f.

83 Vgl. die jeweils letzten Kapitel der Politischen Testamente von 1752

und 1768, in: Die politischen Testamente der Hohenzollern (Anm. 19), 448 ff. und 684 ff.

84 Politische Correspondenz Friedrichs des Großen, Bd. 38, 97 f.

85 Die politischen Testamente der Hohenzollern (Anm. 19), 396.

86 *Ch. V. Easum*, Prinz Heinrich von Preußen (Anm. 48), 401 f. Vgl. zum Grundsätzlichen *Georg Schmid*, Die Stellvertretung des Monarchen in den deutschen Erbmonarchien, insbesondere in Liechtenstein, in: Liechtenstein, Politische Schriften, hrsg. von der Liechtensteinischen Akademischen Gesellschaft, Bd. 11, Vaduz 1985, 9–67; *Hermann Schulze*, Das Deutsche Fürstenrecht in seiner geschichtlichen Entwicklung und gegenwärtigen Bedeutung, in: Encyklopädie der Rechtswissenschaft, hrsg. von Franz von Holtzendorff, 5., umgearbeitete und vermehrte Aufl., 1., systemat. Teil, Leipzig 1890, 1349–1376, bes. 1368 ff.

87 *Ch. V. Easum*, Prinz Heinrich von Preußen (Anm. 48), 419 ff.

88 Politische Correspondenz Friedrichs des Großen, Bd. 41, Leipzig 1929, 543. Vgl. auch *Ch. V. Easum*, Prinz Heinrich von Preußen (Anm. 48), 441.

89 *Friedrich der Große*, Examen critique du Système de la nature, in: Œuvres de Frédéric le Grand, Bd. 9, Berlin 1848, 166 f.

90 Im einzelnen *Otto Hintze*, Die Hohenzollern und ihr Werk, Berlin 1915, 252.

91 *Montesquieu*, De l'esprit des lois (1748), II. Buch, 4. Kap.; III. Buch, 6. und 7. Kap.; V. Buch, 9. Kap.; VIII. Buch, 6. Kap.; in der deutschen Fassung: Vom Geist der Gesetze, eingeleitet und übersetzt von Ernst Forsthoff, 2 Bde., Tübingen 1951, Bd. 1, 28–31, 40–42, 80–82, 162 f. Vgl. auch *Dietmar Willoweit*, Fürstenamt und Verfassungsordnung, in: Volker Press und Dietmar Willoweit (Hrsg.), Liechtenstein – Fürstliches Haus und staatliche Ordnung, Vaduz–München–Wien 1987, 487–510, hier bes. 492 ff.; *Rudolf Vierhaus*, Montesquieu in Deutschland. Zur Geschichte seiner Wirkung als politischer Schriftsteller im 18. Jahrhundert, jetzt in: *ders.*, Deutschland im 18. Jahrhundert. Politische Verfassung, soziales Gefüge, geistige Bewegungen. Ausgewählte Aufsätze, Göttingen 1987, 9–32.

92 Vgl. die Einzelnachweise bei *Johannes Kunisch*, Absolutismus. Europäische Geschichte vom Westfälischen Frieden bis zur Krise des ancien régime, Göttingen 1986, 188–193. Vgl. zu Preußen im besonderen *Volker Sellin*, Friedrich der Große und der aufgeklärte Absolutismus. Ein Beitrag zur Klärung eines umstrittenen Begriffs, in: Soziale Bewegung und politische Verfassung. Beiträge zur Geschichte der modernen Welt, hrsg. von Ulrich Engelhardt u. a.,

Stuttgart 1976, 83–112; *Peter Baumgart*, Epochen der preußischen Monarchie im 18. Jahrhundert, in: ZHF 6 (1979), 287–316, hier im besonderen 309 ff., und *Günter Birtsch*, Der Idealtyp des aufgeklärten Herrschers. Friedrich der Große, Karl Friedrich von Baden und Joseph II. im Vergleich, in: Aufklärung 2 (1987), 9–47.

93 *B. Stollberg-Rilinger*, Der Staat als Maschine. Zur politischen Metaphorik des absoluten Fürstenstaates (Anm. 35), 69–73. Vgl. auch *Th. Schieder*, Friedrich der Große (Anm. 22), 105 f.

5. Friedrich der Große und die preußische Königskrönung von 1701

* Erweiterte Fassung eines Tagungsbeitrags zum Krönungsjubiläum 1701. Für freundschaftlich erteilten Rat danke ich auch bei dieser Studie wieder meinem Kölner Kunsthistorikerkollegen Hans Ost.

1 *Friedrich der Große*, Mémoires pour servir à l'histoire de la Maison de Brandebourg, in: Œuvres de Frédéric le Grand, hrsg. von Johann David Erdmann Preuss, Bd. 1, Berlin 1840, 122 f.; die deutsche Übersetzung: Denkwürdigkeiten zur Geschichte des Hauses Brandenburg, in: Die Werke Friedrichs des Großen, hrsg. von Gustav Berthold Volz, Bd. 1, Berlin 1913, 117 f.

2 Einige wichtige Publikationen, die dem Krönungsjubiläum und damit auch der Person des ersten Königs gewidmet sind, liegen bereits vor; so vor allem der Essayband zur Ausstellung in Schloß Charlottenburg: Preußen 1701. Eine europäische Geschichte, hrsg. vom Deutschen Historischen Museum und der Stiftung Preußische Schlösser und Gärten, Berlin 2001, und Preußische Stile. Ein Staat als Kunststück, hrsg. von Patrick Bahners und Gerd Roellecke, Stuttgart 2001. Vgl. ferner: Dreihundert Jahre Preußische Königskrönung. Eine Tagungsdokumentation, hrsg. von Johannes Kunisch (FBPG NF, Beiheft 6), Berlin 2002.

3 *Friedrich der Große*, Mémoires (Anm. 1), 123.

4 Zuletzt *Wolfgang Neugebauer*, Friedrich III./I. (1688–1713), in: Preußens Herrscher. Von den ersten Hohenzollern bis Wilhelm II., hrsg. von Frank Lothar Kroll, München 2000, 113–133 und 324–327 mit Hinweisen auf die ältere Literatur. Zur Frage der Subsidien im besonderen Max Plassmann, Der Preis der Krone. Preußische Truppen im Spanischen Erbfolgekrieg, in: Dreihundert Jahre Preußische Königskrönung (Anm. 2), 229–256, bes. 253 ff.

5 Im einzelnen *Miloš Vec*, Das preußische Zeremonialrecht. Eine Zerfallsgeschichte, in: Preußische Stile. Ein Staat als Kunststück

(Anm. 2), 101–113 und 487–490, hier 108 ff. Vor allem *W. Neugebauer*, Friedrich III./I. (Anm. 4), 109 f.

6 Im besonderen jetzt *Joachim Eibach*, Preußens Salomon. Herrschaftslegitimation und Herrscherpflichten in Predigten anläßlich der Krönung Friedrichs I., in: Dreihundert Jahre Preußische Königskrönung (Anm. 2), 135–157, bes. 151 ff.

7 *M. Vec*, Das preußische Zeremonialrecht (Anm. 5), 109 f.

8 Umfassend jetzt *Volker Bauer*, Hofökonomie. Der Diskurs über den Fürstenhof in Zeremonialwissenschaft, Hausväterliteratur und Kameralismus (Frühneuzeitstudien, NF 1), Wien–Köln–Weimar 1997. Ferner *ders.*, Zeremoniell und Ökonomie. Der Diskurs über Hofökonomie in Zeremonialwissenschaft, Kameralismus und Hausväterliteratur in Deutschland 1700–1780, in: Zeremoniell als höfische Ästhetik in Spätmittelalter und Früher Neuzeit, hrsg. von Jörg Jochen Berns und Thomas Rahn (Frühe Neuzeit, 25), Tübingen 1995, 21–56.

9 *Friedrich der Große*, L'Antimachiavel, ou Examen du Prince de Machiavel, in: Œuvres de Frédéric le Grand, hrsg. von J. D. E. Preuss, Bd. 8, Berlin 1858, 95; die deutsche Übersetzung: *Friedrich der Große*, Der Antimachiavell oder Untersuchung von Machiavellis «Fürst», aus dem Französischen von Helga Bergmann, Leipzig 1991, 37.

10 Briefwechsel Friedrichs des Großen mit Voltaire, hrsg. von Reinhold Koser und Hans Droysen, Bd. 2 (Publikationen aus den K. Preußischen Staatsarchiven, 82), Leipzig 1909, 10; eine deutsche Übersetzung in der Anthologie: Aus dem Briefwechsel Voltaire – Friedrich der Große, hrsg. von Hans Pleschinski, Zürich 1992, 184.

11 Briefwechsel Friedrichs des Großen mit Voltaire (Anm. 10), Bd. 1 (Publikationen aus den K. Preußischen Staatsarchiven, 81), Leipzig 1908, 284; eine deutsche Übersetzung in: Friedrich der Große, hrsg. von Otto Bardong (Freiherr vom Stein-Gedächtnisausgabe, XXII), Darmstadt 1982, 75.

12 Die Politischen Testamente der Hohenzollern, hrsg. von Richard Dietrich (Veröffentlichungen aus den Archiven Preußischer Kulturbesitz, 20), Köln–Wien 1986, 330 f.

13 Abgedruckt bei *Albert Waddington*, L'Acquisition de la Couronne royale de Prusse par les Hohenzollern, Paris 1888, 428.

14 Einen Überblick vermittelt jetzt *Barbara Stollberg-Rilinger*, Zeremoniell, Ritual, Symbol. Neue Forschungen zur symbolischen Kommunikation in Spätmittelalter und Früher Neuzeit, in: ZHF 27 (2000), 389–405. Vgl. ferner auch *Gotthard Frühsorge*, Der Hof, der Raum, die Bewegung. Gedanken zur Neubewertung des euro-

päischen Hofzeremoniells, in: Euphorion 82 (1988), 424–429, *ders.*, Prolegomena einer Zeremonialwissenschaft in sittengeschichtlicher Absicht, in: Euphorion 86 (1992), 355–361, und *Henning Eichberg*, Fremd in der Moderne? Anmerkungen zur frühneuzeitlichen Zeremonialwissenschaft, in: ZHF 21 (1994), 522–528.

15 *Barbara Stollberg-Rilinger*, Höfische Öffentlichkeit. Zur zeremoniellen Selbstdarstellung des brandenburgischen Hofes vor dem europäischen Publikum, in: FBPG NF 7 (1997), 145–176, hier 171.

16 *Friedrich der Große*, Mémoires (Anm. 1), 102.

17 Im einzelnen *Miloš Vec*, Zeremonialwissenschaft im Fürstenstaat. Studien zur juristischen und politischen Theorie absolutistischer Herrschaftsrepräsentation (Jus Commune, Sonderheft 106), Frankfurt/Main 1998. Umfassend informierend jetzt *B. Stollberg-Rilinger*, Zeremoniell, Ritual, Symbol (Anm. 14) mit weiteren Literaturhinweisen. Darüber hinaus *dies.*, Honores regii. Die Königswürde im zeremoniellen Zeichensystem der Frühen Neuzeit, in: Dreihundert Jahre Preußische Königskrönung (Anm. 2), 1–26. Aufschlußreich auch *Gotthard Frühsorge*, Vom Hof des Kaisers zum ‹Kaiserhof›. Über das Ende des Ceremoniells als gesellschaftliches Ordnungsmuster, in: Euphorion 78 (1984), 237–265, und *André Holenstein*, Huldigung und Herrschaftszeremoniell im Zeitalter des Absolutismus und der Aufklärung, in: Zum Wandel von Zeremoniell und Gesellschaftsritualen in der Zeit der Aufklärung, hrsg. von Klaus Gerteis, in: Aufklärung 6/2 (1992), 21–46.

18 *Peter-Michael Hahn*, Der Hof Friedrichs III./I. um 1700 im Spiegel der Hofjournale seines Zeremonienmeisters Johann von Besser, in: Preußen 1701. Eine europäische Geschichte (Anm. 2), Bd. 2 (Essays), 57–67.

19 Vgl. vor allem die maßgeblichen zeremonialwissenschaftlichen Kompendien: *Johann Christian Lünig*, Theatrum Ceremoniale Historico-Politicum [...], 2 Bde., Leipzig 1719/20, und *Julius Bernhard von Rohr*, Einleitung zur Ceremoniel-Wissenschafft der grossen Herren [...], 2. Aufl., Berlin 1733, ND, hrsg. und kommentiert von Monika Schlechte, Weinheim 1990. Zu Rohr im besonderen vgl. *Wolfgang Weber*, J. B. von Rohrs *Ceremoniel-Wissenschafft* (1728/29) im Kontext der frühneuzeitlichen Sozialdisziplinierung, in: Zeremoniell als höfische Ästhetik in Spätmittelalter und Früher Neuzeit (Anm. 8), 1–20.

20 Im einzelnen *Jürgen Habermas*, Strukturwandel der Öffentlichkeit. Untersuchungen zu einer Kategorie der bürgerlichen Gesellschaft (1962), ND Frankfurt/Main 1990, und *A. Holenstein*, Huldigung und Herrschaftszeremoniell (Anm. 17), 29 ff., und *Wolfgang Weber*,

Honor, fama, gloria. Wahrnehmungen und Funktionszuschreibungen der Ehre in der Herrschaftslehre des 17. Jahrhunderts, in: Ehrkonzepte in der Frühen Neuzeit. Identitäten und Abgrenzungen, hrsg. von Sybille Backmann u. a., Berlin 1998, 70–98.

21 *Christian Wolff*, Vernünfftige Gedancken Von dem Gesellschafftlichen Leben der Menschen Und insonderheit Dem gemeinen Wesen zu Beförderung der Glückseligkeit des menschlichen Geschlechts, Frankfurt/Main-Leipzig 1721, § 466; vgl. auch *A. Holenstein*, Huldigung und Herrschaftszeremoniell (Anm. 17), 32, mit weiteren Belegen, und *Andreas Gestrich*, Höfisches Zeremoniell und sinnliches Volk. Die Rechtfertigung des Hofzeremoniells im 17. und frühen 18. Jahrhundert, in: Zeremoniell als höfische Ästhetik in Spätmittelalter und Früher Neuzeit (Anm. 8), 57–73.

22 *J. Chr. Lünig*, Theatrum Ceremoniale (Anm. 19), Bd. 1, 5.

23 Im einzelnen *Peter Baumgart*, Kurbrandenburgische Kongreßdiplomatie und ihre Ergebnisse, in: Der Westfälische Friede. Diplomatie – politische Zäsur – kulturelles Umfeld – Rezeptionsgeschichte, hrsg. von Heinz Duchhardt (HZ, Beiheft 26), München 1998, 469–484. Instruktiv auch *Gerrit Walther*, Zum Stil preußischer Reformen vor den Preußischen Reformen, in: Preußische Stile. Ein Staat als Kunststück (Anm. 2), 32–51.

24 Im einzelnen: Der Friede von Rijswijk 1697, hrsg. von Heinz Duchhardt (Veröffentlichungen des Instituts für Europäische Geschichte, 47), Mainz 1997, allerdings ohne einen eigenen Beitrag zur Rolle Brandenburgs. Ferner *B. Stollberg-Rilinger*, Honores regii (Anm. 17), bes. 21 ff.

25 *Heinz Schilling*, Europa um 1700. Eine Welt der Höfe und Allianzen und eine Hierarchie der Dynastien, in: Preußen 1701. Eine europäische Geschichte (Anm. 2), Bd. 2 (Essays), 12–30.

26 *M. Vec*, Zeremonialwissenschaft im Fürstenstaat (Anm. 17).

27 *M. Vec*, Das preußische Zeremonialrecht. Eine Zerfallsgeschichte (Anm. 5), 102. Vgl. zum raumbezogenen Charakter des Zeremoniells überzeugend auch *G. Frühsorge*, Vom Hof des Kaisers zum ‹Kaiserhof› (Anm. 17), 249 ff. «Höfisches Ceremoniell», schreibt er (250), «ist die zur Bedeutung gebrachte Messung der Abstände zwischen Personen in räumlicher Ordnung. [...] Alles, was die ‹Theorie des Vorrechts des Ehrenplatzes› realisiert, sind Akte raumbezogener Ausbreitung: die Höhe des Thronhimmels, die tiefere Tiefe des gestaffelten Gefolges, die längere Länge der Courschleppe.»

28 Eindrucksvolle Beispiele bei: *Werner Goetz*, Der «rechte» Sitz. Die Symbolik von Rang und Herrschaft im Hohen Mittelalter im Spiegel der Sitzordnung, in: Symbole des Alltags, Alltag der Symbole.

Festschrift für Harry Kühnel zum 65. Geburtstag, hrsg. von Gertrud Blaschitz, Graz 1992, 11–47, und *Reinhard Elze*, Rechts und Links. Bemerkungen zu einem banalen Problem, in: Das Andere wahrnehmen. Beiträge zur europäischen Geschichte. August Nitzschke zum 65. Geburtstag gewidmet, hrsg. von Martin Kintzinger u. a., Köln–Weimar–Wien 1991, 75–82. Aufschlußreich auch *Andrea Sommer-Mathis*, *Theatrum* und *Ceremoniale*. Rang- und Sitzordnungen bei theatralischen Veranstaltungen am Wiener Kaiserhof im 17. und 18. Jahrhundert, in: Zeremoniell als höfische Ästhetik in Spätmittelalter und Früher Neuzeit (Anm. 8), 511–533.

29 Vgl. *Hans Saring*, Christian Friedrich von Bartholdi (1668–1714), in: NDB 1, Berlin 1953, 608 f. Vgl. ferner *Arnold Berney*, König Friedrich I. und das Haus Habsburg (1701–1707), München–Berlin 1927, 189 ff. Vgl. hier und im folgenden auch *Peter Baumgart*, Verfassungs- und verwaltungsgeschichtliche Aspekte des Erwerbs der preußischen Königswürde 1701, in: Festschrift für Gerd Kleinheyer zum 70. Geburtstag, hrsg. von Franz Dorn und Jan Schröder, Heidelberg 2001, 1–19. Im größeren Rahmen argumentierend *Wolfgang Neugebauer*, Hof und politisches System in Brandenburg-Preußen: Das 18. Jahrhundert, in: Jb. für die Geschichte Mittel- und Ostdeutschlands 46 (2000), 139–169, hier vor allem 139–142, und *ders.*, Vom höfischen Absolutismus zum fallweisen Prunk. Kontinuitäten und Quantitäten in der Geschichte des preußischen Hofes im 18. Jahrhundert, in: Hofgesellschaft und Höflinge an europäischen Fürstenhöfen in der Frühen Neuzeit (15.–18. Jahrhundert), hrsg. von Klaus Malettke und Chantal Grell, Münster 2001, 113–124.

30 *Peter Fuchs*, Ernst (seit 1697) Graf von Metternich (1656–1727), in: NDB 17, Berlin 1994, 234.

31 Neben älterer Literatur jetzt *Jörg Ulbert*, Der Leiter der preußischen Außenpolitik Heinrich Rüdiger von Ilgen (1654–1728) als Informant der französischen Diplomatie. Anwerbung – Bezahlung – Gegenleistung, in: Formen internationaler Beziehungen in der Frühen Neuzeit. Frankreich und das Alte Reich im europäischen Staatensystem. Festschrift für Klaus Malettke, hrsg. von Sven Externbrink und Jörg Ulbert (Historische Forschungen, 71), Berlin 2001, 273–296.

32 Dazu jetzt *Heinz Duchhardt*, ‹Petite Majesté› oder unterschätzter Architekt? Ein Barockfürst in seiner Zeit, in: Preußen 1701. Eine europäische Geschichte (Anm. 2), Bd. 2 (Essays), 47–56. Vor allem *B. Stollberg-Rilinger*, Honores regii (Anm. 17).

33 *Peter-Michael Hahn*, Der Kampf um Anerkennung, in: Preußische Stile. Ein Staat als Kunststück (Anm. 2), 73–89, hier bes. 73 f.

34 Ausführlicher dazu ebd., 75 ff., und *B. Stollberg-Rilinger*, Honores regii (Anm. 17).

35 Diesen Gedanken weiterführend *Johannes Kunisch*, Kurfürst Friedrich Wilhelm und die Großen Mächte, in: Ein sonderbares Licht in Teutschland. Beiträge zur Geschichte des Großen Kurfürsten (1640–1688), hrsg. von Gerd Heinrich (ZHF, Beiheft 8), Berlin 1990, 9–32.

36 Umfassend jetzt *Axel Gotthard*, Säulen des Reiches. Die Kurfürsten im frühneuzeitlichen Reichsverband (Historische Studien, 457), 2 Bde., Lübeck 1999. Vgl. auch *ders.*, Der «Große Kurfürst» und das Kurkolleg, in: FBPG NF 6 (1996), 1–54. Ferner *Anton Schindling*, Der Große Kurfürst und das Reich, in: Ein sonderbares Licht in Teutschland. Beiträge zur Geschichte des Großen Kurfürsten von Brandenburg (1640–1688), hrsg. von Gerd Heinrich (ZHF, Beiheft 8), Berlin 1990, 59–74.

37 Theodor Schieder hat dieses Problem bereits im Titel seiner Biographie Friedrichs zum Ausdruck gebracht: *Theodor Schieder*, Friedrich der Große. Ein Königtum der Widersprüche, Berlin 1983.

38 *Friedrich der Große*, Mémoires (Anm. 1), 102.

39 Ein Überblick bei *Johannes Kunisch*, Funktion und Ausbau der kurfürstlich-königlichen Residenzen in Brandenburg-Preußen im Zeitalter des Absolutismus, in: FBPG NF 3 (1993), 167–192.

40 Einzelheiten bei *Hans Ost*, Johann Christoph Frischs Bildnis der Gertrud Elisabeth Mara. Zu Malerei und Musik am Hof Friedrichs des Großen, in: Wallraf-Richartz-Jahrbuch LIX (1998), S. 213–222.

41 *Friedrich der Große*, Politische Correspondenz, Bd. 17, Berlin 1889, Nr. 10 230, S. 183.

42 Œuvres de Frédéric le Grand, hrsg. von J. D. E. Preuss, Bd. 6, Berlin 1857, 215.

43 Als Beispiel *Uwe Steiner*, Triumphale Trauer. Die Trauerfeierlichkeiten aus Anlaß des Todes der ersten preußischen Königin in Berlin im Jahre 1705, in: FBPG NF 11 (2001), 23–52, und *Jill Bepler*, Ansichten eines Staatsbegräbnisses. Funeralwerke und Diarien als Quelle zeremonialer Praxis, in: Zeremoniell als höfische Ästhetik in Spätmittelalter und Früher Neuzeit (Anm. 8), 182–197. Vgl. auch *G. Frühsorge*, Vom Hof des Kaisers zum ‹Kaiserhof› (Anm. 17), 257 ff. Umfassend jetzt: Sophie Charlotte und ihr Schloß. Ein Musenhof des Barock in Brandenburg-Preußen, hrsg. von der Stiftung Preußische Schlösser und Gärten Berlin-Brandenburg, München 1999.

44 Andreas Schlüter schätzte er wegen seines Reiterstandbilds des

Großen Kurfürsten als Bildhauer ein. Vgl. dazu jetzt *Thomas H. von der Dunk*, Vom Fürstenkultbild zum Untertanendenkmal. Öffentliche Monumente in Brandenburg-Preußen im 17. und 18. Jahrhundert, in: FBPG N 7 (1997), 177–210.

45 *Friedrich der Große*, Mémoires (Anm. 1), 229 f.

46 Umfassend informierend: Friedrich der Große. Sammler und Mäzen, hrsg. von Johann Georg Prinz von Hohenzollern, München 1992, darin vor allem die Beiträge von *Hans Joachim Giersberg*, *Huberta Heres* und *Helmut Börsch-Supan*. Ferner: *Christoph Martin Vogtherr*, Absent Love in Pleasure Houses. Frederick II of Prussia as art collector and patron, in: Art and History 24 (2001), 231–244.

47 Maßgeblich vor allem *Willy Kurth*, Sanssouci. Ein Beitrag zur Kunst des deutschen Rokoko, Tübingen 1964. Zu typologischen Aspekten *Dietrich von Frank*, Die ‹maison de plaisance›. Ihre Entwicklung in Frankreich und Rezeption in Deutschland (Beiträge zur Kunstwissenschaft, 27), München 1989, hier vor allem 151–173.

48 Maßgeblich vor allem *Horst Drescher* und *Sybille Badstübner-Gröger*, Das Neue Palais in Potsdam. Beiträge zum Spätstil der friderizianischen Architektur und Bauplastik, Berlin 1991. Vgl. ferner *Horst Drescher*, Das Neue Palais in Potsdam und der Spätstil der friderizianischen Architektur, in: Schloß Charlottenburg – Berlin – Preußen. Festschrift für Margarete Kühn, hrsg. von Martin Sperlich und Helmut Börsch-Supan, München–Berlin 1975, 217–236; *Fritz-Eugen Keller*, Probleme der spätfriderizianischen Architektur, in: Zs. des Deutschen Vereins für Kunstwissenschaft 42/1 (1988), 61–77; *Sybille Badstübner-Gröger*, Aufgeklärter Absolutismus in den Bildprogrammen friderizianischer Architektur?, in: Friedrich II. und die europäische Aufklärung, hrsg. von Martin Fontius (FBPG, NF – Beiheft 4), Berlin 1999, 29–71. Vgl. ferner mit dem Gesamtüberblick *Hans-Joachim Giersberg*, Friedrich als Bauherr. Studien zur Architektur des 18. Jahrhunderts in Berlin und Potsdam, Berlin 1986, 120 ff. – Vielleicht ist nur der bourbonische Palazzo Reale in Caserta bei Neapel (Grundsteinlegung 1752) ein vergleichbar aufwendiger Schloßneubau der zweiten Hälfte des 18. Jahrhunderts, der allerdings noch gigantischer ausgelegt und unverkennbar anderen Vorbildern verpflichtet war.

49 *H. Drescher* und *S. Badstübner-Gröger*, Das Neue Palais in Potsdam (Anm. 48), 43 ff.

50 Vgl. im einzelnen *Huberta Heres*, Die Antikensammlung Friedrichs des Großen, in: Friedrich der Große. Sammler und Mäzen (Anm. 46), 84–93, und *Klaus Parlasca*, Die Antiken-Sammlungen,

in: Panorama der Friderizianischen Zeit. Friedrich der Große und seine Epoche – Ein Handbuch –, hrsg. von Jürgen Ziechmann, Bremen 1985, 163–166. Ausführlicher auch *ders.*, Die Potsdamer Antikensammlungen im 18. Jahrhundert (Frankfurter Forschungen zur Kunst, 9), Berlin 1981, 211–229. Vgl. ferner *Wolfgang Schuller*, Apollini et Musis. Antikenrezeption in Preußen, in: Preußische Stile. Ein Staat als Kunststück (Anm. 2), 165–179. Zum Gesamtzusammenhang: Antikensammlungen des europäischen Adels im 18. Jahrhundert als Ausdruck einer europäischen Identität, hrsg. von Dietrich Boschung und Henner von Hesberg (Monumenta Artis Romanae, XXVII), Mainz 2000, vor allem die Einleitung der Herausgeber und *D. Boschung*, Eine Typologie der Skulpturensammlungen des 18. Jahrhunderts: Kategorien, Eigenarten, Intentionen, 11–19.

51 Den Forschungsstand zusammenfassend jetzt: Der Betende Knabe-Original und Experiment, hrsg. von Gerhard Zimmer und Nele Hackländer, Frankfurt/Main 1997.

52 *Helmut Börsch-Supan*, Friedrich der Große als Sammler von Gemälden, in: Friedrich der Große. Sammler und Mäzen (Anm. 46), 96–207, und *ders.*, Friedrichs des Großen Umgang mit Bildern, in: Zs. des Deutschen Vereins für Kunstwissenschaft 42/1 (1988), 23–32.

53 Im einzelnen *Götz Eckardt*, Die Gemälde in der Bildergalerie von Sanssouci, 4. Aufl., Potsdam 1990.

54 Œuvres de Frédéric le Grand, hrsg. von J. D. E. Preuss, Bd. 27/1, Berlin 1856. Eine deutsche Übersetzung in: Friedrich der Große und Wilhelmine von Bayreuth, hrsg. von Gustav Berthold Volz, Deutsch von Friedrich von Oppeln-Bronikowski, 2 Bde., Leipzig 1924 und 1926, hier Bd. 2: Briefe der Königszeit 1740–1758, 319.

55 Ebd., 281 bzw. 321.

56 Einige überaus aufschlußreiche Angaben macht *Paul Seidel* in seinem grundlegenden Werk: Friedrich der Große und die Bildende Kunst, Leipzig–Berlin 1922, 156–174.

57 Maßgeblich jetzt *Christoph Martin Vogtherr*, Die Bildergalerie von Sanssouci, Berlin 1999. Vgl. auch *P.-M. Hahn*, Der Kampf um Anerkennung (Anm. 33), 87 f. Grundlegend ferner *Götz Eckhardt*, Die Bildergalerie in Sanssouci. Zur Geschichte des Bauwerks und seiner Sammlungen bis zur Mitte des 19. Jahrhunderts, Phil. Diss. Halle-Wittenberg 1974 (Mschr.), 1 ff. und 160–168.

58 Umfassend jetzt *Thomas Kirchner*, Der epische Held. Historienmalerei und Kunstpolitik im Frankreich des 17. Jahrhunderts, München 2001, bes. 179 ff., und *Jutta Held*, Französische Kunsttheorie des 17. Jahrhunderts und der absolutistische Staat. Le Brun und die ersten acht Vorlesungen an der königlichen Akademie, Berlin 2001.

59 Vgl. vor allem die im Jahre 1755 gewechselten Briefe in den Œuvres bzw. der Briefedition von Volz (Anm. 54).

60 Œuvres (Anm. 54), 281, bzw. Volz (ebd.), 321.

61 Im einzelnen *Peter Blastenbrei*, Der König und das Geld. Studien zur Finanzpolitik Friedrichs II. von Preußen, in: FBPG NF 6 (1996), 55–82, mit umfassenden Hinweisen auf die ältere Literatur. Vgl. ferner neben anderen Arbeiten *Ludwig Beutin*, Die Wirkung des Siebenjährigen Krieges auf die Volkswirtschaft in Preußen, in: VSWG 26 (1933), 209–243. Einen guten Überblick vermittelt *Karl Heinrich Kaufhold*, Wirtschaft, Gesellschaft und ökonomisches Denken, in: Preußens großer König. Leben und Werk Friedrichs des Großen. Eine Ploetz-Biographie, hrsg. von Wilhelm Treue, Freiburg-Würzburg 1986, 101–112. Zum Gesamtzusammenhang *Wolfgang Reinhard*, Kriegsstaat – Steuerstaat – Machtstaat, in: Der Absolutismus – ein Mythos? Strukturwandel monarchischer Herrschaft in West- und Mitteleuropa (ca. 1550–1700), hrsg. von Ronald G. Asch und Heinz Duchhardt, Köln–Weimar–Wien 1996, 277–310.

62 Die Politischen Testamente, hrsg. von R. Dietrich (Anm. 12), 482 f.

63 *P. Blastenbrei*, Der König und das Geld (Anm. 61), 55 f. mit den Vergleichszahlen zu den anderen europäischen Großmächten. Vgl. auch *Peter Claus Hartmann*, Monarch, Hofgesellschaft und höfische Ökonomie in neuzeitlichen Residenzen, in: Residenzen. Aspekte hauptstädtischer Zentralität von der frühen Neuzeit bis zum Ende der Monarchie, hrsg. von Kurt Andermann (Oberrheinische Studien, 10), Sigmaringen 1992, 73–82, *ders.*, Luxuskäufe des Münchner Hofes in Paris 1718 bis 1727. in: Francia 1 (1972), 350–360, und *ders.*, Zur Ökonomie des höfischen Luxus in Frankreich und Kurbayern, in: Festschrift für Andreas Kraus zum 60. Geburtstag (Münchner Historische Studien, Abt. Bayer. Gesch., 10), Kallmünz 1982, 309–318.

64 *P. Blastenbrei*, Der König und das Geld (Anm. 61), 78.

65 Die Politischen Testamente, hrsg. von R. Dietrich (Anm. 12), 322.

66 Im einzelnen *Johannes Kunisch*, Friedrich der Große, Friedrich Wilhelm II. und das Problem der dynastischen Kontinuität im Hause Hohenzollern, in diesem Band, 145–175.

67 Diese Zahlen nennt *Jürgen Ziechmann*, Das Finanz- und Steuerwesen, in: *ders.* (Hrsg.), Panorama der Friderizianischen Zeit. Friedrich der Große und seine Epoche – Ein Handbuch, Bremen 1985, 335–348, hier 342.

68 *P. Blastenbrei*, Der König und das Geld (Anm. 61), 80 f.

Abkürzungen

ADB	Allgemeine Deutsche Biographie
FBPG	Forschungen zur Brandenburgischen und Preußischen Geschichte
HZ	Historische Zeitschrift
HJb	Historisches Jahrbuch
HVjschr	Historische Vierteljahrsschrift
Jb.	Jahrbuch
Jbb	Jahrbücher
LG	Landesgeschichte
ND	Nachdruck
NDB	Neue Deutsche Biographie
RHDipl.	Revue Histoire Diplomatic
VSWG	Vierteljahrschrift für Sozial- und Wirtschaftsgeschichte
ZHF	Zeitschrift für historische Forschung
ZRG	Zeitschrift der Savigny-Stiftung für Rechtsgeschichte

Vorstudien

Thomas Mann und Friedrich der Große. Der Aufsatz erschien in einer kürzeren Version unter dem Titel «Thomas Manns Friedrich-Essays von 1915» in: Historische Zeitschrift 283 (2006,) 79–101.

Der Historikerstreit über den Ausbruch des Siebenjährigen Krieges. Vortrag vor der Nordrhein-Westfälischen Akademie der Wissenschaften am 12. September 2007, bisher unveröffentlicht.

Das Begräbnis eines Unsterblichen? Die Trauerfeierlichkeiten für Friedrich den Großen. Vortrag vor dem SFB 496: «Symbolische Kommunikation» in Münster am 22. November 2007, bisher unveröffentlicht.

Friedrich der Große, Friedrich Wilhelm II., und das Problem der dynastischen Kontinuität im Hause Hohenzollern, abgedruckt in: Persönlichkeiten im Umkreis Friedrichs des Großen, hrsg. von J. Kunisch, Köln – Wien 1988, 1–27.

Friedrich der Große und die preußische Königskrönung von 1701, abgedruckt in: Nordrhein-Westfälische Akademie der Wissenschaften – Vorträge 381, Paderborn 2002.

Abbildungsnachweis

S. *112*	J.P. Anders, Berlin
S. *116*	The Bridgeman Art Library
S. *119* u.	Potsdam-Museum (Baur-Foto), Potsdam
S. *119* o.	Herbert Sander, nach Vorlagen der Bauabteilung Potsdam-Sanssouci
S. *123*	Bildarchiv Monheim, Florian Monheim
S. *127*	Stiftung Schlösser und Gärten Potsdam-Sanssouci (R. Handrick), Potsdam
S. *133*	Stiftung Preußische Schlösser und Gärten Berlin-Brandenburg, Planslg. 11782
S. *133*	Stiftung Preußische Schlösser und Gärten Berlin-Brandenburg
S. *143*	Stiftung Preußische Schlösser und Gärten Berlin-Brandenburg
Vorsatz:	Stiftung Preußische Schlösser und Gärten Berlin-Brandenburg, Planslg. 11781

Personenregister

Aus dem Verlagsprogramm